Erhard Eppler
Auslaufmodell Staat?

Suhrkamp

edition suhrkamp 2462
Erste Auflage 2005
© Suhrkamp Verlag Frankfurt am Main 2005
Originalausgabe
Satz: Jung Crossmedia Publishing, Lahnau
Druck: Nomos Verlagsgesellschaft, Baden-Baden
Umschlag gestaltet nach einem Konzept
von Willy Fleckhaus: Rolf Staudt
Printed in Germany
ISBN 3-518-12462-5

3 4 5 6 – 10 09 08 07 06 05

Inhalt

Kapitel 1
Der menschenfeindliche Staat

1. »Der Staat will ihr Leben zerstören: einmal, zweimal, dreimal, viermal. Sie ist stärker.« So lautete die Überschrift über
die leidvolle Geschichte der australischen Ureinwohnerin
Molly Kelly in der Beilage zur *Süddeutschen Zeitung* vom
10. 12. 2004. Im ebenso lebendigen wie anrührenden Bericht
erfahren wir dann, daß es sechzig Jahre lang die Politik einer
australischen Regierung war, die Aborigines mit der weißen
Bevölkerung zu verschmelzen und daß dazu jedes Mittel
recht war: auch die Entführung von Kindern. Molly konnte
sich durch gefährliche und entbehrungsreiche Flucht der ge-
waltsamen Assimilierung immer wieder entziehen.

Eigentlich lernen Journalisten schon als Volontäre, daß der
präzisere Ausdruck der bessere ist. Warum also nicht die
Überschrift: »Mollys Lebenswille war stärker als die australische Regierung«? Nein, es ist »der Staat« schlechthin, der
Molly nach dem Leben trachtet. Und er will nicht nur mit un-
menschlichen Mitteln seine fragwürdigen Ziele erreichen,
nein, er *will* das Leben der kleinen Molly zerstören, und er
will es mit aller Hartnäckigkeit: »einmal, zweimal, dreimal,
viermal.« So ist »der Staat«. Ein Feind des Lebens, ein verbis-
sener dazu, der immer neu ansetzt. Dem man aber widerstehen kann – und muß.

»Wenn der Staat Unschuldige opfert«, so lautete die Überschrift über den Aufmacher im Feuilleton der ZEIT Nr. 29/
2004. Der Artikel, auf den diese Ankündigung neugierig machen sollte, war durchaus seriös. Er behandelte eine Änderung des Luftsicherungsgesetzes. Danach darf »ein entführ-
tes und mit Passagieren gegebenenfalls besetztes Flugzeug …
auf Befehl des Verteidigungsministers abgeschossen werden,

wenn es als Waffe gegen das Leben anderer Menschen eingesetzt zu werden droht«. Die Überlegungen des Autors kommen zu dem Schluß: »Gleichwohl mag der § 14, Absatz 3 des
Luftsicherungsgesetzes (der einen solchen Abschuß erlaubt)
am Ende zu legitimieren sein«, zumal die Unschuldigen ohnehin Todgeweihte sind.

Natürlich sind für Überschriften nicht die Autoren verantwortlich. Dafür haben die großen Zeitungen ihre Spezialisten. Ob die Überschrift zum Artikel paßt, ist für sie zweit-
rangig, ja unerheblich. Wichtig ist, daß die Schlagzeile »an-
kommt«, daß sie den Leser da abholt, wo der psychologisch
geschulte Spezialist ihn vermutet. Und der Überschriften-
produzent weiß, daß das Wort »Staat« negativ besetzt ist.
»Rechtsstaat« ist positiv besetzt, »Sozialstaat« für die meisten
auch. Aber »Staat«! Das ist ein unheimlicher Apparat, un-
durchschaubar, übermächtig, gefährlich. Warum sollte er
nicht auch Unschuldige opfern?

Vor allem ist dieser Apparat etwas Fremdes. Viele sagen
mit Stolz: »Dies ist meine Stadt!«, manche auch: »Dies ist
mein Land!«, wenn sie Baden-Württemberg, Sachsen oder
auch die Bundesrepublik Deutschland meinen. Wer aber sagt:
»Dies ist mein Staat!«? Sicher, es ist schwer, einen Staat zu lieben – da hatte Gustav Heinemann recht – aber müßte ein De-
mokrat den demokratischen Rechtsstaat nicht als den seinen
verstehen, den von ihm, dem Citoyen, gewollten, von ihm
durch seine Steuern unterhaltenen, von ihm verteidigten
Staat? Warum ist es in Deutschland offenkundig nicht so?
Warum hat das Wort »Staatsdiener« heute einen ganz anderen
Klang als im Preußen des 19. Jahrhunderts, nämlich einen
eher abschätzigen? Warum spekuliert ein Zeitungsmacher auf
Interesse und Zustimmung, wenn er den Staat Unschuldige
opfern läßt?

II. Was dem Überschriftenmacher der ZEIT zweckmäßig
und wirksam erschien, verweist im übrigen auf etwas, womit

sich Gesetzgeber, seit es sie gibt, noch nie haben beschäftigen müssen: Mit der Abwehr von Selbstmordattentätern.

Alles Denken über Sicherheit hat bisher unterstellt, daß der Aggressor auch leben will. Daher hat man ihn, ob er nun ein krimineller Gewalttäter war oder ein feindlicher Staat, abzuschrecken versucht, sei es durch Strafen, sei es durch militärische Macht. Was aber, wenn der Aggressor gar nicht mehr leben will? Tote kann man nicht bestrafen, Todeswilligen kann man nicht mit Tötung drohen. So hat der Deutsche Bundestag in das Luftsicherungsgesetz eine Bestimmung aufgenommen, die vor dem 11. 9. 2001 wohl als verrückt gegolten hätte. Daß die Luftwaffe Passagierflugzeuge, die offenkundig zu Bomben umfunktioniert wurden, abschießen darf. Der Staat, eigentlich verpflichtet, das Leben seiner Bürger zu schützen, muß es nun um einige Minuten verkürzen. Und der Verteidigungsminister hat dazu erklärt, er werde anschließend sofort zurücktreten, sollte er wirklich einmal dazu verdammt sein, einen solchen Befehl zu geben. Er hat damit klargestellt, daß hier von einem fehlbaren Menschen etwas so Ungeheuerliches verlangt wird, daß er damit nicht weiter leben und arbeiten kann wie vorher. Eine neue Form nichtstaatlicher Gewalt stellt also auch den Staat vor Aufgaben, die ihn ganz neu fordern und die Menschen, die ihm dienen, wohl manchmal auch überfordern.

Der Staat ist nicht nur unpopulär, er ist auch unentbehrlich. Er ist nicht nur verrufen, er ist auf ganz neue Weise gerufen. Denn es geht im 21. Jahrhundert um nicht weniger als sein Gewaltmonopol und damit um seine Existenz.

III. Daß der Staat im 21. Jahrhundert schlechte Karten hat, wird niemanden wundern, der ins 20. Jahrhundert zurückblickt. Je weiter wir uns von diesem Jahrhundert des Nationalstaats entfernen, desto unbegreiflicher erscheint uns das Gemetzel der beiden Weltkriege, desto betretener sehen wir, wie nicht nur unter Hitler und Stalin das staatliche Gewaltmonopol zum Mordmonopol verkam, wie oft der Staat zum Instrument des Terrors wurde. Das 20. Jahrhundert war ein Jahrhundert der Gewalt, staatlicher Gewalt, überbordender Staatsgewalt.

Wenn im Irak in einem Monat hundert amerikanische Soldaten Opfer der Widerstandsgruppen werden, bröckelt in den USA die Unterstützung für diesen Krieg. Im Ersten Weltkrieg starben stündlich im Schnitt – und dies vier Jahre und drei Monate lang – 250 Soldaten, Russen, Franzosen, Deutsche, Briten, Italiener, Serben, Ungarn, Amerikaner. Frankreich verlor bei 40 Millionen Einwohnern 1,7 Millionen junge Männer, also mehr als 4 % seiner Bevölkerung, in Deutschland waren es 2 von 70 Millionen, also etwa 3 %. Die Materialschlacht von Verdun, in der General von Falkenhayn die französische Armee »ausbluten« wollte, war nicht abschreckend genug, um den Zweiten Weltkrieg zu verhindern, der allein die Sowjetunion mehr als 20 Millionen Opfer kostete. Der Stundendurchschnitt lag bei etwa tausend Toten, Soldaten, Bombenopfern, Ermordeten.

Was wir heute noch weniger verstehen: Die Angehörigen der Opfer, die Mütter und Frauen der Soldaten vor allem, haben unsäglich gelitten, sie weinten, viele zerbrachen, aber sie protestierten nicht. Und manche in Deutschland legten in Traueranzeigen Wert darauf, daß sie »in stolzer Trauer« ihrer Söhne gedachten.

Wie war so etwas möglich im christlichen, aufgeklärten Europa? Der Staat hatte sich verbunden mit einem Nationalismus, der, zumal in Deutschland, Züge einer Ersatzreligion annahm. Der Krieg war nicht mehr wie im 18. Jahrhundert die Sache erbarmungslos gedrillter Söldner, sondern ganzer Völker, denen Tag für Tag eingehämmert wurde, es gehe um »Sein oder Nichtsein«. Daß der Staat, der Nationalstaat, das Recht hatte, ganze Generationen zu verheizen, war unbestritten. Die Pazifisten, die daran zweifelten, waren eine winzige, ausgegrenzte, verfolgte Minderheit.

Und heute? Sollte einmal die Zahl amerikanischer Gefallener die der gleichzeitig verzeichneten Opfer von Gewaltverbrechen im eigenen Land übersteigen, so würde dies die amerikanische Öffentlichkeit nicht hinnehmen. Natürlich wird dieser Vergleich in den US-Medien nicht angestellt, aber er kann zeigen, daß Kriegsverluste heute weniger hingenommen werden als Verbrechensopfer im eigenen Land.

In Rußland, wo sich zwischen 1941 und 1945 viele Millionen junger Männer geopfert haben, um die deutschen Eindringlinge aus dem Land zu werfen, gehen heute die Mütter der Wehrpflichtigen auf die Straße, wenn sie das Gefühl haben, das Leben ihrer Söhne werde ohne Not aufs Spiel gesetzt. Der Nationalstaat hat das 20. Jahrhundert überlebt. Aber seine Bindekraft hat nachgelassen. Das Menschenrecht auf Leben und Unversehrtheit hat an Gewicht gewonnen, es läßt sich nicht mehr so einfach aushebeln durch das, was Regierungen als nationale Pflicht oder nationales Interesse definieren. Dies ist einer der Gründe dafür, daß Kriege zwischen Staaten seltener werden. Auf der anderen Seite nimmt man jetzt hin, daß die nichtstaatliche und die entstaatlichte Gewalt ausufert. Die Waffenlobby in den Vereinigten Staaten schert sich wenig darum, daß der freie Zugang zu Handfeuerwaffen mehr Opfer fordert als militärische Interventionen.

IV. Mit jedem Jahr mehr, das zwischen dem 20. Jahrhundert und dem reflektierenden und wertenden Betrachter liegt, wird auch deutlicher, wie eng die beiden Weltkriege mit dem Zivilisationsbruch des Staatsterrors verbunden sind. Damit ist nicht die Binsenweisheit gemeint, daß Hitlers gleichgeschaltetes Großdeutschland die kriegsmüden Europäer in den Zweiten Weltkrieg gezwungen hat, sondern das, was beide Weltkriege mit Nazismus und Stalinismus gemein haben: die Entwertung menschlichen Lebens. Nicht zufällig sammelten sich in der NSDAP viele Frontkämpfer des Ersten Weltkriegs und noch mehr solche, die, weil sie noch zu jung waren, für Heldentaten zu spät gekommen waren, aber auch nicht erfahren hatten, was Krieg ist. Wer erlebt hatte, wie an der Westfront Hunderttausende deutscher und französischer Soldaten zerfetzt oder verstümmelt wurden von Geschützen, deren Bedienung die Opfer ihres Tuns nie zu Gesicht bekamen, mußte entweder zerbrechen oder sich an industrielle Massentötung gewöhnen. Ein Menschenleben mehr oder weniger, was konnte das noch bedeuten?

Im Sommer 1934 lief ich als Siebenjähriger bei einem Spaziergang im Schwarzwald hinter zwei erwachsenen Männern her, einer war mein Vater, der als Mathematiker abends gerne Kant las, und hörte immer wieder die Worte »erschießen, erschossen, Erschießungskommando«. Als ich, reichlich verstört, am Abend den Vater fragte, worüber er denn mit seinem Vetter gesprochen habe, war die Antwort: »Ach, Bub, wir haben über den 30. Juni gesprochen, aber ich sehe, wir hätten das besser nicht getan.« Vielleicht war die Säuberungswelle des 30. Juni 1934 eines der Bindeglieder zwischen Weltkrieg und Staatsterror. Wie Hitler damals, eineinhalb Jahre nach Antritt der Kanzlerschaft, als »des deutschen Volkes oberster Gerichtsherr« wie er nachher sagte, sich unbequemer SA-Führer und gleichzeitig mißliebiger Konservativer entledigt hat – einschließlich seines Vorgängers als Reichskanzler, General Schleicher samt Ehefrau – hätte wohl noch zu Zeiten Bismarcks Schaudern und Empörung hervorgerufen. Jetzt, fünfzehn Jahre nach Kriegsende, interessierte die Deutschen weniger die barbarische Methode der ungesetzlichen Liquidation als das Ergebnis: ein paar SA-Rabauken weniger. Die Reichswehr freute sich über die Niederlage ihrer Konkurrenz und nahm den Tod des Generals Schleicher hin. Keine sechs Wochen danach, als Reichspräsident von Hindenburg gestorben war, entwarfen Reichswehrgenerale jenen Eid, nach dem jeder Soldat dem Mörder Schleichers ganz persönlich »unbedingten Gehorsam« zu schwören hatte. Es ging ja um die Nation. Was zählten da ein paar Morde?

Ohne die Entwertung menschlichen Lebens im Ersten Weltkrieg wäre die NS-Herrschaft kaum zu verstehen, aus der sich dann der Zweite Weltkrieg ergab. An seinem Ende 1945, als Hunderte von Soldaten erhängt an Bäumen baumelten und die Schreckensbilder der Konzentrationslager ins Kino kamen, war der Tiefpunkt erreicht: Radikaler war menschliches Leben seit dem Dreißigjährigen Krieg nicht mehr entwertet worden.

V. Das alles hatte mit dem Staat, genauer: dem Nationalstaat zu tun. Aber was war das für ein Staat, der es fertigbrachte, sogar den Begriff des Staates bis heute zu diskreditieren?

Zuerst: Er war nicht nur keine Demokratie, er wollte keine sein. »Ich habe in der Demokratie mit der Demokratie die Demokratie beseitigt!« höhnte Hitler. Demokratie war altmodisch, überholt, dekadent. Jetzt galt das Führerprinzip. Einer befahl, die anderen hatten zu folgen. Das galt nicht nur in der Reichsregierung, die gar nicht mehr zusammentrat. Wozu Sitzungen, wenn es nichts mehr zu diskutieren gab? Das Führerprinzip galt aber auch in »Gauen«, wo ein »Gauleiter« die Partei, ein »Reichsstatthalter« die Verwaltung kommandierte. Sogar in den Kreisen, wo der »Kreisleiter« eine Art Duodezfürst war. So hing das Klima einer Gegend erheblich vom Charakter des Kreisleiters ab. Darunter gab es auch verstiegene, aber redliche Idealisten, bei denen die Frau des Metzgers sich vertrauensvoll und nicht vergeblich darüber beklagte, daß der Chef des (städtischen) Schlachthauses ihre Metzgerei benachteilige, aber auch Rabauken wie jener Parteigenosse Rauschnabel in der Universitätsstadt Tübingen, der unter den Intellektuellen einen Disput darüber auslöste, was sein Name bedeuten sollte: Rauh-Schnabel oder Rausch-Nabel? Beides paßte. Sogar in den Gemeinden galt das Führerprinzip. Zwar gab es noch so etwas wie einen Gemeinderat, aber der bestand nicht aus gewählten Volksvertretern, sondern aus ernannten Parteigängern und hatte allenfalls zu raten.

Trotzdem ging es in diesem totalitären Führerstaat chaotischer zu als je zuvor und je danach in der deutschen Verwaltung. Es war nämlich selten klar, wer wofür zuständig und verantwortlich war. Denn neben dem Kreisleiter gab es noch, wie früher und später, einen Landrat. Zwar galt der Grundsatz, daß die Partei dem Staat befehle, aber es blieb offen, wo und durch wen dies geschehen sollte. Also versuchte der Landrat, der zwar Parteigenosse, aber eben doch ein Mann der Verwaltung und der Gesetze war, seine Arbeit zu tun wie zuvor: Für die Reparatur der Kreisstraßen zu sorgen – neue wurden kaum gebaut – oder tüchtige Lehrer für die Kreisbauernschule zu finden. Aber wenn er Pech hatte, kam ihm der Kreisleiter, von irgendeinem Ortsgruppenleiter aufgehetzt, in die Quere, wann immer es ihm behagte. Dann mußte der Landrat eine Weisung, eine Ernennung zurücknehmen. Bald wußten auch die Bürger nicht, ob sie sich an das Landratsamt oder an die Kreisleitung wenden sollten. Dasselbe Chaos herrschte auf allen Ebenen: den »Gauen«, den Gemeinden. Auch die »Reichsregierung«, also die nach wie vor funktionierenden Ministerien, mußte immer gewärtig sein, daß die Partei, etwa Martin Bormann, sich einmischte. Nicht immer gaben die Ministerien einfach nach. Man stritt sich, Entscheidungen ließen auf sich warten. Kurz: Ein weniger effizientes System von Regierung und Verwaltung war kaum denkbar.

VI. Historiker und Soziologen reden daher heute von einem »Doppelstaat«, einem »Normenstaat« und einem »Maßnahmenstaat«. Der Normenstaat stützte sich vor allem auf die alten Verwaltungsbeamten, die meist keine Reichs- sondern Länderbeamte waren: preußische, bayerische, sächsische, badische Staatsdiener, oder solche, deren Dienstherr die Gemeinde war: Cottbus, Münster oder auch Großaltdorf irgendwo in Württemberg. Sie alle hatten gelernt, sich an Gesetze zu halten, alle Bürgerinnen und Bürger gleich zu behandeln, ob sie nun als Nazis galten oder nicht. Für sie galt nach wie vor, daß psychisch Kranke ordentlich zu versorgen und zu pflegen waren, daß die Feuerwehr ausrückte, wenn es brannte, ganz gleich, ob beim Kreisleiter oder in der Synagoge.

Aber in diesen »Normenstaat« regierte die Partei und später vor allem die SS hinein. Sie verfügte »Maßnahmen«, die den keineswegs aufgehobenen Normen widersprachen: Daß am 9. November 1938 die Feuerwehren nur tätig werden durften, wenn Gebäude gefährdet waren, die an Synagogen angrenzten, daß psychisch Kranke aus den Heilanstalten abtransportiert und vergast wurden. Gegner der Nazis hatten Glück, wenn sie noch von ordentlichen Gerichten aufgrund von NS-Gesetzen verurteilt und nicht einfach ins KZ eingeliefert wurden. Ein Mann wie Fritz Erler hat den NS-Staat wohl nur deshalb überlebt, weil ihn ein ordentliches Gericht zu einer hohen Zuchthausstrafe verurteilte. Der Normenstaat, auch wenn seine Normen mit der Zeit an die Wünsche der Partei angepaßt wurden, blieb zumindest berechenbar. Der Maßnahmenstaat – und dafür steht als Symbol das KZ – war gänzlich unberechenbar und gehorchte barbarischer Willkür. Er war ohne Rechtsgrundlage, daher agierte er ohne Öffentlichkeit. Daß es Konzentrationslager gab, was dort geschah, war von einem Geheimnis umgeben. Man flüsterte davon, für die Medien war es kein Thema. Daß psychisch Kranke vergast wurden, erfuhr allenfalls, wer in der Kirche von den Protestbriefen des Bischofs Theophil Wurm hörte.

Nur in den ersten Jahren der NS-Herrschaft versuchte der Maßnahmenstaat, sich in das Gewand des Rechts zu kleiden. Etwa, als der – demokratisch gewählte – Reichspräsident am Tage nach dem Reichstagsbrand die wichtigsten Grundrechte aufhob. Etwa, als der gleichgeschaltete Reichstag das Morden des 30. Juni 1934 und der beiden folgenden Tage in einem Gesetz nachträglich als »Staatsnotwehr« für »rechtens« erklären durfte. Aber es war eben nicht die eigentlich zuständige Polizei gewesen, welche die »Maßnahmen« durchgeführt hatte, die nun rechtens sein sollten, sondern die SS. Sie war im Rechtssystem noch gar nicht vorgesehen.

1935 wurde der Diskriminierung von Juden in den Paragraphen der Nürnberger Rassegesetze eine »Rechtsbasis« verschafft. Jeder konnte sehen, daß damit eine Rechtstradition von beinahe 150 Jahren aufgekündigt wurde. Zweck der Gesetze war wohl vor allem, die Juden aus dem Lande hinauszuekeln. Von Mord war natürlich darin nicht die Rede. Der war einzig Sache des Maßnahmenstaates, der nicht nur die äußeren Formen des Rechts, sondern mehr denn je auch Öffentlichkeit scheute.

Je länger die NS-Herrschaft währte, je näher die Niederlage rückte, desto mehr fraß sich der Maßnahmenstaat in den Normenstaat hinein. Schließlich gab es nicht einmal mehr den Schein einer Rechtssicherheit – obwohl die Weimarer Verfassung nie offiziell annulliert worden war. Was in Erinnerung blieb, war die Willkür und der Terror des Maßnahmenstaates.

VII. Wer regelmäßig die evangelischen Kirchen und ihre Kirchentage in der DDR besuchte, mußte sich daran gewöhnen, wie oft in Gesprächen das Wort »Staat« fiel. »Der Staat hat angeboten«, »der Staat hat verboten«, »der Staat befürchtet«, »der Staat ist mißtrauisch«, »der Staat möchte gerne«. Fragte man, wer denn der Staat im entsprechenden Fall war, so kamen sehr unterschiedliche Antworten. Der Staat – und das war noch am ehesten verständlich – konnte der Staatssekretär für Kirchenfragen sein, der lange Zeit Klaus Gysi hieß. Es konnte aber auch der zuständige Bezirkssekretär der SED sein, oft auch der Kreissekretär oder gar ein Offizier der Stasi. Seltsamerweise war es nie die Kultusministerin Margot Honecker, denn sie sprach nicht mit den Kirchen. Aber einmal, im Jahr 1979, war es ihr Mann, der Generalsekretär und Vorsitzende des Staatsrats, mit dem die Kirchenführer zusammenkamen.

Warum sagten die Theologen nicht einfach: »Der Staatssekretär will von uns«, oder: »Die SED verlangt« oder: »Unser Kreissekretär droht«? Das mag Gründe in der lutherischen Theologie gehabt haben. Die Leute, mit denen da gesprochen wurde, waren alle Repräsentanten der »Obrigkeit, die Gewalt über uns hat« und der nach Paulus, Römer 13, der Christ zu gehorchen hatte, auch wenn sie den Atheismus zur Staatsdoktrin erhob. Daß man den Staat als Obrigkeit anerkennt, war lutherische Tradition. Daher bekam die DDR-Führung mit den konservativsten Lutheranern den wenigsten Ärger. Daß man einer Staatspartei untertan sein solle, hatte Paulus nicht, weder an die Römer noch an die Korinther, geschrieben.

Aber es hatte doch auch andere Gründe. Denn im NS-Staat hatten die Bischöfe oder Bruderräte sehr wohl unterschieden, ob sie es mit einem Vertreter der NSDAP oder einem des Kirchenministeriums zu tun hatten. Den Staatsvertretern, auch wenn sie ein Parteiabzeichen trugen, brachten sie noch einen Rest des Vertrauens entgegen, das in Jahrhunderten zwischen Thron und Altar gewachsen war und das auch noch Paul von Hindenburg galt. Die Partei blieb auch als einzige Staatspartei eine Organisation, deren »Weltanschauung« sich von Jahr zu Jahr deutlicher als antichristliche entpuppte. Den einen gestanden sie zu, Vorschriften zu machen, den andern nicht. Und oft spekulierten sie auf Konflikte zwischen beiden. Heute würden Historiker sagen: Zwischen Normenstaat und Maßnahmenstaat.

Diesen gespaltenen Doppelstaat gab es in der DDR so nicht. Einmal, weil es da keinen charismatischen Führer gab, der seine Befehle am Recht vorbei geben konnte oder dessen Wort neues Recht schuf, sondern ein Politbüro, das regelmäßig jede Woche zusammenkam, seine Beschlüsse faßte und auch der Regierung Weisungen gab. Natürlich folgte auch die Volkskammer diesen Weisungen, von den Parteitagen ganz zu schweigen. Aber diesen Willen des Politbüros goß die

Volkskammer öffentlich in Gesetze und Beschlüsse, die unserem Rechtsempfinden nicht immer entsprachen, aber eben doch eine gewisse Rechtsklarheit schufen. Daß »Republikflucht« zum Straftatbestand wurde, widersprach offenkundig dem Menschenrecht auf Freizügigkeit, aber mit diesem Gesetz wußten alle, was sie erwartete, falls eine Flucht mißlang. Der SED-Staat war berechenbarer als der NS-Staat. Die SED hatte Gesetzgebung und Verwaltung konsequenter in ihren Dienst gestellt als die NSDAP. Daher brauchte sie keinen »Maßnahmenstaat«.

Was der Marxismus vom »bürgerlichen Staat« hielt, wußte jeder Abiturient. Er war Werkzeug der herrschenden Klasse, der Bourgeoisie. Aber er konnte eben auch, zumindest für eine ausgedehnte Übergangszeit, Werkzeug des Sozialismus sein. Mit diesem sozialistischen Staat fühlten sich die Kirchen konfrontiert, ganz gleich, ob sie zum Staatssekretär oder zum SED-Kreissekretär bestellt waren. Nur ganz wenige politische Köpfe wie Manfred Stolpe konnten den Versuch wagen, aus Meinungsdifferenzen und vor allem aus Eitelkeiten zwischen Funktionären und Organisationen Vorteile für die Kirchen herauszuholen.

VIII. Wie verhielten sich die Menschen in der DDR zu diesem Staat? Sicher war es nur eine kleine Minderheit, die diesen Staat aus Überzeugung wollte und trug. Eine andere, möglicherweise noch kleinere Minderheit haßte ihn, widerstand ihm, wollte ihn so rasch wie möglich loshaben. Aber wo stand die Mehrheit?

Sie nahm ihn hin, mißtraute ihm, wie er dieser Mehrheit mißtraute. Schließlich entsprang dieser Staat dem Willen der Besatzungsmacht. Die Mehrheit richtete sich ein und gewöhnte sich daran, daß dieser Staat für alles zuständig und damit auch verantwortlich war.

Das war nicht mehr der »Vater Staat«, von dem die Deutschen schon lange gerne sprachen, es war eher der »Stiefvater

Staat«. Man wurde nicht recht warm mit ihm, spottete manchmal über ihn, wünschte ihn gelegentlich zum Teufel, schaltete um 20 Uhr das Fernsehen eines anderen Staates ein und verließ sich, wenn's drauf ankam, auf dessen Währung. Aber man anerkannte, daß der Stiefvater seine Pflichten gegenüber den angeheirateten Kindern erfüllte, ohne daß dabei Gefühlswallungen der Dankbarkeit aufkamen. Für den sicheren Arbeitsplatz hatte er zu sorgen, und der mußte auch sicher bleiben, wenn man sich nicht übermäßig anstrengte. Für die billige Miete samt Heizung und Warmwasser war er zuständig, auch wenn sich dadurch die Häuser nicht erhalten und reparieren ließen. Natürlich auch für die Rente und die Krankenkasse. Lief die Wirtschaft nicht, war der Staat schuld, denn ihm gehörten ja die Betriebe. Landolf Scherzer hat beschrieben, wie ein SED-Sekretär sich aufrieb, um etwas von dem zu erreichen, was anderswo geräuschlos der Markt erledigte.

Dabei wußte die SED sehr genau, daß aus der Gewohnheit ein Anspruch geworden war. Mitglieder des Zentralkomitees, auf die maßlose Energieverschwendung hingewiesen, die sich aus dem System billiger Warmmieten ergab, antworteten, hier handle es sich um eine soziale Errungenschaft, an der man lieber nicht rüttle. Sprach man sie an auf die grauenhaft stinkenden Jaucheseen bei den Schweinemastanstalten, dann erwiderten sie schlicht, wichtiger als die Ökologie sei eben, daß alle ihr billiges Schweinefleisch auf den Tisch bekämen. Der Stiefvater wagte es nicht, seinen Stiefkindern etwas zuzumuten, was diese als Vernachlässigung seiner Sorgepflicht hätten deuten und rügen können.

Stiefvater Staat in der DDR war also einerseits Gegenstand von Mißtrauen und oft auch Verachtung, andererseits erwartete die Mehrheit von ihm ein Maß an Versorgung und Daseinsvorsorge, die ein vernünftiger Vater Staat seinen Kindern schon aus pädagogischen Gründen nicht zubilligen kann.

Nach der Vereinigung bekam die gesamtdeutsche Bundesrepublik von den befreiten Stiefkindern einen beachtlichen Vertrauensvorschuß. Aber der schmolz dahin, als der neue Vater Staat keinesfalls zu leisten willens und in der Lage war, worauf sie beim Stiefvater einen Anspruch hatten. Überdies wurde die Vereinigung ausgerechnet zu dem Zeitpunkt möglich, als der moderate rheinische Kapitalismus abgelöst wurde durch einen eher angelsächsischen, der durch den globalen Konkurrenzzwang raubtierartige Züge annahm. So finden viele gelernte DDR-Bürger, sie hätten ihren Stiefvater für einen Rabenvater eingetauscht.

Dazu trug die Naivität bei, mit der die damalige Bundesregierung die Vereinigung schlicht dem Markt und der Verwaltung überließ. Sie stellte gleich gar nicht die politische Frage, was die Deutschen denn nun gemeinsam anstellen sollten mit dem Geschenk der Einheit, das ihnen offenbar mehr auf den Kopf als vor die Füße gefallen war. Dafür schickten sie Beamte gen Osten, die den verwirrt Staunenden dort beizubringen hatten, wie man ein Finanzamt oder ein Landratsamt organisiert, welche Gesetzesbestimmungen wann zu beachten waren. Der lang ersehnte gemeinsame Staat erschien in Form mehr oder minder sensibler Bürokraten. Kein Wunder, daß nur eine Minderheit diesen Staat als den ihren annahm.

IX. Was die Alten in ihrem Staat und durch ihren Staat erfahren und erlitten haben, manchmal sogar, was sie selbst dazu beigetragen haben, wird am Mittagstisch, am Biertisch, aber auch in Schulstuben und Hörsälen an die Jungen weitergegeben, die sich die mehr oder minder korrekten Berichte mit ungläubigem Staunen oft widerwillig anhören. Anders steht es wohl um die Literatur, in der die Schriftsteller ihr Erschrecken über den allmächtigen Staat des Krieges und des Terrors verarbeitet haben. Dabei dürfte ein Werk besonders lange nachwirken, das schon in der zweiten Hälfte des 20. Jahrhunderts das Denken und Fühlen vieler Europäer bestimmt hat, oft auch ihr politisches Handeln: George Orwells

1984. Der Roman, 1948 verfaßt, liest sich noch heute wie ein böser Traum, von dem man gerne erwachen möchte. Diese Utopie von der totalitären Allmacht wurde nicht von ungefähr kurz nach dem Zweiten Weltkrieg veröffentlicht, als mit Stalins Armeen auch der Stalinismus triumphiert hatte und die monströsen Verbrechen des deutschen Maßnahmenstaates sogar die Kriegsgegner verblüfften.

Im Ozeanien Orwells hat der Maßnahmenstaat, wie in den letzten Tagen des NS-Regimes, den Normenstaat aufgefressen. Nichts ist illegal, stellte Winston Smith, die Hauptfigur des Romans fest, also auch nicht das Führen eines Tagebuchs, einfach, weil es keine Gesetze gibt. Aber natürlich ist das Tagebuch ein »Gedankendelikt« und wird daher mit dem Tode bestraft. Wo es keine Gesetze und damit keine Legalität gibt, ist der einzelne in jedem Augenblick der Willkür der Mächtigen ausgesetzt und ausgeliefert.

In den – streng geheimen – Aufzeichnungen des Emmanuel Goldstein, des bösen Feindes, der jeden Tag als Objekt der zwei »Haßminuten« herhalten muß, heißt es: »In Ozeanien gibt es kein Gesetz. Gedanken und Taten, die bei Entdeckung den sicheren Tod zur Folge haben, sind nicht formell verboten, und die endlosen Säuberungswellen, Verhaftungen, Folterungen, Einkerkerungen und Vaporisationen werden nicht als Strafe für wirklich begangene Delikte verhängt, sondern dienen lediglich zur Auslöschung von Personen, die vielleicht irgendwann in der Zukunft einmal ein Delikt begehen könnten.«

Die Partei, die entscheidet, wer leben darf und wer nicht, bedient sich der »Gedankenpolizei«, die sogar den Angestellten des »Wahrheitsministeriums« mißtraut, zu denen Winston Smith gehört. Dieses Ministerium dient natürlich nicht dem, was bislang Wahrheit genannt wurde, wohl hat es die Aufgabe, immer neu zu bestimmen, was Wahrheit ist, ganz und gar unabhängig von allen Fakten, so daß Smith – zur Tarnung oder zum zynischen Spaß – einen eigenen Helden erfindet: den Genossen Ogilvy (Orwell, *1984*, Frankfurt/Main u. a. [34]2001, S. 59). Er gibt ihm die exemplarische Biographie, die natürlich auch zu dem Krieg passen muß, den Ozeanien manchmal gegen Ostasien, jetzt aber gegen Eurasien führt: Im Alter von drei Jahren hatte der Genosse Ogilvy als Spielzeug nur noch eine Trommel, eine Maschinenpistole und das Modell eines Helikopters akzeptiert. Mit sechs – per Ausnahmeregelung ein Jahr früher als üblich – war er den »Spitzeln« beigetreten und mit neun Zugführer geworden. Mit elf hatte er seinen Onkel bei der Gedankenpolizei denunziert, nachdem er eine Unterhaltung belauscht hatte, die ihm kriminelle Tendenzen aufzuweisen schien. Mit siebzehn war er Bezirksleiter der Junioren Anti-Sex-Liga geworden. Mit neunzehn hatte er eine Handgranate entwickelt, die vom Ministerium für Frieden übernommen wurde und gleich bei ihrem ersten Test auf einen Schlag einunddreißig eurasische Kriegsgefangene erledigt hatte. Mit dreiundzwanzig war er im Kampf gefallen. Als er bei einem Flug über dem Indischen Ozean, unterwegs mit wichtigen Depeschen, von feindlichen Düsenjägern verfolgt wurde, war er mit seinem Maschinengewehr als Ballast aus dem Helikopter ins tiefe Meer gesprungen, samt den Depeschen – ein Ende, sagte der Große Bruder, das man unmöglich ohne Neidgefühle betrachten könnte. Der Große Bruder fügte noch ein paar Bemerkungen über die Lauterkeit und Zielstrebigkeit von Genosse Ogilvys Leben hinzu. Er war absoluter Abstinenzler und Nichtraucher gewesen, hatte sich keine andere Erholung gegönnt als täglich eine Stunde in der Sporthalle und das Zölibatgelübde abgelegt, weil er die Ehe und die Versorgung einer Familie für unvereinbar hielt mit einer Pflichterfüllung rund um die Uhr. Er kannte kein anderes Gesprächsthema als die Prinzipien des »Engsoz« und kein anderes Ziel im Leben als die Niederwerfung des eurasischen Feindes und die gnadenlose Jagd auf Spione, Saboteure, Gedanken-Verbrecher, auf alle Verräter schlechthin.

Diese Ideal-Biografie, vom Helden des Romans, Winston

Smith erfunden, zeigt in grotesk-komischer Überzeichnung, was dieser Staat von seinen Untertanen erwartete und auch erzwingen konnte.

X. Wo der Staat die Wahrheit verordnet, kommt er notwendig in Schwierigkeiten, wenn die politischen Konstellationen, vor allem die zu hassenden Feinde wechseln. So hatte die NS-Propaganda zwischen August 1939 und Juni 1941 einige Mühe, den Deutschen zu erklären, warum die Sowjetunion bis zum 22. August 1939 der »Weltfeind Nr. 1« war, tyrannisiert vom »jüdischen Bolschewismus«, dann von einem Tag auf den andern Partner und Freund im Kampf gegen westliche »Plutokratien« wurde und schließlich, vom 22. Juni 1941 an, wieder der Hort alles Bösen und Abscheulichen, den es zu vernichten galt.

So muß in Ozeanien die Geschichte ständig neu geschrieben werden. Und immer ist die neueste Version absolut verbindlich. Die Veränderbarkeit der Geschichte, so resümiert Goldstein, sei die zentrale Doktrin des »Engsoz«, also der staatlich verordneten Weltanschauung, die sich als englischer Sozialismus ausgab. Die Vergangenheit muß immer so aussehen, wie die Partei es haben möchte. »Das gilt auch dann, wenn, was häufig vorkommt, ein und dasselbe Ereignis im Laufe eines Jahres mehrmals bis zur Unkenntlichkeit verändert werden muß« (a. a. O. S. 257).

Nicht nur die Gesetze sind abgeschafft, auch das, was Menschen, seit es sie gibt, als Wahrheit verstanden, gesucht und respektiert haben. Da aber das Suchen nach Wahrheit das Bemühen ist, mit der Wirklichkeit in Kontakt zu kommen, sie zu be-greifen, verflüchtigt sich mit der Wahrheit auch die Realität.

Natürlich weiß George Orwell, der schon 1946 einen brillanten Essay über die politische Sprache publiziert hatte, daß, wer der Wahrheit den Garaus machen will, die Sprache zerstören muß. Das geschieht im Ozeanien von 1984 mit letzter

Konsequenz. Orwell war dieser Aspekt seines Utopia der Entmenschlichung so wichtig, daß er einen 15seitigen Anhang zum Roman dem »Neusprech« widmet. »Neusprech unterschied sich von fast allen anderen Sprachen dadurch, daß sein Vokabular mit jedem Jahr schrumpfte, statt zu wachsen. Jede Reduktion war ein Gewinn, denn je kleiner die Auswahlmöglichkeit, desto geringer die Versuchung zu überlegen. Letztlich hoffte man so weit zu kommen, daß der Kehlkopf ohne Einschaltung der höheren Gehirnzentren die Sprache artikulierte« (ebd., S. 371).

Todeswürdige Gedankendelikte sollten einfach unmöglich werden, weil es keine Wörter mehr gab, sie auszudrücken. »Unzählige andere Wörter wie Ehre, Gerechtigkeit, Moral, Internationalismus, Demokratie, Wissenschaft und Religion hatten schlicht aufgehört zu existieren« (ebd., S. 367). Und das Wort »frei« kam nur noch vor im Sinne von »frei von Flöhen«.

Da sich Werke, die im herkömmlichen Englisch verfaßt waren, nicht in »Neusprech« übersetzen ließen, war damit auch die ganze Geistesgeschichte ausgelöscht. Es gab keine Tradition, keine Geschichte mehr, sondern nur noch die »endlose Gegenwart«. So erreichte man das Hauptziel der Staatspartei: »Die endgültige Tilgung jeder Möglichkeit unabhängigen Denkens« (ebd., S. 233).

Aber nicht nur das Denken, auch das Fühlen sollte auf das reduziert werden, was der Staatspartei nützlich war: Haß, Angst, Wut, Triumph, Selbsterniedrigung (ebd., S. 320). Daher mußte die Liebe zwischen Winston und Julia mit der Vernichtung der Liebenden enden. Vernichtung aber bedeutete nicht nur Tod. Damit gaben sich die neuen Herrscher nicht zufrieden. Erst mußte die Person gebrochen, durch Folter in ein winselndes Säugetier verwandelt werden. So haben die beiden Liebenden sich auch gegenseitig verraten. Sie durften nicht als Liebende sterben. Sonst wäre der Triumph des Staates nicht vollständig gewesen.

XI. Der Streit, ob Orwell mit seiner Utopie des totalen, jede Menschlichkeit ausrottenden Staates mehr die siegreiche Sowjetunion oder das zerschmetterte Hitlerreich im Auge hatte, ist ziemlich müßig. Orwell hat scharfsinnig zu Ende gedacht, was seine Analyse der beiden Systeme ergeben hatte. Und da er ein Dichter war, hat er sich nicht mit den abstrakten Einsichten begnügt, er hat – zwei Jahre vor seinem frühen Tod – die eindrücklichste, folgenreichste Negativutopie des 20. Jahrhunderts geschaffen. Ob der perfekte Machtapparat Orwells noch ein Staat war, soll uns später (Kapitel 4) beschäftigen.

Als das Jahr 1984 anbrach, war die Welt, vor allem Europa, von Orwells Horrorvision weiter entfernt als 1948. Spanien, Griechenland, Portugal waren Demokratien geworden, in Deutschland hatte sich eine lebensfähige Demokratie etabliert. Sechs Jahre später implodierte der Kommunismus, ohne daß die Entmachteten ernsthaft widerstanden. Niemand wird je sagen können, welchen Anteil an dieser ganz anderen Geschichte George Orwells warnendes Schreckensbild hatte. Klar ist nur, daß die Bilder der Orwellschen Utopie so tief in das europäische Bewußtsein eingedrungen sind, daß sie Nazismus und Kommunismus überlebt haben. Hitler und Stalin sind Geschichte, abgeschlossene Kapitel europäischer Geschichte, Orwell lebt und wirkt weiter.

Dabei denke ich nicht an die wenigen Intellektuellen, die, wenn der Innenminister meint, Daumenabdrücke im Personalausweis könnten die Verbrechensbekämpfung erleichtern, sofort George Orwell beschwören. Ich meine unser aller Verhältnis zum Staat. Gegenüber einer Institution, die zu den Exzessen neigt, die Orwell beschrieben hat, ist äußerste Vorsicht, ja argwöhnische Abwehr geboten. Natürlich haben nur wenige aus Orwells Ahnungen den Schluß gezogen, es gehe doch wohl besser ohne Staat. Aber es ist wohl eine Mehrheit der Europäer, die ängstlich darauf achtet, daß der Staat nicht zu mächtig wird, während bislang nur eine verschwindende

Minderheit befürchtet, er könne zu schwach, ja ohnmächtig werden, vielleicht sei er es schon.

Davon profitieren Kräfte, die Orwell sicher nicht fördern wollte: jene Regenten globalisierter Konzerne, die über die Kontrollen, denen ein demokratischer Regierungschef in Europa unterliegt, nur lächeln können, die allein mit der Drohung, etwas nicht zu tun, nämlich nicht zu investieren, mehr Einfluß auf die Steuergesetzgebung haben als die Finanzminister, ja als 600 Abgeordnete.

Natürlich sind es vor allem historische Erfahrungen, die uns die Gefahren des übermächtigen Staates größer erscheinen lassen als die des ohnmächtigen. Aber die schauerlichen Bilder, in denen einer der klügsten Europäer des 20. Jahrhunderts diese Erfahrungen verarbeitet hat, dürften noch auf Generationen wirken, die in wohlgeordneten demokratischen Rechtsstaaten aufgewachsen sind. Die zu Beginn dieses Kapitels zitierte Überschrift: »Der Staat will ihr Leben zerstören: einmal, zweimal, dreimal, viermal« paßt genau zu Winston Smiths Julia. Nur der Zusatz: »Sie ist stärker« paßt ganz und gar nicht. Orwells ozeanischem Totalstaat hält niemand stand. Dieser Staat will nicht nur jede Individualität vernichten, er kann es auch. Das unterscheidet ihn von dem, was Hannah Ahrendt Totalitarismus nannte. Das erklärt auch die politische Wirkung von Orwells *1984*.

Kapitel 2
Der abgemagerte Staat

I. Die Studentenrebellion der späten Sechzigerjahre gehört wohl noch zu den unmittelbaren Nachwirkungen des Staatsterrors. Verblüfft und angewidert verglichen die jungen Leute ihre unauffälligen, demokratisch angepaßten, allen Exzessen abholden Eltern und Großeltern mit dem, was diese braven Bürger nicht verhindert, zugelassen, geduldet, durch pflichtbewußte Arbeit gefördert, durch Wegsehen ermöglicht, oft auch selbst betrieben hatten. Daraus speiste sich ein beträchtlicher Teil der Wut, mit der sie reinen Tisch machen wollten.

Da sie keine klare Zäsur sehen konnten zwischen dem, was 1945 zu seinem grauenhaften Ende kam, und dem, was 1949 neu begonnen hatte, schleuderten sie gegen die neue Bundesrepublik ihren Faschismusvorwurf, der die am meisten verletzte, die gegen die Nazis ihr Leben riskiert hatten und nun Verantwortung trugen. Der Haß vieler der jungen Rebellen richtete sich gegen die Bundesrepublik, die sie als raffiniert getarnte Fortsetzung des Hitlerreichs denunzierten. Und da sie gelegentlich die Gesetze dieses Staates brachen, lernten sie ihn von seiner unangenehmsten Seite kennen: seine Wasserwerfer, seine Schlagstöcke, seine Gummiknüppel und, im Falle von Benno Ohnesorg, seine Schußwaffen.

Dieser Staat war für sie zuerst und vor allem ein Instrument der Repression, der Unterdrückung im Dienste des Monopolkapitals. In diesem Staat sahen sie keine Aufgabe – auch nicht die der Reform –, sondern einen Feind. Das Gewaltmonopol, das dieser Staat wie alle anderen in Anspruch nahm und verteidigte, empfanden viele, keineswegs nur Baader und Meinhof, als Werkzeug einer im Grunde illegitimen Herrschaft.

Es gehört zu den großen Leistungen Willy Brandts, daß es

ihm gelang, in den frühen Siebzigerjahren einen kleinen, politikfähigen Teil der revoltierenden Studenten in seine Partei zu holen und sie langsam mit großer Geduld und einigem Humor in das politische System der Republik zu integrieren. Daß dies nicht ohne ständigen Ärger abging und Brandt viel Kritik einbrachte, auch aus der eigenen Partei, soll nicht verschwiegen werden.

Natürlich haben sich auf dem berühmten Marsch durch die Institutionen mehr die Marschierer als die Institutionen verändert. Aber zu dem, was sich bei der Achtundsechzigergeneration am zähesten hielt, wenn nicht im Denken, so doch im Fühlen, war das Verhältnis zum Staat.

Die Schwierigkeiten, die diese Generation – die später am stärksten bei den Grünen vertreten war – mit der deutschen Einheit hatte, rührten wohl überwiegend von ihrem mehr emotionalen als rationalen Unbehagen am Staat her. Nun sollte dieser Staat noch größer werden, Menschen umfassen, die doch gerade dabei waren, auf den Trümmern des SED-Staates etwas Eigenes, Besseres aufzubauen! Daher redeten manche vom drohenden »Großdeutschland«, was über ihre historische Bildung viel, über die Entscheidungsalternativen des Jahres 1990 nichts aussagte.

Hier soll nicht der Stab gebrochen werden über eine Generation, deren Beitrag zur politischen Kultur in Deutschland unter dem Strich doch wohl hilfreich war. Hier soll nur begründet werden, warum von den Achtundsechzigern, auch von den regierenden, die inzwischen nötige Diskussion über den Staat nicht ausgeht, nicht ausgehen kann. Manche aus dieser Generation sind heute Neoliberale, und die es nicht sind, finden, es sei das Übelste am Neoliberalismus nicht, was er an Abschätzigem zum Thema Staat zu sagen hat.

Manche von denen, die streng marxistisch im Staat ein Werkzeug der herrschenden Kapitalistenklasse bekämpft hatten, betrachten jetzt mit ungläubigem Schmunzeln, wie eben diese herrschende Klasse den Staat zu demontieren versucht.

II. Im April 1947, als George Orwell dabei war, den totalen Staat zu Ende zu denken, trafen sich in Paris auf Betreiben Friedrich August von Hayeks einige Liberale, meist Ökonomen, deren Namen damals weit weniger bekannt waren als heute: Mises, Eucken, Popper, Röpke. Es fehlte auch nicht der damals 35jährige Milton Friedman. Sie gründeten eine Gesellschaft zur Förderung der liberalen Idee.

Sie hatten Grund dazu. In Europa ging erst langsam die Zeit der Kriegswirtschaft zu Ende. Im Krieg hatten die Regierungen bestimmt, was zu produzieren war: zuerst und vor allem das, was Luftwaffe, Armee oder Flotte brauchten: Immer mehr und immer bessere Bomber, Panzer oder U-Bootjäger, dazu alles, was Soldaten ansonsten nötig haben, Uniformen, Wolldecken, Kochgeschirre, Zigaretten und genug zu essen. In Großbritannien waren 1947 die Lebensmittel noch rationiert, und wegen Kohlemangels wollte der Labour-Premier Attlee sogar das warme Wasser rationieren, was Oppositionsführer Winston Churchill bissig kommentierte: Dann dürfe die Regierung sich nicht wundern, wenn sie in einen üblen Geruch komme.

In Westeuropa wurden Bergwerke, Stahlwerke und Banken sozialisiert. In Deutschland brachten Sozialdemokraten und Christdemokraten gemeinsam einen Sozialisierungsartikel in die hessische Verfassung.

Kein Wunder, daß liberale Ökonomen nun daran erinnerten, welche Vorzüge eine Marktwirtschaft habe, daß sie auch grundsätzlich wurden: »Die Position des Individuums und der freiwilligen Gruppe wird zunehmend durch die Ausweitung willkürlicher Staatsmacht untergraben.«

Das sollte ein Ende haben. Die »freiwillige Gruppe« aus eigenwilligen Individuen, die in Paris zusammengekommen war, setzte auf das Privateigentum und die Wettbewerbsmärkte. Dazu gehörte damals auch Mut.

Es war vor allem das Verdienst Hayeks und Friedmans, daß aus den Sorgen dieses Zirkels eine Lehre hervorging, die heute bis ins kommunistische China hinein wirkt. Von den einen als reine Wissenschaft propagiert, von den andern als Ideologie bekämpft, hat sie seit den Achtzigerjahren des 20. Jahrhunderts weltweite Geltung, ja unangefochtene Hegemonie errungen.

Wie Orwell den totalen Staat, so haben Hayek und Friedman die liberale Ökonomie zu Ende gedacht. Wie bei Orwell die staatliche Macht ab-solut gesetzt wurde, also losgelöst vom Recht, vom Willen der Staatsbürger, von der Würde des Menschen, ja losgelöst von allem, was bisher den Menschen ausmachte, von seinem Streben nach Wahrheit, nach Freiheit, nach Liebe, so wird jetzt der Markt ab-solut gesetzt, losgelöst von den Bindungen und Anforderungen der Familie, der Religion, des Gemeinwohls, des Staates, losgelöst vom menschlichen Bedürfnis nach Gerechtigkeit, nach Zuwendung, nach Geborgenheit und Sicherheit.

Es bleibt allerdings ein wichtiger Unterschied, der die Grenze zum Totalitären markiert: Diejenigen, die den Markt absolut setzen wollten, konnten – und wollten – ihn nicht loslösen vom Recht und damit vom Recht setzenden Staat. Kein Markt funktioniert ohne Recht und ohne eine Institution, die dieses Recht durchsetzt. Aber es blieb die Tendenz, nur soviel Staat zuzulassen, wie der Markt braucht.

Der Liberalismus wollte den Bürger, nicht nur den besitzenden, als Unternehmer tätigen Bourgeois, von der Gängelei durch einen Staat befreien, der sich für alles zuständig wähnte. Der Neoliberalismus denkt vom Markt her und wertet alles, auch den Staat, nach seiner Funktion für den Markt. Er ist marktradikal.

Dabei kreuzen sich die Linien der Zuende-Denker manchmal, etwa wenn Hayek meint, schon der Begriff der sozialen Gerechtigkeit sei »das trojanische Pferd gewesen, durch das der Totalitarismus eingedrungen ist« (Hayek, *Die Illusion der sozialen Gerechtigkeit*, Landsberg 1981, S. 184). Orwell, in der Geschichte besser bewandert, hätte wohl darauf verwiesen, daß dies für den Faschismus ganz gewiß nicht stimmt und auch die Kommunisten nur Verachtung für die sozialdemokratische Illusion von der sozialen Gerechtigkeit hatten. Ihnen ging es nicht um bessere Sozialpolitik, sondern um die Diktatur des Proletariats in Gestalt ihrer Partei.

Es ist sicher konsequent, wenn ein Ökonom, der sich ganz und gar auf den Markt verläßt, für den die Weisheit des Marktes jeder anderen Weisheit weit überlegen ist, mit dem Begriff der sozialen Gerechtigkeit nichts anfangen kann. Weniger einleuchtend ist das Argument, schließlich handle es sich beim Markt um »unpersönliche Prozesse«, nicht um moralisch relevante Vorgänge, also ließen sich auch die Ergebnisse nicht moralisch bewerten, wobei er die Frage nach der sozialen Gerechtigkeit für eine moralische hält.

Wenn Hayek bekennt, er könne nicht sozial denken, er wisse gar nicht, was das sei, so ließe sich das abhaken als die übliche Betriebsblindheit des bedeutenden Fachgelehrten außerhalb seines Fachs. Er meint damit wohl dasselbe wie Margaret Thatcher mit ihrem berühmten Ausspruch: »There is no such thing as society.« Frau Thatcher jedoch hat keine Vorlesungen gehalten, sondern ein bedeutendes Land regiert, genauer: einen großen Staat. Was aber soll der Staat, wo es keine Gesellschaft gibt? Soll er nur den Markt sichern?

In einem Europa, das ohne Aristoteles, vor allem aber ohne das Neue Testament nicht zu denken wäre, muß sich dagegen Widerspruch regen, der Widerspruch jener Unbelehrbaren, die allen Ernstes meinen, es gebe so etwas wie Gesellschaft, zumal der Mensch ein soziales Wesen sei. Deshalb müsse es auch Menschen geben, die sich um das Wohl dieser Gesellschaft, das Gemeinwohl, die res publica, sorgen und kümmern. Wenn sie es nicht täten, meinen sie, gäbe es keine Universitäten, auch keine Professoren der Ökonomie, nicht einmal einen funktionierenden Markt.

Ökonomische Theorien brauchen keine Gesellschaft, es reicht der Markt und das Individuum, und zwar ein Individuum, das immer auf seinen Vorteil aus ist, ökonomischen Erfolg haben, also Geld verdienen will und deshalb am Markt als Anbieter und Nachfrager auftritt. Daß es diesen Menschen gibt, genauer: daß fast in jedem Menschen etwas davon steckt, bestreiten auch Nichtökonomen nicht. Auch die Großmutter, die nie eine Universität von innen sah, aber ihre Erfahrungen mit Menschen gemacht hat, wird nicht widersprechen.

Aber sie wird fragen, ob Menschen nicht auch andere Interessen und Neigungen haben. Daß sie als Mitmensch unter Mitmenschen Freude, Sicherheit, Geborgenheit suchen, daß sie gerne frei über ihre Zeit verfügen, spontane, nicht unbedingt rationale Entscheidungen treffen möchten. Ein kluger Ökonom wird dem nicht widersprechen. Aber er wird einwenden, das sei ökonomisch kaum relevant. Wirklich?

Die – wahrscheinlich ökonomisch gebildeten – Tarifreformer der Deutschen Bahn haben im Jahr 2003 wirklich geglaubt, die Deutschen hätten keine anderen Sorgen als die, immer aufs neue herauszufinden, wie lange im voraus sie eine Zugfahrt buchen müßten, um möglichst viel Geld zu sparen. Aber dann geschah, was altgediente Bahnkunden vorher hätten sagen können: Der große Vorteil der Bahn, daß man nämlich am Abend vorher noch nicht entscheiden muß, ob man einen Zug früher oder später fährt, wog schwerer. Vor allem der Fernverkehr brach ein. Nach einigem rechthaberischen Getöse mußten die Tarifspezialisten nachgeben.

III. Wenn es um das Bild vom Menschen geht, wollen die Kirchen mitreden, auch gegenüber dem Neoliberalismus. Die christlichen Kirchen gehören zu den Unbelehrbaren, oder, wie Gerhard Willke es vornehmer ausdrückt: Sie sind »lernresistent«. In seiner – angeblich kritischen – Darstellung des Neoliberalismus ist zu lesen: »Linke/sozialistische und kirchliche Neoliberalismuskritik sind sich darin einig, daß der Markt einen ›zerstörerischen Egoismus‹ nährt. Die Kirchen pflegen lernresistent die Idee vom eigentlich guten, sozialen Menschen und beobachten mit biblisch geprägtem Widerwillen (›Man kann nicht Gott und dem Mammon dienen‹; Mt 6, 24-34) eine Wirtschaftsordnung, die den eigennützigen Menschen zur Grundlage hat – vermutlich sogar produziert« (Willke, *Neoliberalismus*, Frankfurt/Main u. a. 2003, S. 151).

Daß die christlichen Kirchen »die Idee des guten... Menschen pflegen«, hat ihnen wohl noch niemand vorgeworfen, der einen Konfirmandenunterricht hinter sich oder einmal etwas von Erbsünde und Luthers Gnadenlehre gehört hat. Über zwei Jahrhunderte haben die Kirchen der Linken angekreidet, daß sie an den guten Menschen Rousseaus glaube, den man nur in die richtige Umgebung versetzen müsse, damit er so gut handeln könne, wie er von Hause aus sei. Nicht nur, aber auch deshalb galten Christen bei manchen Dozenten des Marxismus-Leninismus als unbelehrbar. Die Soziallehre der Kirchen hat auch stets die Marktwirtschaft der Kommandowirtschaft vorgezogen. Was die Kirchen jetzt befürchten – und da treffen sie sich mit Sozialdemokraten –, ist eine Ökonomisierung des Bewußtseins, die für Religion, aber auch für die Sorge um die res publica immer weniger Raum läßt. Christen wissen sehr wohl, was sich aus Menschen machen läßt, wenn nur an Erwerbstrieb und Gier in ihnen appelliert wird. Deshalb mißtrauen sie einer Ideologie, die dem Menschen als Sozialwesen nicht gerecht wird, weil sie ihn nur als Marktwesen wahrnimmt.

Wer die Kirchen deshalb »lernresistent« nennt, erwartet von ihnen offenbar, daß sie nicht mehr Jesus von Nazareth, sondern Friedrich August von Hayek predigen. Das aber setzt einen Wahrheitsanspruch voraus, den man noch nicht totalitär, wohl aber hochmütig überzogen nennen muß.

IV. Über Theorien läßt sich trefflich streiten. Notfalls läßt sich bei einschlägigen Theoretikern immer ein Zitat finden,

das Schroffheiten relativiert und offenkundig Schiefes gera-
derückt. Anders ist es in der Praxis. Da ist leicht festzustellen,
mit wes Geistes Kindern man zu tun hat. Dies gilt besonders
für das Verhältnis des Neoliberalismus zum Staat.

Dieser Unterschied zwischen neoliberaler Theorie und
neoliberaler Praxis, zumal wenn es um den Staat geht, fällt sogar Francis Fukuyama auf. Gerade in Entwicklungsländern,
argumentiert er, hätte der Staat auf manchen Gebieten zwar
gestutzt, auf anderen aber gestärkt werden müssen. »Die
Ökonomen, die liberale Wirtschaftsreformen predigten,
wußten dies theoretisch nur zu gut. Man betonte jedoch damals die Reduktion staatlicher Aktivität ziemlich stark, was
oft mit einem Zurückstutzen des Staates auf der ganzen
Bandbreite verwechselt oder sogar absichtlich so ausgelegt
wurde« (Fukuyama, *Staaten bauen: Die neue Herausforderung internationaler Politik*, München 2004, S. 18).

Verwechslung oder nicht, die neoliberale Praxis gegenüber
dem Staat war und ist eindeutiger und einseitiger als die neoliberale Theorie. Sogar der berühmt-berüchtigte »Washington Consensus« von 1989, der heute für Schwächung und
Ruin vieler Staaten im Südteil der Erde verantwortlich gemacht wird, war kein radikales Pamphlet. Was John Williamson, Ökonom am »Institute for International Economics« in
zehn Punkten zusammenfaßte und dann zum Credo von
Weltbank, Internationalem Währungsfonds und der Politik
der USA gegenüber Lateinamerika wurde, enthält nichts, was
die Staaten unbedingt hätte in ihrer Existenz bedrohen müssen. Da dieser »Washington Consensus« heute mehr kritisiert
als zitiert wird, sei er hier angeführt:

1. Senkung der Budgetdefizite auf ein nicht-inflationäres
Niveau.

2. Neue Prioritäten bei den Staatsausgaben zugunsten von
Bildung, Infrastruktur et cetera.

3. Steuerreformen mit dem Ziel, Grenzsteuersätze zu sen-
ken und die Steuerbasis zu verbreitern.

4. Übergang zu marktbestimmten Zinssätzen (»financial liberalisation«).

5. Wechselkurse, die ein schnelles Wachstum nicht-traditioneller Exporte ermöglichen.

6. Außenhandel: Abbau von Mengenbeschränkungen; Zollsenkungen.

7. Abbau von Barrieren für ausländische Direktinvestitionen.

8. Privatisierung von Staatsunternehmen.

9. Deregulierung bei »start-ups«, allgemeiner Abbau von Wettbewerbsbeschränkungen.

10. Besserer Schutz der Eigentumsrechte, insbesondere im informellen Sektor.

Was John Williamson als flexible Leitlinie gedacht hatte, wurde bald zum Leitbild für alle Entwicklungsländer, ganz gleich, ob sie zu den ärmsten, den »least developped countries«, oder zu den Schwellenländern zählten. In den Strukturanpassungsprogrammen des Währungsfonds wurde der »Washington Consensus« den hochverschuldeten Ländern einfach übergestülpt. Die Besonderheiten der Länder zählten nicht, man wußte ja, was richtig ist.

Nicht nur in Joseph Stiglitz fand der Consensus bald einen scharfen Kritiker, auch der Autor selbst, Williamson, macht heute das US-Finanzministerium, später die Bush-Regierung für die Radikalisierung und den Mißerfolg verantwortlich. Auf einer Tagung in Berlin im September 2004 gab Williamson zu, nach den Erfahrungen der letzten 15 Jahre sei er nun für eine aktivere Rolle des Staates. Offenbar hat die neoliberale Theorie die Tendenz, eine wesentlich radikalere, marktradikale Praxis zu inspirieren.

Natürlich waren Hayek und Friedman viel zu klug, als daß sie sich eine blühende Wirtschaft ohne funktionierenden Staat vorstellen konnten. Daß Wirtschaft nicht möglich ist ohne eine klare, durchsetzbare Rechtsordnung, ohne innere und äußere Sicherheit, ohne eine Markt- und Wettbewerbsordnung, wissen auch die Neoliberalen. Und wenn sie nicht ganz provinziell sind – was in Deutschland vorkommt –, haben sie auch gehört oder gesehen, was mit der Ökonomie geschieht, wo der Staat zerfällt und der »entité chaotique ingouvernable« Platz macht. Die abweichende Praxis hat aber auch damit zu tun, daß die Theorie blinde Stellen aufweist. Praxis kann sich keine blinden Stellen leisten.

Etwa die Ökologie. Man kann neoliberale Abhandlungen von beträchtlicher Länge lesen, ohne auf dieses Wort zu stoßen. Auch nicht auf den Begriff, der seit dem Bericht der Brundtlandkommission von 1987 aus der politischen Diskussion nicht mehr wegzudenken ist: »sustainable development«, also eine durchhaltbare, dauerhafte Entwicklung, die nicht in ihrem eigenen Kot steckenbleibt. Wie der Markt ohne eine ökologische Rahmensetzung durch den Staat, ganz aus eigener Kraft und Weisheit, »sustainable development« bewirken kann, ist einfach kein Thema. Gilt ein ökologischer Rahmen für die Wirtschaft als überflüssige Regulierung, als bloßes Hindernis für den Markt? George W. Bush meint dies wohl. Ist er repräsentativ?

Neoliberale sind sich rasch darüber einig, daß zuviel Sozialstaat schädlich sei. Aber wieviel Sozialstaat nötig, verantwortbar, ja vielleicht sogar hilfreich ist, bleibt im Dämmerlicht von Andeutungen. Vor allem wird nicht darüber reflektiert, was ein lebensfähiger Staat braucht, um seine Minimalpflichten erfüllen zu können; was ein demokratischer Rechtsstaat leisten muß, um die Loyalität seiner Bürgerinnen und Bürger zu gewinnen und zu erhalten. Der Staat als Garant des Rechts wird einfach vorausgesetzt, obwohl inzwischen klar wird, daß er sich keineswegs von selbst versteht. Über den Staat nachdenken mögen andere. Und sie tun es nun.

Die dringend nötige Diskussion darüber, was im künftigen Europa Sache des Marktes, was Aufgabe der Zivilgesellschaft und was Pflicht des Staates sein, wie also das europäische Modell aussehen soll, wird nicht von Neoliberalen ausgehen. Aber sie muß kommen.

V. Lieblingsthema der Politiker und Publizisten, die marktradikalen Auffassungen anhängen, ist die Steuer. Dabei beginnt die Argumentation gewöhnlich mit der gewaltigen »Staatsquote«. Zählt man alles zusammen, was Bund, Länder, Kreise und Gemeinden, dazu die gesetzlichen Sozialversicherungen, ausgeben und vergleicht es mit dem Bruttoinlandsprodukt, bekommt man die Staatsquote. Dies bedeutet, daß, je älter die Deutschen werden, je mehr also für Renten ausgegeben – und eingenommen – werden muß, die Staatsquote tendenziell steigt. Dasselbe gilt, wenn das Gesundheitswesen, etwa die Chirurgie, mit immer wirksameren und teureren Instrumenten und Methoden arbeiten kann. Umgekehrt: Wenn das Kindergeld abgeschafft und durch Steuerfreibeträge ersetzt wird, sinkt die Staatsquote, denn der Staat nimmt weniger ein und gibt weniger aus. Was dies für die betroffenen Familien bedeutet, ob es angemessener, gerechter ist, läßt sich bestreiten. Ist es schon deshalb vernünftiger, weil es die Staatsquote senkt? Natürlich könnte die Staatsquote dramatisch sinken, wenn die Renten- oder Krankenversicherung einfach privatisiert würden. Ob die gegenwärtigen oder künftigen Rentner sich dann sicherer fühlen könnten, ist höchst zweifelhaft. So ist dafür gesorgt, daß, wer den finanziell übermächtigen Staat beschwören will, indem er auf eine Staatsquote zwischen 40 und 50% verweist, dazu auch künftig Gelegenheit haben wird, auch dann, wenn in seiner Gemeinde ein Schwimmbad oder eine Bibliothek wegen Geldmangels geschlossen wird.

Aus Gründen, die in unserem Kontext unwichtig sind, ist schon die Abgabenquote wesentlich niedriger als die Staatsquote. Sie umfaßt das, was die Bürgerinnen und Bürger an Steuern und Sozialabgaben zu entrichten haben. Sie liegt in Deutschland fast 10% unter der Staatsquote, also meist zwi schen 30 und 40%. Davon zu unterscheiden ist die Steuerquote. Sie ist in Deutschland – trotz Solidaritätszuschlag – in den letzten Jahren stetig gesunken, was keinerlei Einfluß hat auf das Jammern über die Steuerlast.

Die Steuerquote ist inzwischen (2004) auf 20,5% gefallen und liegt unter dem Durchschnitt der OECD-Länder. Anselm Görres, Volkswirt und früher McKinsey-Berater, rechnete in der *Süddeutschen Zeitung* vom 25. 8. 2004 vor, warum ihn das Gejammer vor allem der Unternehmen nicht überzeugen kann: »Besonders gering aber ist in Deutschland der Anteil der von Unternehmen gezahlten Steuern: Er macht nur 9 Prozent aller in Deutschland gezahlten Abgaben aus und liegt mit 3,3 Prozent vom BIP höchstens halb so hoch wie bei den meisten westeuropäischen Nachbarn. Wir sind Weltmeister der steuerlichen Hintertüren. Für private Anleger bleiben, anders als in den meisten Marktwirtschaften, Wertsteigerungen ihrer Investitionen völlig steuerfrei. Ein Münchner Unternehmer gab mir gegenüber einmal unumwunden zu: ›In Wahrheit zahlt meine Sekretärin mehr Steuern als ich.‹«

Deutschland liegt also im Standortwettbewerb um die niedrigsten Unternehmenssteuern gar nicht so schlecht. Vor dreißig Jahren machte der Anteil der Unternehmenssteuern am gesamten Steueraufkommen noch mehr als das Doppelte aus. Dies ist der Grund, warum der kleine Mann weiterhin über hohe Steuern stöhnt und die Finanzminister der Länder und des Bundes, ganz zu schweigen von den Stadtkämmerern, größte Mühe haben, auch nur das zu finanzieren, was die Bürgerinnen und Bürger als staatliche Mindestleistungen erwarten.

Neoliberale Politik ist es, immer und in jedem Fall Steuersenkungen zu verlangen. Haben sie gerade stattgefunden, so sind sie nicht ausreichend. Auf die Frage, wie dies die Haushalte verkraften sollen, geben sie gelegentlich zu verstehen, dies sei nicht ihre Sache. Irgendwie lasse sich doch noch einiges einsparen.

Häufig wird dann auch mit einer Theorie argumentiert, mit der schon Ronald Reagan die Staatsverschuldung in unbekannte Höhen trieb: Daß Steuersenkungen das wirtschaftliche Wachstum beschleunigten, so daß der Staat am Ende mehr Steuern einnehme. Würde die Gleichung: weniger Steuern gleich mehr Steuern wirklich stimmen, so gäbe es in der Tat kein vernünftiges Argument gegen kontinuierliche Steuersenkung bis in die Nähe der Nullgrenze. Und jeder Politiker, der die Steuern nicht senkt, wäre einfach dumm. Hans Eichel allerdings hat ganz andere Erfahrungen gemacht. Nachdem das Jahr 2000 sich konjunkturell recht erfreulich anließ, hoffte er, durch Steuersenkungen ab 2001 das Wachstum weiter zu beschleunigen. Das Gegenteil trat ein. Auch die weiteren Stufen seiner Reform brachten die Wirtschaft nicht in Schwung. Seine Finanzplanung war Makulatur.

Hintergrund der These, daß weniger Steuern mehr Steuern brächten, steht die – meist unausgesprochene – Vorstellung, daß jeder Euro, der sich einmal in eine öffentliche Kasse verirrt hat, dort stillgelegt, dem Wirtschaftskreislauf entzogen ist. Daß diese Euros rasch wieder in andere Kassen fließen, daß der Staat, ob er will oder nicht, an der Wirtschaft teilnimmt, wissen zwar die verzweifelten Handwerker, die Angestellte entlassen müssen, weil die Stadt keine Aufträge mehr für sie hat. Neoliberale Ökonomen und Politiker tun häufig so, als wüßten sie es nicht.

Es gibt wohl keine wissenschaftliche Methode, mit der sich zuverlässig errechnen ließe, ob die Steuersenkungen der Regierung Schröder/Fischer mehr Arbeitsplätze geschaffen oder vernichtet haben. Aber die Frage darf doch wohl gestellt werden. Und mehr Geld für die Kommunen käme mit Sicherheit der Konjunktur zugute.

Natürlich zwingt das sinkende Steueraufkommen auch zum Abbau unnötiger Bürokratie. Aber da sind nach vielen Jahren des Drucks aus dem Finanzministerium nicht mehr viele Stellen zu streichen. Jetzt trifft der Geldmangel ganz andere Bereiche, wie eine Notiz zeigt, die zu Beginn des Jahres 2005 durch die Presse ging: »Die Aussichten für Berufsmusiker in Deutschland haben sich in den vergangenen Jahren deutlich verschlechtert. Immer mehr fertig ausgebildete Musiker finden nach einem Hochschulabschluss keine Festanstellung mehr... In Deutschland gibt es gegenwärtig 136 Kulturorchester mit 10 220 Planstellen. Seit 1992 sind 32 Orchester durch Auflösung, Fusion oder gar Insolvenz abgebaut worden. Nur wenige Musiker finden... bei Auflösung, Verkleinerung oder Insolvenz wieder eine neue Orchesterstelle. Auf eine Stelle beispielsweise beim Sinfonieorchester des Westdeutschen Rundfunks in Köln kommen bis zu 300 Bewerbungen. ... Bei den kleinen und mittleren Orchestern liege der Monatsbruttolohn im Schnitt zwischen 1100 bis 2900 Euro nach mindestens 16 Jahren im Orchester« (*Südwestpresse* vom 4. 11. 2005).

Es geht hier um vergleichsweise wenige Menschen. Aber sie leben in einem Land, das über Jahrhunderte stolz war auf seine hohe, vielfältige, auch die Provinz erreichende Musikkultur. Was eine ungleich ärmere Gesellschaft sich geleistet hat, kann sich die ungleich reichere nicht mehr leisten. Und diese ungleich reichere Gesellschaft wundert sich über hohe Arbeitslosigkeit.

VI. Wer praktischen Neoliberalismus in seiner radikalen Form erleben will, muß in die Vereinigten Staaten gehen. Im Spätsommer und Frühherbst 2004 erschienen in deutschen Zeitschriften (DIE ZEIT Nr. 36, SPIEGEL Nr. 42) Berichte über eine Vereinigung, die den harmlosen Namen »Amerikaner für Steuerreform« trägt. Ihr Vorsitzender Grover Norquist hat nicht nur klare Vorstellungen davon, was der Staat nicht mehr tun sollte (»Raus aus der Erziehung, raus aus der Wohlfahrt, raus aus der Gesundheit«). Er will als Einkommensteuer für alle denselben Steuersatz, die »flat tax«, wobei er zwischen 8 % und 10 % schwankt.

Das nimmt sich, wenn man die Rüstungsprogramme der Bush-Regierung betrachtet – gegen die Norquist übrigens nichts einzuwenden hat – wie die Tagträume eines Spinners aus. Aber Norquist ist ein erfolgreicher politischer Praktiker. Er weiß, wie man zu der Macht kommt, solche Pläne durchzusetzen. Norquist hat alle republikanischen Senatoren und Kongreßabgeordnete bis auf 21 Renitente dahin gebracht, eine Selbstverpflichtung zu unterschreiben, daß sie niemals einer Steuererhöhung zustimmen. Er nennt dies den »Eid«. Der »oath« wird im Beisein von zwei Zeugen abgelegt und bindet lebenslang. Auch Bush und Cheney haben ihn abgelegt. Die Namen der 21 Verweigerer trägt Norquist in der Brieftasche mit sich in der Hoffnung, immer wieder einen streichen zu können.

Was Norquist und die Seinen von deutschen Steuersenkern unterscheidet, ist die Brutalität, mit der er sich Ziele setzt und verficht: »Ich würde den Staat gern in 25 Jahren auf die Hälfte schrumpfen lassen, auf eine Größe, daß wir ihn in der Badewanne ersäufen können.«

Oder noch unmißverständlicher: »Laßt das Biest verhungern!« Das Biest ist der Staat, genauer: die 50 Staaten und ihr Zusammenschluß, die Vereinigten Staaten. Und Norquist ist Politiker, höchst einflußreich in der Regierungspartei, den Republikanern. Sie kämpfen um die Macht in einem Staat, den verhungern zu lassen eine durchaus anerkannte Position innerhalb ihrer Partei ist.

Daß es in den USA Leute gibt, die ihren Staat verhungern lassen wollen, muß nicht verwundern. Daß es andere gibt, die ihr Land zur Hegemonialmacht des ganzen 21. Jahrhunderts hochrüsten möchten, knüpft durchaus an europäische Traditionen an: Spanien im 16., Frankreich im 17., Großbritannien im 19., Deutschland im 20. Jahrhundert. Aber daß nicht wenige Amerikaner, zumal in der republikanischen Regierungspartei, beides gleichzeitig anstreben, die Welthegemonie und das Aushungern des Staates, kann Europäer ins Grübeln

bringen. Wenn dann noch der amtierende, vom Volk bestä-
tigte Präsident beide Tendenzen fördert und für viele auch
verkörpert, hat dies Folgen, politische und ökonomische.

Daß der Dollar gegenüber Euro und Yen im Jahr 2004
mehr verloren hat, als viele Europäer sich vorstellen konnten,
hat nicht nur damit zu tun, daß Bushs Haushalt ein Defizit
von mehr als 400 Milliarden Dollar ausweist. Wichtiger ist,
daß an der Börse niemand weiß, wie dieses Defizit vermin-
dert werden soll, wenn Bush die Rüstung mit gewaltigen
Summen steigern will und die Besetzung des Irak fortsetzen
muß, während die Steuern keinesfalls erhöht, sondern weiter
gesenkt werden sollen. Dazu kommt, daß ein gewaltiges
Defizit in der Leistungsbilanz mit abenteuerlichen Theorien
verharmlost werden muß.

VII. Verglichen mit den »Americans for tax reform« nimmt
sich der deutsche »Bund der Steuerzahler« wie ein harmloser
Zusammenschluß biederer Geschäftsleute aus, die ihre Interessen als Steuerzahler gegenüber dem Staat gemeinsam vertreten wollen. Dazu haben sie sich ein paar studierte Ökonomen angestellt (Karl Bräuer-Institut). Dazu suchen sie die
Öffentlichkeit, und sie finden sie auch. Das alles ist für eine
pluralistische Demokratie weder aufregend noch anstößig.
Wer sich allerdings etwas eingehender mit den Methoden
dieses Bundes beschäftigt, beginnt an der Biederkeit seines
Unterfangens zu zweifeln.

Jedes Jahr, bald nach der Jahresmitte, also meist Mitte Juli,
proklamiert der Bund medienwirksam den »Steuerzahlerge-
denktag«. Das ist der Tag, bis zu dem – nach den Rechnungen
der Veranstalter – in jedem Jahr die Steuerzahler gewissermaßen Frondienste für den Staat haben leisten müssen, von dem
an sie endlich für sich selbst arbeiten dürfen. Die »Einkom-
mensbelastungsquote«, meist über 50%, schließt natürlich
auch die Sozialversicherungen ein, so daß unterstellt wird, Arbeit für die eigene Altersversorgung sei Arbeit für den Staat.

Die Rechnungen des »Bräuer-Instituts« weichen gründlich ab von allem, was seriöse Stellen veröffentlichen. Im Jahr 2004 kam der »Bund der Steuerzahler« auf eine Gesamtbelastung von 54%, die OECD auf eine Abgabenquote von 40,8%, der Sachverständigenrat für die wirtschaftliche Entwicklung errechnete 37%.

Aber das muß den »Bund der Steuerzahler« nicht grämen, solange die meisten Zeitungen seine Zahlen einfach kommentarlos abdrucken, manchmal daraus sogar Schlagzeilen fabrizieren. Zahlen, die der Finanzminister, Chef einer kompetenten Ministerialbürokratie, der Öffentlichkeit vorträgt, werden, wie es sich gehört, kritisch auseinandergenommen. Die Zahlen, die der Präsident des Bundes, Däke, vorlegt, entgehen fast immer einer kritischen Betrachtung.

Im Jahr 2004 gab es Ausnahmen. Am 16. Juli hat sich die *Süddeutsche Zeitung* der am Vortag publizierten Zahlenspiele kritisch angenommen. Michael Weisbrodt analysierte die Rechenmethode des Bundes, zählte die verwendeten Tricks auf und kam zu dem Ergebnis: »Deutschland hat die direkten Einkommensteuern gesenkt, aber verschiedene indirekte Steuern angehoben. Der Steuerzahlerbund beklagte daraufhin stets die steigende Abgabenquote. Doch hat sie sich gar nicht erhöht – der Maßstab hat sich verändert. Das ist das ganze Geheimnis.«

Eine andere Pauschalbehauptung betrifft die Verschwendung durch staatliche Behörden. Im Jahr 2004 waren es stolze 30 Milliarden. Belege dafür fehlen. Das war nun sogar der *Financial Times Deutschland* zuviel (Ausgabe vom 29.9. 2004). Sie fragte nach, woher die Zahl komme. Die Antwort: Der Bundesrechnungshof vermute, daß 5-10% des Steueraufkommens verschwendet werden, das ergebe etwa 30 Milliarden. Der Rechnungshof dementiert sofort. Aber auch diese 30 Milliarden stehen unangefochten in den meisten deutschen Zeitungen. Darauf kommt es an.

Schließlich schildert der Bund auch konkrete Fälle dessen,

was für ihn Verschleuderung von Steuergeldern ist. Allerdings geht es dabei nicht um Milliarden, sondern um Millionen oder auch nur um einige tausend Euro.

Da hat z. B. die Stadt Heilbronn, genauer gesagt, deren Stadtwerke, eine Eissporthalle für 7,5 Millionen Euro gebaut. Das geschah, als der Heilbronner Eishockeyklub in der zweiten Bundesliga spielte. Aber dann stieg der Verein ab. Nun entstehen für die Stadtwerke jährlich Mehrkosten von 60 000 Euro. Welche Verschwender, diese Heilbronner, die nicht einmal den Abstieg ihrer Mannschaft voraussahen und in ihre Berechnungen aufnehmen konnten! Sind in der Privatwirtschaft nur Hellseher am Werk, die schon ein Jahr vorher wissen, ob der Dollar steigt oder fällt, ob der nächste Sommer heiß oder verregnet sein wird?

In der Südpfalz, bei Ruppertsweiler, wurde nach langen Querelen der vierspurige Ausbau der B 10 an die Bedingung geknüpft, daß für den europäischen Wanderweg, der die Straße kreuzt, eine Fußgängerbrücke gebaut wird. Sie kostet 350 000 Euro. Nun erregt sich der Bund der Steuerzahler darüber, daß die Wanderer nicht den Umweg durch eine Straßenunterführung »wenige hundert Meter« weiter antreten müssen, weil die Behörden meinen, das gefährde ihre Sicherheit. Man mag darüber streiten, was hier vorgehen soll, Lebensqualität und Sicherheit der – offenbar ziemlich zahlreichen – Wanderer oder die Vorstellungen des Steuerzahlerbundes von Sparsamkeit. Aber hier skandalöse Verschwendung zu beklagen, ist das nicht ein bißchen schäbig? Zumal sich inzwischen jeder ausrechnen kann, wie lange Herr Däke auf eines seiner drei Gehälter verzichten müßte, um die Brücke zu bezahlen.

Dem Bund der Steuerzahler ist offenbar kein Mittel zu billig, um denen, die unsere Republik mit ihren meist korrekt gezahlten Steuern handlungsfähig machen, immer aufs neue einzuhämmern, dieser Staat sei nichts als ein gieriger Drache, der ihr Geld verschlingt, um es anschließend irgendwo wieder in die Gegend zu spucken.

Da könnte Grover Norquist von den »Americans for tax reform« nur zustimmen. Er würde auch dem Schluß nicht widersprechen, den die deutschen Zeitungsleser offenbar aus alledem ziehen sollen: Daß es ganz in Ordnung, moralisch gerechtfertigt, ja geboten sei, dem gefräßigen Ungetüm zu widerstehen, ihm alles zu verweigern, was sich vor ihm retten läßt. Vor allem aber: daß es auf die Mittel und Methoden dabei nicht so genau ankomme.

VIII. Mögen die Ziele der beiden Organisationen nahe beieinander liegen, mag auch die deutsche von der amerikanischen einiges übernommen haben, so bleibt doch ein tiefer Graben in Stil und Sprache, in Machtbewußtsein und Machtentfaltung. Wollte Herr Däke so reden wie Mr. Norquist, kein seriöser Fernsehsender würde ihn noch zu einer Talkrunde einladen. Offenbar gibt es da Unterschiede in der politischen Kultur, genauer: im Verständnis des Staates. Sie haben stabile Wurzeln in der unterschiedlichen Geschichte.

Niemand hat darüber in den letzten Jahren gründlicher nachgedacht als Gret Haller, die Schweizer Sozialdemokratin, die – und das kommt in der politischen Literatur selten vor – ihre eigene Praxis reflektierte, ihre Tätigkeit als die im Dayton-Vertrag vorgesehene Ombudsfrau für Menschenrechte in Sarajevo. Immer wieder hatte sie sich darüber gewundert, daß und warum Europäer und Amerikaner so verschieden agierten, daß und warum sie oft gar nicht dasselbe wollten, warum im Vertrag von Dayton der bosnische Staat von unten bis oben nicht als Staat seiner Citoyens und Citoyennes, sondern als Balance seiner Volksgruppen organisiert ist. Wieder zu Hause in Bern, hat sie fleißig gelesen und studiert. Sie wollte wissen, warum der Staat für Amerikaner etwas anderes bedeutet als für Europäer.

Dabei mußte sie, die Eidgenossin, niemand belehren über die Funktionsweise des Föderalismus, seine Stärken und Risiken. Nein, es ging wirklich um das, was ein Staat leisten muß. Das Ergebnis ihrer Studien legte sie in einem Buch nieder, das den etwas irreführenden Titel trägt: *Die Grenzen der Solidarität: Europa und die USA im Umgang mit Staat, Nation und Religion* (Berlin 2002).

In Sarajevo war der Schweizerin aufgefallen, »dass die beobachtete Konzeptlosigkeit selbst ein Konzept darstellte. Die US-Amerikaner hatten nämlich oft keine genaue Vorstellung davon, was nach europäischem Verständnis ein funktionierender Staat war« (ebd., S. 33)

Bestandteil US-amerikanischer Identität, so fand sie heraus, »ist das Misstrauen gegenüber dem Staat« (ebd., S. 37). Und bei Stephen Kalberg fand sie die Erläuterung: »Die Gründerväter legten allergrößten Wert darauf, den Staat daran zu hindern, sich in gesellschaftliche Entwicklungen einzumischen. Seine Aufgabe war es vielmehr, deren ungestörte Entfaltung sicherzustellen, indem er die freie Diskussion und den offenen Austausch von Ansichten schützte. Die gute und gerechte Gesellschaft würde sich entwickeln, davon waren die Amerikaner in der Anfangszeit überzeugt, wenn die Regierung alle Versuche unterließ, die Richtung des gesellschaftlichen und wirtschaftlichen Wandels zu beeinflussen.«

Wenn dies das Erbe der Siedler ist, die ja auswanderten, um staatlicher Bevormundung zu entkommen, dann ist Politik in Amerika und Europa nicht dasselbe. In Europa sollen staatliche Gesetze, soll Politik sehr wohl Einfluß nehmen auf die Gesellschaft. Von einer Regierung und ihrer Parlamentsmehrheit wird erwartet, daß sie sich zumindest vornimmt, die Gesellschaft gerechter, leistungsfähiger, wohlhabender, sicherer zu machen. Wer gewählt werden will, muß deutlich sagen, wo seine Prioritäten liegen, was er mehr, was weniger, was er gar nicht verändern will. Sogar wo die Konservativen des 19. Jahrhunderts vor allem bewahren wollten, was sie vorfanden, übten sie bewußt Einfluß auf die Gesellschaft aus.

Im 21. Jahrhundert, in einer Zeit, in der »sustainable development«, also eine durchhaltbare, zukunftstaugliche Entwicklung sich nicht mehr von selbst versteht, darf eine Regierung gar nicht den Versuch unterlassen, die Richtung des Wandels zu beeinflussen. Das ist in Deutschland unter den Volksparteien prinzipiell nicht umstritten.

Die Regierung muß dem Wandel eine Richtung geben. Energieversorgung ist dann eben nicht nur eine Sache des Marktes, sondern von Gesetzen, etwa über eine Ökosteuer oder die Förderung erneuerbarer Energien. Rührt daher der Konflikt zwischen Europa und den USA über das Kyoto-Protokoll? Die Regierung, meinen die Europäer, kann und darf zwar den Markt nicht ersetzen, sie muß ihm aber einen Rahmen verpassen, der die Ergebnisse des Marktgeschehens verändert.

IX. Wer ergründen will, wann sich europäisches und amerikanisches Staatsverständnis getrennt haben, landet rasch beim Jahr 1648, dem Jahr, als die Europäer im Westfälischen Frieden ein dreißigjähriges Gemetzel beendeten, das als Religionskrieg begann und von den Menschen auch so verstanden und erlitten wurde. 1648 wurde der moderne Staat rechtlich festgeschrieben, seine Souveränität nach innen (das Gewaltmonopol) und nach außen (jus ad bellum). Europa konnte die Glaubenskriege nur beenden, indem es dem Staat das Recht und die Macht gab, die Religionen zum Frieden zu zwingen.

Die Vereinigten Staaten wurden aufgebaut von Menschen, die vom Staat in ihrer Religionsausübung behindert, ja daran gehindert worden waren und die ähnliches in der Neuen Welt auf keinen Fall dulden wollten. Daher bildete sich in Amerika zuerst eine äußerst vitale Zivilgesellschaft, die sich später auch noch einen Staat leistete, der für Ordnung und Sicherheit sorgen sollte. Er sollte auch für die totale Religionsfreiheit sorgen. Daher ist in den USA eine Religion, was den Anspruch erhebt, eine zu sein, auch wenn Europäer die Köpfe schütteln.

Alexis de Tocqueville hat vor 170 Jahren verwundert und bewundernd die amerikanische Zivilgesellschaft beschrieben: »Die Amerikaner jeden Alters, jeden Standes, jeder Geistesrichtung schließen sich fortwährend zusammen. Sie haben nicht nur kaufmännische und gewerbliche Vereine, denen alle angehören, ... die Amerikaner tun sich zusammen, um Feste zu geben, Seminarien zu begründen, Gasthöfe zu bauen, Kirchen zu errichten, Bücher zu verbreiten, Missionare zu den Antipoden zu entsenden; sie errichten auf diese Weise Spitäler, Gefängnisse, Schulen. Handelt es sich schließlich darum, eine Wahrheit zu verkünden oder ein Gefühl mit Hilfe eines großen Beispiels zu fördern, so gründen sie Vereinigungen. Überall, wo man in Frankreich die Regierung und in England einen großen Herrn an der Spitze eines neuen Unternehmens sieht, wird man in den Vereinigten Staaten mit Bestimmtheit eine Vereinigung finden« (Tocqueville, *Über die Demokratie in Amerika*, 2. Teil, 5. Kapitel).

Die amerikanischen Siedler waren gezwungen, sich selbst zu helfen. Sie gewöhnten sich daran. Ihre Lebensqualität hing von ihnen selbst ab. Zwar war keinesfalls jeder nur seines eigenen Glückes Schmied. Man schmiedete gemeinsam, was den einzelnen überforderte. Aber vom Staat, erst in Form der britischen Krone, dann der Behörden in Boston oder Philadelphia oder gar denen in Washington, erwarteten sie herzlich wenig. Und sogar die Kommunalbeamten wählten sie immer nur für wenige Jahre, damit sie nicht übermütig wurden. Erst war da die Zivilgesellschaft, dann erst der Staat. Was wichtig war, geschah in der Zivilgesellschaft.

Warum nennen die Amerikaner ihre Regierung »administration«, obwohl sie doch offenkundig mehr als nur Verwaltung ist? Weil sie ursprünglich nur Verwaltung wollten, also einen rechtlichen Rahmen für das, was – eigengesetzlich – in der Gesellschaft vorging. In Europa wird sauber unterschieden zwischen Staat und Gesellschaft, in Amerika nicht. Wenn die Amerikaner den Staat meinen, sagen sie meist »government«. So sind die berühmten NGO's, die »Non-Governmental Organisations« auf europäisch einfach nicht-staatliche Organisationen.

X. Nach ihren schlimmen Erfahrungen mit dem übermächtigen Staat neigen viele Europäer heute dazu, das amerikanische Staatsverständnis, Ergebnis einer ganz anderen, höchst respektablen Geschichte, einfach zu übernehmen. Sie verbinden häufig amerikanische Staatsskepsis mit beträchtlichen Erwartungen an ihre Regierung, wie sie europäischer Tradition entsprechen. Die Regierung soll Arbeitsplätze schaffen, den Graben zwischen Reich und Arm zuschütten, die Staatsverschuldung abbauen, das Verbrechen wirksamer bekämpfen. Aber wenn sie eine einzige Steuer erhöht, steht in allen Zeitungen, wieder einmal greife der Staat dem Bürger in die Tasche. Wer andern in die Tasche greift, ist aber ein Taschendieb. Der Staat als Taschendieb und die allzuständige, für alles verantwortliche Regierung – das paßt nicht zusammen.

Daher spricht einiges für Gret Hallers Fazit: Daß nämlich der Neoliberalismus mit seiner Abwertung des Staates keine europäische, sondern eine amerikanische Ideologie ist, die deshalb auch in den USA mit ihrer starken Zivilgesellschaft weniger Schaden anrichten muß als in Europa, wo die Zivilgesellschaft nicht vor dem Staat da war, sondern langsam im Schatten des – lange monarchischen – Staates gewachsen ist. Der Neoliberalismus ist sicher kein rein amerikanisches Gewächs. Er ist zu Ende gedachter Wirtschaftsliberalismus, Marktradikalismus. Trotzdem haben die Menschen im Südteil der Erde nicht völlig unrecht, wenn für sie Amerikanisierung und eine neoliberal geprägte Globalisierung zwei Bezeichnungen für eine und dieselbe Sache sind. Die amerikanische Öffentlichkeit hat diese Form der Globalisierung als

Erfolg des eigenen Landes und noch mehr der eigenen Sache verstanden, während die meisten Europäer sie eher als unabwendbares Schicksal hingenommen haben, sicher auch mit dem Willen, das beste daraus zu machen.

Kapitel 3
Globalisierung als Hebel

I. Europäer tun sich schwer mit dem Gedanken, der Staat, der im 20. Jahrhundert an mehr als einer Stelle Allmacht erstrebt und mißbraucht hat, könne so abmagern, daß er seine einfachsten Pflichten nicht mehr zu erfüllen vermag. Und sie tun sich noch schwerer mit der Erfahrung, daß Politiker, Regierungen, die über die Machtmittel des Staates verfügen, daran kaum etwas ändern können. Regierungen verbinden wir mit Macht. Sie »haben« die Macht. Politische Moral bewertet vor allem ihren Umgang mit Macht. Man muß sich wohl selbst im politischen Geschäft abgemüht haben, um die Ohnmacht des Politikers so ernst zu nehmen, wie sie ist, zumindest geworden ist. Wie gehen Regierungen mit ihrer Ohnmacht um?

Dabei sind nicht sosehr die unzähligen Rücksichten gemeint, die demokratische Regierungen immer zu nehmen haben: auf die Parteibasis, auf Wähler mit ganz unterschiedlichen Interessen, auf Verbände, Gewerkschaften, Kirchen, auf die Rechnungshöfe, die parlamentarische Kontrolle durch den Haushaltsausschuß, die Fachausschüsse, nicht zuletzt auf die Opposition und vor allem auf die Medien, die seriösen und die weniger seriösen, die elektronischen und die gedruckten.

Das alles erhöht die Risiken, vor allem das Risiko des Scheiterns oder doch des Mißerfolgs. Schlimmer aber ist, wenn der Handlungsraum immer weiter schwindet, wenn vieles, was eine Regierung oder ein Minister für richtig, nötig und hilfreich ansieht, nicht mehr möglich ist, wenn darüber hinaus Entscheidungen verlangt werden, die man eigentlich nie treffen wollte. Es hat immer Situationen gegeben, in denen nur zwischen mehreren Übeln zu entscheiden war. Aber die Globalisierung, so wie sie sich heute darstellt, schafft Zwänge von einer neuen Qualität.

Dabei geht es nicht um die Globalisierung der Warenmärkte. Daß die Exportindustrie sich weltweiter Konkurrenz stellen muß, ist nicht ganz neu. Daran haben sich die europäischen Exporteure gewöhnt. Schließlich hat die Öffnung der Märkte nicht nur die Zahl der Konkurrenten erhöht, sondern auch die der erreichbaren Abnehmer, seien sie Konsumenten oder Investoren. Die Exportwirtschaft hat ihren technischen Vorsprung genutzt, um die niedrigeren Löhne anderswo auszugleichen. Dies wird zwar immer schwieriger, daher steht nirgendwo geschrieben, daß die Deutschen Export-Weltmeister bleiben müssen. Aber dieser Wettbewerbsdruck wird mehr an die Gewerkschaften als an die Regierungen weitergegeben.

In Deutschland haben sie ihn im Jahr 2004 mit einer Härte zu spüren bekommen, die in der Geschichte der Bundesrepublik kein Beispiel hat. Was die Betriebsräte von Opel, Siemens oder Volkswagen an Einschnitten und Einbußen für ihre Kollegen hinnehmen mußten, um die Arbeitsplätze im Land zu halten, geht im Umfang deutlich über die Kürzung von Sozialleistungen hinaus, gegen die sie kurz zuvor lautstark protestiert hatten. Plötzlich mußten die Gewerkschaftsführer ihren Kollegen erklären, warum sie genauso hilflos und erpreßbar waren wie die Regierung. Allerdings konnten die Gewerkschaften auf unverhüllte Drohungen verweisen, was Regierungen aus zwei Gründen meist nicht können: Einmal, weil niemand öffentlich erklärt, wenn die Körperschaftssteuer nicht halbiert wird, verlagern wir nach Tschechien, zum andern, weil Regierungen immer Hemmungen haben, ihre Machtlosigkeit einzugestehen. Sie sagen dann lieber, ihre Politik sei ohne Alternative. Warum sie ohne Alternative ist, bleibt meist im dunkeln.

Was die Handlungsfähigkeit der Regierungen einschränkt,

sie zu einer Politik zwingt, die kein Parteiprogramm einer großen Partei vorsieht, ist die globale Mobilität des Kapitals. Sie zwingt die Staaten, gleich wer sie regiert, in eine Standortkonkurrenz um Investitionen. Die Drohung, nicht mehr in einem Land zu investieren, wirkt auf jede Regierung wie eine Ankündigung des eigenen Endes. Weniger oder gar keine Investitionen bedeuten sprunghaft steigende Arbeitslosenzahlen, und die kündigen Wahlschlappen an.

Nicht die Globalisierung hat Arbeitsplätze rar gemacht. Das hat die industrielle Revolution, die rapide technische Innovation getan. Noch vor 200 Jahren arbeiteten die meisten Europäer in der Landwirtschaft. Heute ist es nur noch ein geringer Bruchteil, und der erzeugt mehr als die fleißigen Urgroßeltern. Vor hundert Jahren beschäftigte der Bergbau oder die Textilindustrie Millionen Frauen und Männer. Heute liegen die meisten Zechen still, und in umgewidmeten Textilwerken musizieren Rock-Bands.

Daher ist seit Jahrzehnten klar, daß neue Beschäftigung überwiegend in Dienstleistungen erwartet werden kann. Wo aber finden die Menschen Arbeit, wenn Banken, Bausparkassen, Versicherungen, wenn Post und Bahn mit immer weniger Menschen auskommen, wenn das Fräulein der Telefonvermittlung nur noch eine Erinnerung an eine vorsintflutliche Technik ist? Daher waren auch die Ökonomen und Politiker naiv, die von einer »Informationsgesellschaft« Hunderttausende neuer Arbeitsplätze erwartet haben. Natürlich gab es die, aber die neuen Technologien haben mehr Arbeitsplätze zerstört, als sie schaffen konnten. Schließlich ist es seit 250 Jahren das Ziel des technischen Fortschritts, menschliche Arbeit überflüssig zu machen.

II. Weil gerade die Industrienationen im Wegrationalisieren von Arbeit und damit in der Steigerung von Arbeitsproduktivität so überaus erfolgreich sind – und aus Konkurrenzgründen wohl auch sein müssen –, haben sich Politiker und

Soziologen in den Achtzigerjahren gefragt, wo denn in unseren Gesellschaften noch ungetane Arbeit zu finden sei, Bereiche, in denen zusätzliche Arbeit die Lebensqualität der Menschen noch erhöhen könnte. Dabei mußte es sich um Arbeit handeln, die sich auch durch die raffinierteste Technik nicht einfach wegrationalisieren ließ.

Sie stießen dabei vor allem auf zwei Gebiete: einmal den ökologischen Umbau, besonders in der Energiewirtschaft. Erneuerbare Energien sollten sicherer, umweltfreundlicher, zukunftstauglicher und überdies arbeitsintensiver sein als Energiegewinnung aus Kohle, Öl oder Atomkraft. Vieles von dem, was damals angedacht wurde, hat die Regierung Schröder/Fischer verwirklicht. Das Gesetz über erneuerbare Energien hat neue Industrien mit Tausenden von Arbeitsplätzen entstehen lassen. Es hat Geld dahin gelenkt, wo Chancen für sinnvolle, der Lebensqualität dienliche Arbeit erkennbar waren. Politischer Wille hat einem neuen Markt auf die Sprünge geholfen. Das ist offenbar auch in einer globalisierten Ökonomie möglich.

Der zweite Bereich, der Chancen zu bieten schien, waren Humandienstleistungen, Dienstleistungen am Menschen, die seiner Gesundheit, seiner Pflege, seiner Bildung, seinem Bedürfnis nach Kontakt, seiner Unterhaltung dienten. Die einschlägigen Berufe reichten vom Bademeister bis zum Krankenpfleger, von der Ärztin bis zur Sprachlehrerin, von der Masseuse bis zur Arzthelferin, von der Haushaltshilfe bis zum Bibliothekar, vom Konzertgeiger bis zum Organisator eines Heimatmuseums, von der Krankengymnastin bis zu dem, was damals viele noch ohne schlechtes Gewissen »Putzfrau« nannten.

Kluge Soziologen fanden heraus, daß diese Dienstleistungen anderswo großzügiger angeboten wurden, in den USA überwiegend privat, in skandinavischen Ländern dagegen öffentlich über Steuern finanziert, während in Kontinentaleuropa, besonders in Deutschland, weder das eine noch das andere ausreichend der Fall sei, und zwar aus Gründen, die in den Sozialsystemen lägen. Hier gebe es also einen Nachholbedarf. Also überlegte man sich, wie solche Leistungen zusätzlich anzubieten und zu finanzieren wären.

Solche Gedanken wurden schon in den Neunzigerjahren weggefegt. Nicht mehr politische Strategien, sondern der Markt sollte neue Arbeitsplätze schaffen, genauer: wirtschaftliches Wachstum, das um so stärker würde, je weniger der Staat eingreife. Daß es auch »jobless growth« geben könne, also Wachstum ohne mehr Arbeitsplätze, wurde nicht bestritten. Es wurde auch nie gesagt, wo die neuen Arbeitsplätze entstehen würden. Allenfalls gab und gibt man zu, daß sie sich auch bei ordentlichen Wachstumsraten kaum da einstellen könnten, wo die Produktion unter weltwirtschaftlichem Rationalisierungsdruck steht, also im größten Teil der Industrie, inzwischen aber auch bei vielen Dienstleistungen. In den Humandienstleistungen wird aus Geldmangel abgebaut, und zwar von dem, was ohnehin – im Vergleich zu andern Ländern – unterentwickelt ist.

III. Wer aber alles Heil vom Wirtschaftswachstum erhofft, ja erhoffen muß – und das tun beileibe nicht nur Neoliberale –, muß ganz und gar auf Investitionen setzen, genauer: auf Investoren. Diese Investoren stellen Bedingungen, an Gewerkschaften, vor allem an den Staat. In einer globalisierten Ökonomie können sie dies. Sie tun es mit aller Härte, inzwischen auch öffentlich. Werden die Bedingungen nicht erfüllt, drohen sie mit Abwanderung. Ihre Erpressungsmacht ist so offenkundig, daß sie meist gar nicht zu erpressen brauchen. Regierungen wissen, was die Umworbenen erwarten oder gerade noch hinnehmen.

Damit wir nicht voreilig ins Moralisieren geraten, sei hinzugefügt: Investoren drohen meist nicht aus Übermut oder Herrschsucht. Auch sie stehen unter Druck. Sie müssen für den »shareholder value« geradestehen. Ihr Ansehen unter ihresgleichen, oft auch ihre Bezahlung, hängt am Aktienkurs. Was noch mehr drückt: Sinkt der Kurs, wird das Unternehmen am Aktienmarkt zu billig, droht die Übernahme durch Konkurrenten, mehr oder minder feindlich. Dabei kann der zupackende Konkurrent vom andern Ende des Globus kommen.

Aktienkurse stehen in Konkurrenz zueinander. Übersteigt die Kapitalrendite des Konkurrenten die eigene, auch wenn diese schon hoch genug ist, so wirkt sich dies auf den Aktienkurs aus. Also werden heute ganz andere Kapitalrenditen angestrebt und erreicht als vor dreißig Jahren. Bisher ist kein Ende der Steigerung abzusehen. Auch wenn die Rendite auf stolze 25 % angehoben ist, was tut man, wenn anderswo 30 % erreicht werden?

Anfang Dezember 2004 meldete die Deutsche Bank zweierlei: einmal, daß ihre Kapitalrendite auf beachtliche 18 % gestiegen sei. Zum andern, daß sie allein in Deutschland 2000 Arbeitsplätze abbauen müsse, weil 18 % nicht genug seien, man wolle 25 % schaffen. In der *Süddeutschen Zeitung* bemühte sich der Leiter der Wirtschaftsredaktion, Nikolaus Piper, geradezu rührend, seinen ökonomisch weniger geschulten Lesern dies verständlich und schmackhaft zu machen (Ausgabe vom 3. 12. 2004). Was die Deutsche Bank da tue, sei letztlich, langfristig, auch gut für die Arbeitnehmer, denn ohne steigende Gewinne gebe es keine Arbeitsplätze. Früher hieß es: ohne Gewinne keine Arbeitsplätze. Heute: ohne steigende Gewinne. Bleibt die Frage: Wie weit und wie lange müssen, können sie steigen? Piper hat, wie immer, auch gute Argumente: Große europäische Banken – er nennt sie nicht – erzielten inzwischen eine Rendite von 27 %, und mit ihnen habe die Deutsche Bank zu konkurrieren. Wieviel Gewinn richtig sei, »entscheiden letztlich nicht Vorstandsvorsitzende, Politiker oder Schreiber von Leitartikeln, sondern die Kapitalmärkte«. Die sind nun einmal global. Und sie entscheiden ohne Rücksicht auf Menschen. Zwei Monate später zeigte sich, daß auch in der Redaktion der *Süddeutschen Zeitung* sich nicht alle damit abfinden wollten. Pipers Kollege Ulrich Schäfer schrieb zum selben Thema: »Die Strategie (der Deutschen Bank und ihres Vorstandsvorsitzenden Josef Ackermann) ist betriebswirtschaftlich einfältig und gesellschaftspolitisch verwerflich« (Ausgabe vom 5./6. 2. 2005).

Bewegt sich da etwas? Es war Helmut Schmidt, der mit der Formel »Die Gewinne von heute sind die Investitionen vom morgen und die Arbeitsplätze von übermorgen« um Verständnis für wirtschaftliches Gewinnstreben warb. Auch wenn sich schon damals einwenden ließ, daß keineswegs alle Gewinne in neue Investitionen flossen, so hat die Mehrheit diese Formel als tendenziell richtig angenommen oder doch hingenommen. Wird diese Mehrheit auch die neue Formel hinnehmen, die lauten könnte: »Weil die Gewinne von heute nie ausreichen, sind die Entlassungen von morgen die höheren Gewinne von übermorgen«?

IV. Je gründlicher sich ein – politisch einigermaßen erfahrener – Nichtökonom mit den Unterschieden zwischen dem rheinischen Kapitalismus der Sechziger- oder Siebzigerjahre und dem globalisierten, marktradikalen Kapitalismus von heute beschäftigt, desto mehr fasziniert ihn, wie reale Globalisierungszwänge und ihre neoliberale Rechtfertigung sich gegenseitig stützen und ergänzen, wie beide in ihrem Zusammenspiel einen Prozeß vorantreiben und beschleunigen, dessen Ziel und Ende nur realitätsblinde Theoretiker zu kennen meinen. Denn diese blenden die Menschen, wie sie sind, die Europäer, wie sie durch Christentum, Aufklärung und Demokratie geworden sind, einfach aus. Soziale Gerechtigkeit mag zwar etwas sein, womit große Ökonomen nichts anfangen können, für die Mehrheit der Europäer bleibt sie ein Maßstab für das, was in der Gesellschaft vor sich geht, für die Politik allemal. Die wenigsten können und wollen definieren, was Gerechtigkeit sei, aber alle haben ein Gespür für offenkundige Ungerechtigkeit. Wenn ein Vorstandsvorsitzender, der soviel verdient wie 350 seiner Angestellten zusammen, 2000 Entlassungen ankündigt, um den Gewinn zu steigern – kann dies gutgehen? Zumal wenn ruchbar wird, wieviel Scharfsinn nicht nur die Deutsche Bank aufwendet – und anheuert –, um sich mit allen denkbaren Tricks um die in Deutschland fälligen Steuern auf ihre Gewinne zu drücken? Ist die Verbindung von Globalisierungszwängen und neoliberaler Rechtfertigung auf Dauer stärker als der Hunger nach Gerechtigkeit?

Eigentlich zwingt die globale Standortkonkurrenz keine nationale Regierung, auf politische Strategien für den Arbeitsmarkt zu verzichten, zumal für den Teil des Arbeitsmarktes, der nicht der weltweiten Konkurrenz ausgesetzt ist. Daß es trotzdem fast alle Regierungen tun, daß sie statt dessen allein vom Wirtschaftswachstum alles Heil erwarten, verdanken wir wohl eher einem Denkzwang als einem Sachzwang, nämlich der neoliberalen Hegemonie, wonach der Markt alles, die Politik wenig, vor allem nichts Gutes bewirken kann. Also muß man abwarten, welche Arbeitsplätze der Markt abwirft – oder auch nicht.

Sobald aber das Wirtschaftswachstum zum primären Ziel geworden ist, können Regierungen den Wünschen potentieller Investoren – sie sind auch potentielle Nichtinvestoren – kaum mehr widerstehen. Die Standortkonkurrenz schlägt voll durch. Die Ideologie verstärkt die realen Zwänge.

Wenn die Gesetze des »shareholder value« die Kapitalrenditen in bislang ungeahnte Höhen treiben, so hat dies durchaus mit der Furcht zu tun, vom Erfolgreicheren gefressen zu werden, also mit den Zwängen, denen das global agierende Kapital nicht entkommt. Indem aber die neoliberale Rechtfertigung dieses Wettlaufs schon vorsorglich jede Kritik abwehrt, baut sie die Bremsen an einem Fahrzeug aus, das früher oder später, eher früher als später, aus der Kurve getragen werden könnte. Wie lange werden sich die Menschen damit abfinden, daß ein erfolgreicher Unternehmer ist, wer durch Entlassungen den Aktienwert steigert, ein erfolgreicher Kanzler aber, wer die Arbeitslosigkeit beseitigt? Vielleicht so lange, bis sie gemerkt haben, wer da am längeren Hebel sitzt?

V. Nicht nur Berufsprotestierer vom linken Rand fanden es seltsam, ungehörig und ungerecht, daß gleichzeitig mit der Zusammenlegung des (etwas höheren) Arbeitslosengeldes mit der (niedrigeren) Sozialhilfe der Spitzensatz der Einkommensteuer, der lange Zeit bei 53 % gelegen hat, nun von 45 auf 42 % gesenkt wird. Natürlich gab es dafür plausible Erklärungen: Das sei Zufall, die Steuerreform sei viel früher konzipiert worden, und im übrigen würden auch die kleinen Einkommen entlastet. Viele hat dies nicht überzeugt. Hätte die simple Wahrheit überzeugt, daß der Spitzensatz der Einkommensteuer heutzutage »konkurrenzfähig« sein muß, also so bemessen, daß er nicht notwendig zu Kapitalflucht führt? Die peinliche Wahrheit, daß kein Finanzminister sich dem Wettlauf nach unten bei Steuern auf Unternehmen und großen Einkommen entziehen kann? Daß also kein Finanzminister heute die Steuern erheben kann, die er persönlich für gerecht hielte? Das hätte die Ohnmacht der Politik bloßgelegt, und davor scheuen Politiker aller Parteien zurück.

Der deutsche Finanzminister hatte denen, die ihr Geld illegal ins Ausland verschoben hatten, Straffreiheit zugesagt, wenn sie es bis zum 31. 12. 2004 zurückbrächten. Sie sollten dann nur 25 % Steuer bezahlen, dann sei alles gut. Manche Juristen fanden dadurch Rechtsprinzipien verletzt. Neoliberale Ökonomen dagegen zweifelten, ob die Anleger das nötige »Vertrauen zum Staat« aufbringen könnten, so als ob der Staat da illegal gehandelt hätte und um Vertrauen werben müßte. Das Ergebnis der Aktion erwies sich jedenfalls als beschämend dürftig. Die weitaus meisten, die dem heimischen Fiskus entronnen waren, pfiffen auf den Segen des Staates und ließen ihr Geld, wahrscheinlich mit dem besten Gewissen, da, wo es sich am ungestörtesten vermehren kann. Was sie nicht davon abhalten wird, die hohe Staatsverschuldung in Deutschland unfähigen Regierungen anzulasten.

Der Wettbewerb um die niedrigsten Unternehmenssteuern hat übrigens seine eigenen Regeln. In Gang gesetzt und vorangetrieben wird er meist von kleinen Ländern. Deutlich niedrigere Unternehmenssteuern können gerade dort rasch dazu führen, daß die Bemessungsgrundlage für die Steuer, also die ausgewiesenen Gewinne – die oft nicht einmal im Lande selbst erarbeitet worden sind –, sich so vergrößert, daß die Senkung der Steuersätze mehr als kompensiert wird. Der kleine Staat (Irland, Luxemburg, Österreich, die Schweiz, inzwischen auch Länder wie die Slowakei) kann am Ende mehr Steuern einnehmen als vor der Steuersenkung. Große Länder haben solche Chancen nicht, sie zahlen die Zeche. Sie haben also auch ein Interesse an Vereinbarungen über Mindeststeuern. Aber die scheitern dann an kleinen Ländern.

Auch hier läßt sich nachweisen, wie Konkurrenzzwänge und neoliberale Dominanz sich gegenseitig verstärken. Als ausgerechnet der bayerische Ministerpräsident Edmund Stoiber öffentlich für Mindestsätze bei Unternehmenssteuern wenigstens in der Europäischen Union eintrat, wurde er in fast allen Wirtschaftsteilen deutscher Zeitungen herb getadelt. Sie fanden, auch unter Staaten sei Wettbewerb gut und hilfreich. Und niedrigere Steuern seien immer gut. Für die Finanzierung der Staatsaufgaben sind sie ja nicht zuständig. Auch hier gilt: Wer die Zwänge nicht hinnehmen will, bekommt es mit der Ideologie zu tun. Und diese Ideologie ist in der Praxis immer sehr viel einfacher und eindeutiger als in den Lehrbüchern. Dafür sorgen dann schon die Interessen, die sich dieser Ideologie bedienen.

VI. Dem Zusammenspiel von Globalisierungszwängen und marktradikaler Ideologie könnte bald auch eine Einrichtung zum Opfer fallen, die bis vor kurzem gänzlich unumstritten war: die progressive Einkommensteuer, also der Grundsatz, daß der Anteil der Einkommensteuer mit der Höhe des Einkommens wächst.

In Europa waren es nicht die Sozialdemokraten, sondern die Liberalen, die durchsetzten, daß die höheren Einkommen auch prozentual mehr Steuern an den Staat entrichten sollten als die kleinen. Es war der preußische Nationalliberale Johannes von Miquel, nach Bismarcks Sturz 1890 preußischer Finanzminister, der die progressive Einkommensteuer in Deutschland einführte. Miquel, der lange dem Vorstand der ersten deutschen Großbank angehört hatte und als Führer des rechten Flügels der Nationalliberalen hervorgetreten war, stand nicht im Verdacht linker Neigungen. Weder der Reichsfinanzminister Mathias Erzberger nach dem Ersten, noch der Bundesfinanzminister Fritz Schäffer nach dem Zweiten Weltkrieg dachten daher auch nur im entferntesten daran, am Prinzip der progressiven Einkommensteuer etwas zu ändern. Im Streit war, wie steil die Progression sein und wo sie enden sollte.

Damit ist nun Schluß. Und der Anstoß kommt ausgerechnet aus den osteuropäischen Ländern, in denen nach der Implosion des Kommunismus die Chicago-Boys den Ton angaben. Vielen der konvertierten Kommunisten leuchtete ein: Wenn nun nicht der Sozialismus, sondern der Kapitalismus gesiegt hat, dann müssen auch seine Gesetze gelten. Die hatte Milton Friedman formuliert. Schon 1962 hatte er, allerdings nur für die damals Eingeweihten, den Vorschlag der »flat tax« gemacht. Gemeint war die Abschaffung der progressiven Einkommensteuer, ihre Ersetzung durch einen für alle gleichen Tarif.

Was 1962 auch für Ludwig Erhard eine abstruse Theorie war, wurde und wird jetzt in einem osteuropäischen Land nach dem andern zum Gesetz, nicht weil es die globalisierten Märkte erzwingen, sondern weil die neoliberalen Berater es empfehlen, oft sogar mit dem richtigen Argument, daß sich für ein kleines Land wie Estland, Serbien oder die Slowakei soviel Geld und Kapital aus größeren Ländern ins Land locken lasse, daß der Staat nachher mehr einnehme. Daher hat die »flat tax« eine eingebaute Tendenz nach unten. In Estland etwa beträgt sie jetzt 26%, soll aber ab 2007 auf 20% gesenkt werden. Auf Estland folgte Litauen mit 25%, dann Lettland mit 33%. Rußland, wo zeitweise die Mafia bei der Erpressung von Schutzgeldern erfolgreicher war als die Finanzverwaltung beim Einzug von Steuern, reichen 13%, ebenso der Ukraine. In Serbien beträgt die »flache Steuer« 14%, in Rumänien seit Jahresbeginn 2005 16%, in Tschechien will die konservative Opposition eine Einheitssteuer von 15% einführen.

Es gehört wenig Scharfsinn dazu, sich die Auswirkungen auf die großen Industriestaaten Westeuropas auszumalen. Man wird auf die Kapitalflucht verweisen und damit den Zwang, nachzuziehen. Die diversen Stufenmodelle, die inzwischen feilgeboten werden, haben wohl vor allem die Funktion, erst einmal von der progressiven Einkommensteuer wegzukommen. Die kleinen Ungerechtigkeiten, die sich beim Übergang von einer Stufe zur anderen ergeben, lassen sich dann am einfachsten beseitigen, indem man zur »flat tax« übergeht.

Fällt die progressive Einkommensteuer, dann stand am Anfang der Einfluß der Chicago-Boys. Erst aus ihrem Erfolg in postkommunistischen Ländern ergaben sich Zwänge für den Rest Europas. Man darf gespannt sein, was geschieht, wenn diese Zwänge mit dem Bewußtsein der Menschen in den großen Demokratien Europas kollidieren. Denn was über ein Jahrhundert selbstverständlich war, läßt sich nicht einfach wegfegen, zumal nicht mit dem Argument, das Kapital könne eben auswandern, die kleinen Leute nicht. Was zählt, sind also nicht die neoliberalen Lehrbücher, sondern ihre Umsetzung in Praxis und die Wechselwirkung zwischen dieser Praxis und den realen Globalisierungszwängen.

In der Praxis ist man immer für weniger Staat, ohne zu sagen, wo die Theorie den funktionsfähigen Staat für unerläßlich hält. In der Praxis ist man immer für Deregulierung, ohne darüber nachzudenken, daß es ja Aufgabe des Staates ist, Regeln zu setzen. In der Praxis ist man immer für Privatisierung, ohne auch nur anzudeuten, wo die Grenze der Privatisierung liegen könnte. In der Praxis ist man immer für Steuersenkung, auch wenn gerade eine stattgefunden hat. In der Praxis ist man erst für die Senkung des Spitzensatzes, dann für ein Stufenmodell und schließlich für den gleichen Steuersatz für alle. Und vor allem: In der Praxis schafft man selbst einen beträchtlichen Teil der Zwänge, auf die man sich nachher beruft.

Was dabei aus dem Staat wird, geht die neoliberalen Ideologen nichts an. Sie sind dafür nicht zuständig. Irgendwie wird der Staat schon zurechtkommen, er ist ja nicht umzubringen. Im übrigen sollen andere darüber nachdenken. Es wird Zeit, daß sie es tun.

VII. Muß die Europäische Union so hilflos sein – und bleiben –, wie es die Nationalstaaten geworden sind? Wäre die Europäische Union nicht in der Lage, ja dazu berufen, die Kompetenzen zu übernehmen, die den Nationalstaaten verlorengegangen sind? Wäre nicht sie imstande, Schlupflöcher zu verstopfen und den Steuerwettbewerb nach unten zu stoppen? Sie wäre es wohl, aber sie ist es nicht, zumindest noch nicht. Zu Beginn des Jahres 2005 sprach sich sogar der amtierende Ratspräsident, der angesehene luxemburgische Regierungschef Juncker, für eine Mindeststeuer auf Unternehmen aus. Aber auch er dürfte vorläufig wenig Erfolg haben. Warum?

Fritz Scharpf (*Regieren in Europa*, Frankfurt/Main u. a. 1999), wie schon lange vor ihm (1965) Jan Tinbergen, unterscheidet zwischen negativer und positiver Integration. Negative Integration meint Abschaffung von Zöllen, Handelsbeschränkungen und aller Hindernisse für den freien Wettbewerb. Negative Integration ist also vor allem Deregulierung, im Falle der Europäischen Union zum Zwecke der Schaffung eines gemeinsamen, großen, freien Marktes. Dafür ist in der EU die europäische Kommission zuständig. Sie kann selbständig handeln, und wenn Nationalstaaten sich sträuben, sogar den Europäischen Gerichtshof anrufen, der verbindlich entscheidet.

Positive Integration meint neue Regelungen für die gesamte EU, die dem Markt einen Rahmen setzen, die also Kompetenzen, die den Nationalstaaten verlorengehen, auf die europäische Ebene transferieren. Bei positiver Integration geht es um Re-Regulierung. Dafür ist nicht die Kommission, sondern der Rat zuständig. Und der muß einstimmig entscheiden – was er in solchen Fragen äußerst selten tut.

Wenn also die Frage zur Debatte steht, ob die Landesbanken in der Bundesrepublik Deutschland mit ihren Staatsgarantien den Wettbewerb zwischen europäischen Banken verzerren, kann die Kommission selbständig tätig werden. Hier muß ja nur etwas abgeschafft werden, nämlich ein Privileg der Landesbanken. Wenn aber deutsche Politiker fast aller Parteien eine Untergrenze für die Besteuerung von Unternehmen fordern, so ist der Rat am Zug. Denn hier soll ja eine neue Regel eingeführt werden.

Das, so Scharpf, bedeutet in der Praxis, daß die Europäische Union bei der negativen Integration schon äußerst weit gekommen ist, bei der positiven dagegen nur selten kleine Fortschritte macht. Daß dies von denen gewollt war, die eine solche Kompetenzverteilung beschlossen haben, ist anzunehmen. Die Kommission hat die Liberalisierung, teilweise die Privatisierung auf vielen Feldern angestoßen: Telekommunikation, Luftverkehr, Flughäfen, Güterverkehr, Energiemarkt, auch Dienstleistungen, die bislang dem Postmonopol unterlagen.

Die Kommission hat also die Handlungsmöglichkeiten der Nationalstaaten auf vielen Feldern beschnitten. Die Fähigkeit der Union, dafür eigene europäische Handlungsmöglichkeiten zu schaffen, ist aber dadurch begrenzt, daß es im Rat immer ein paar Regierungen gibt – und es reicht eine –, deren Interessen anders gelagert sind.

Dies führt dazu, daß die Kommission sogar in kommunale Angelegenheiten eingreifen kann. Sie kann – mit der Begründung, durch städtische Wasserwerke werde der Wasserpreis subventioniert, was zu einer indirekten Verzerrung des Wettbewerbs führe –, Städten und Gemeinden die Privatisierung der Wasserversorgung empfehlen, während für die Frage, woher die Kommunen ihre Steuern bekommen sollen, in Brüssel niemand zuständig ist. Steigt das Budget-Defizit von Bund, Ländern und Gemeinden über 3 % des Bruttosozialprodukts, so muß die Kommission einschreiten. Daß multinationale Konzerne sich um Steuern drücken, fällt nicht in ihr Aufgabengebiet. Dies aber bedeutet, daß die Europäische Union bisher den Nationalstaaten mehr an Kompetenzen weggenommen hat, als sie selbst übernehmen konnte – oder auch wollte. Daher hat die Europäische Union die Position des Staates gegenüber der Wirtschaft nicht gestärkt, sondern geschwächt. Theoretisch müßte gelten, daß ein so riesiger Wirtschaftsraum sich gegen Globalisierungszwänge, auch gegen den ruinösen Wettbewerb der nationalen Standorte, weit besser behaupten kann als ein Nationalstaat. In der Praxis hat die Verteilung der Zuständigkeiten in Brüssel diese Zwänge eher verstärkt und sanktioniert als gemildert.

VIII. Wird sich dies bessern, wenn die europäische Verfassung ratifiziert wird? Wohl kaum. Die Kompetenzen zwischen Kommission und Rat bleiben, wie sie sind. Zwar soll es häufiger Mehrheitsentscheidungen im Ministerrat geben mit der lange umstrittenen doppelten Mehrheit (Mehrheit der Staaten, die zusammen mindestens 60% der Bevölkerung vertreten), aber dies gilt vor allem für Beschlüsse, welche die Vollendung des Binnenmarktes zum Ziel haben. Darunter können auch Regelungen zur Steuerpolitik sein, aber nur, wenn die Minister oder Regierungschefs vorher einstimmig dafür votiert haben, dies auf die Tagesordnung zu setzen. Wer ein Interesse an der Verhinderung hat, kann also eine Mehrheit blockieren. Es bleibt dabei: Die positive Integration, die geeignet und imstande wäre, politisch einiges – und schließlich sogar mehr – an Gestaltungschancen zurückzugewinnen, als die Nationalstaaten verloren haben, bleibt äußerst dürftig, die negative Integration, die Hindernisse für den Wettbewerb über Staatsgrenzen hinweg beseitigt, kann ungebremst weitergehen.

Dies hat natürlich zuerst mit dem ursprünglichen Ziel des Gemeinsamen Marktes zu tun. Einen hindernisfreien Markt quer durch Europa zu schaffen, war die Aufgabe der Kommission und der Brüsseler Bürokratie. Daß inzwischen die Europäische Union noch ganz andere Funktionen übernimmt – etwa gemeinsame Außenpolitik –, läßt sich in der Verfassung nachlesen. Wenn sich einmal die Überzeugung durchsetzt, daß die Europäische Union berufen ist, ein »europäisches Modell« für das Verhältnis von Markt, Staat und Zivilgesellschaft vorzugeben, werden sich rechtliche Regelungen dafür finden lassen. Das wird mit Sicherheit länger dauern, als für die Europäer gut ist. Aber es ist möglich, wenn so etwas wie eine europäische Öffentlichkeit entsteht, wenn die Union weiter demokratisiert und wenn der Mehrheit der Europäer bewußt wird, wie sehr über ihre Zukunft in Straßburg und Brüssel entschieden wird.

Die Europäische Union verdankt ihre Entstehung nicht der Globalisierung. Sie ist eine Antwort der Europäer auf den Irrsinn der beiden Weltkriege. Der souveräne Nationalstaat hatte seine besten Zeiten längst hinter sich, als Globalisierung zum Thema wurde. Im Kalten Krieg hatten die beiden Hegemonialmächte, die USA und die Sowjetunion, die Souveränität der europäischen Staaten zumindest in der Außenpolitik deutlich eingeschränkt. Die Sowjetunion bestimmte in ihren

Satellitenstaaten auch die Grundzüge der Innenpolitik – was übrigens dazu geführt hat, daß manche in diesen Staaten heute Mühe haben, für die Europäische Union auf Souveränitätsrechte zu verzichten, die sie erst ein paar Jahre zuvor wieder oder gar, wie im Fall Kroatiens oder der Slowakei, ganz neu erworben hatten.

In Westeuropa konnten die Nationalstaaten nach dem Zweiten Weltkrieg immerhin ihre Sozialsysteme, ihre Steuerpolitik, in Grenzen auch ihre Wirtschaftspolitik durchaus nach eigenem Willen gestalten. Sie konnten, auch wenn der amerikanische Präsident nicht begeistert war, ihre Schlüsselindustrien verstaatlichen, den Sozialstaat bis zum Wohlfahrtsstaat ausbauen, hohe Einkommen mit Spitzensätzen belegen, die heute ungläubiges Staunen auslösen. Aber ihre außenpolitische Bewegungsfreiheit war begrenzt, sogar die Frankreichs, das seit de Gaulle keine US-Truppen im Lande duldete und sich, obwohl Mitglied der NATO, deren supranationaler Organisation entzog.

Die Globalisierung der Märkte, besonders des Kapitalmarkts, hat den Nationalstaat an einer empfindlicheren Stelle getroffen. Wird die Außenpolitik von einer fremden Supermacht bestimmt, so bemerken dies vor allem Beamte im Auswärtigen Dienst. Wird der Staat ausgehungert, so spüren es alle, besonders die Mehrheit, die von ihrer eigenen Arbeit und Einrichtungen der sozialen Sicherheit lebt. Tut eine Regierung ohne Aufhebens, was der große Verbündete will, ist dies ein Thema unter Eingeweihten. Tut eine Regierung in der Sozialpolitik das Gegenteil dessen, was man von ihr erwartet, ist dies ein Thema am Mittagstisch und in der Arbeitspause.

IX. Den geschwächten Nationalstaat gibt es jedoch nach wie vor, und es dürfte ihn noch lange geben, auch in Europa, wo er in der europäischen Verfassung ausdrücklich vorgesehen ist. Die europäische Union ist kein Staat, sie will keiner sein.

Die europäische Verfassung ist formal ein Vertrag zwischen Staaten.

Ulrich Beck hat für diesen geschwächten, eingebundenen Nationalstaat die Bezeichnung »Transnationalstaat« vorgeschlagen (Beck, *Was ist Globalisierung?*, Frankfurt/Main 1997, S. 183ff.). Er wollte damit zuerst denen aus seiner Zunft widersprechen, die das Ende des Nationalstaats, ja der Nationen, der Demokratie und sogar der Politik gekommen sehen. Ihnen hielt er entgegen: »Der (National)staat ist nicht nur veraltet, er ist auch unverzichtbar«, und dies nicht nur als Garant der Grundrechte oder der sozialen Sicherungssysteme, »sondern auch um den Prozeß der Globalisierung zu gestalten, transnational zu regeln« (ebd., S. 183). Daher sind für Beck »Transnationalstaaten« keine dahinsiechenden, sondern »starke Staaten«. Ihnen wachse aus »kooperativen Antworten auf Globalisierung« neue Kraft zu, »politische Gestaltungsmacht (ebd., S. 184). Gerade in den »kooperierenden Nationalstaaten« könne und müsse »ein Bewußtsein kosmopolitischer Zwangssolidarisierung entstehen« (ebd., S. 184). Was diese Transnationalstaaten trägt, ist nicht mehr Nationalismus, sondern »das Bewußtsein, Bewußtwerden der Notwendigkeit von Transnationalstaaten« (ebd., S. 185).

Becks Begriff des »Transnationalstaats« hat sich nicht durchgesetzt. Vielleicht ist er zu künstlich, zu intellektuell. Damit ist aber nicht erledigt, was damit gesagt sein soll. Man könnte es auch mit einem Lieblingswort Hegels beschreiben: »aufheben«. Für den Philosophen, der auch als Professor in Berlin noch schwäbelte, bedeutet aufheben zuerst einmal aufbewahren. Dann meint es »hinaufheben« und schließlich »für ungültig erklären, annullieren«. Der Nationalstaat, zumindest der europäische, wird nicht ausgelöscht, sondern aufgehoben: aufbewahrt als aktiver Teil der europäischen Union, und zwar auf Dauer in seinen heutigen Grenzen, mit der heute dominierenden Sprache, seiner Geschichte, seinen kulturellen Stärken und Schwächen, für lange Zeit auch mit seinen sozialen Sicherungssystemen. Aber er wird hinaufgehoben über die nationalen und nationalistischen Rivalitäten und Vorurteile, die zu den großen Kriegen führten. Der Krieg, damit das jus ad bellum, das seit 1648 zum Staat gehörte, ist zumindest zwischen diesen Staaten abgeschafft. Insofern gibt es den klassischen Nationalstaat nicht mehr, er ist aufgehoben, annulliert. In einem späteren Buch (*Das kosmopolitische Europa*, Frankfurt/Main 2004) beschreibt Beck übrigens seine Transnationalstaaten selbst als Nationalstaaten, die sich keineswegs auflösen, »sie werden vielmehr aufgehoben, ganz im Hegelschen Sinne« (ebd., S. 114).

Besonders wichtig an Becks Überlegungen bleibt die Feststellung: »Das Modell Transnationalstaat verneint zwar den Nationalstaat, bejaht aber den Staat(sbegriff)« (ebd., S. 185). Becks Transnationalstaat ist also vor allem ein Staat, man darf wohl hinzufügen: derselbe Staat, der sich allerdings mit neuen Inhalten füllt, der neben manchen alten auch neuen Aufgaben dient.

Damit können wir einer Frage nicht mehr ausweichen, die wir bisher umgangen haben: der Frage, was denn der Staat sei, was es mit dem »Staatsbegriff« auf sich habe, worin die Stärke eines Staates besteht.

Kapitel 4
Der notwendige Staat

I. Die Obrigkeit, der zu gehorchen der Apostel Paulus die
ersten Christen in Rom anwies, hatte ein Gesicht: das des römischen Kaisers. Die wenigsten seiner Untertanen zwischen
Gallien und Palästina hatten ihn je gesehen, aber jeder kannte
seinen Namen. Sein Bild war den Münzen eingeprägt. Als an-
derthalb Jahrtausende später Martin Luther, zumal nach dem
Aufstand der Bauern, die unmißverständliche Anordnung
des Paulus seinen Anhängern einschärfte, war die Obrigkeit
fast überall ein Fürst. Er durfte Gehorsam erwarten und verlangen, denn sein Geschlecht hatte das Land von alters her regiert, überdies war er von Gottes Gnaden. Wenn auch er, wie
seine Untertanen, sterben mußte, ging die Obrigkeit an seinen Sohn über. Das Wort »Staat« kommt noch bei Luther
nicht vor. Machiavelli hat es im 16. Jahrhundert zum ersten
Mal in seiner heutigen Bedeutung gebraucht, und zwar in je-
nem Italien, das dem übrigen Europa um Jahrzehnte voraus
war.

Der neue Begriff signalisierte zuerst einmal, daß es da etwas gab, was sich nicht deckte mit dem Fürsten, was sein eigenes Recht hatte, ja den Monarchen erst möglich machte,
prinzipiell aber auch ohne ihn denkbar war, etwas Abstraktes, aber Mächtiges, das eine Verwaltung einschloß, aber darin
nicht aufging. Nach dem Westfälischen Frieden 1648 zeichnete sich der Staat aus durch Souveränität nach innen und außen, auch gegenüber den Konfessionen, die er zum Frieden
zwingen konnte. Die Souveränität nach innen fand ihren
Ausdruck im Gewaltmonopol, die nach außen im jus ad bellum, dem Recht, Krieg zu führen. Über diese Souveränität
verfügte immer noch der fürstliche Souverän.

Der erste, der die Unterscheidung zwischen dem Monarchen und seinem Staat positiv aufgriff und nutzte, war Friedrich II. von Preußen, als er sich den ersten Diener seines preußischen Staates nannte. Der Staat, sollte dies heißen, ist noch wichtiger als der Monarch. Nicht der Staat ist für den Monarchen da, der Monarch ist für den Staat da. Das hinderte ihn nicht daran, sein Königreich bis ins kleinste Detail hinein zu regieren. Seine Untertanen hinderte es nicht, diesen Staat mit ihm, dem König zu identifizieren. Aber nun war der preußische Staat etwas, dem zu dienen eine Ehre war. Ein halbes Jahrhundert zuvor noch hatte Ludwig XIV. mit seinem berühmten Wort »L'état, c'est moi!« gegen diese neumodische Trennung von Monarch und Staat protestiert: Wenn die Naseweisen unter meinen Untertanen schon meinen, sie könnten oder müßten vom Staat reden statt, wie es sich gehört, vom König und seinem Königreich, vom Monarchen und seinen Untertanen, dann muß ich sie enttäuschen: Auch der Staat ist nichts anderes als das Werk und das Eigentum des Königs. Wenn schon Staat, dann bin ich der Staat!

Im übrigen gab es damals – woran dann später Tocqueville erinnert hat – auch regionale und lokale Obrigkeiten, Adelsgeschlechter, Klöster, Städte, die ihre Macht nicht dem König verdankten und die auch erst später in den Staat eingegliedert wurden. Vor allem für die Bauern, leibeigen oder nicht, waren sie die letzte Instanz, oft bis ins 19. Jahrhundert hinein.

Weil der moderne Staat, anders als die alte Obrigkeit, etwas Abstraktes an sich hat, fehlt ihm ein eindeutiges Gesicht. Die Königin von Großbritannien oder der Niederlande, der König von Spanien oder Schweden, deren Portrait sich auch auf Münzen findet, dürfen und sollen ihren Staat repräsentieren, regieren dürfen sie ihn nicht. Die ihn regieren, die Ministerpräsidenten, stehen an der Spitze der Staatsdiener (Minister), nicht des Staates. Jeder darf sie kritisieren, beschimpfen, vor allem aber jemanden anderes an ihre Stelle wünschen.

Staatspräsidenten wie in Deutschland oder Italien haben es

noch schwerer als die repräsentativen Monarchen. Bis die Italiener oder die Deutschen sich an das Gesicht ihres Präsidenten gewöhnt haben, wird oft schon ein neuer gewählt, und zwar nicht vom Volk, sondern von Volksvertretern. Staatspräsidenten stehen meist im Schatten des Regierungschefs. Gelingt es ihnen, wenigstens für kurze Zeit so etwas wie das Gesicht der Republik zu werden, dann ist dies eine persönliche Leistung. In Frankreich und den Vereinigten Staaten ist der Repräsentant des Staates auch, wie einst der Fürst, Chef der Exekutive. Er kann für eine Amtszeit das Gesicht des Staates werden, auch wenn nur eine knappe Mehrheit ihn gewählt hat. Er kann aber auch für eine Hälfte der Nation lediglich der Vertreter der anderen Hälfte bleiben. Dann kann es sogar in altehrwürdigen Demokratien wie den USA geschehen, daß für diese eine Hälfte der Staat zwar ein Gesicht bekommt, aber ein häßliches.

II. Daß der Staat für Franzosen meist etwas Konkreteres ist als für Deutsche, hat auch damit zu tun, daß Deutschland eine föderale Tradition hat, Frankreich eine zentralistische. Für Franzosen ist der Staat eindeutig der Nationalstaat mit seinem Zentrum Paris. Deutschland hatte über Jahrhunderte gar keine Hauptstadt, und noch bis 1866 orientierten sich die meisten Süddeutschen nach Wien, nicht nach Berlin. Der föderale Nationalstaat ist schwerer greifbar, erfahrbar als der zentralistische. Näher beim Bürger sind die Staaten, die sich zur Föderation zusammengeschlossen haben, Bayern oder Sachsen.

Die Gemeinden, meist älter als der Staat, sind Teil des Staates, sie werden aber häufig nicht so wahrgenommen. Der Bürgermeister schimpft auf »den Staat« und meint die Landesregierung, die ihm die Zuschüsse gekürzt hat. Die Landesregierung klagt beim Verfassungsgericht gegen den Bund, die Bundesregierung streitet mit der EU-Kommission. Wo ist da der Staat?

Er teilt sich auf in mehrere Schichten, Ebenen der Staatlichkeit. Angelsächsische Politologen sprechen von »layers«. Sie sprechen sogar von einer »global layer« (Martin Shaw). Staatliche Funktionen und Zuständigkeiten werden aufgeteilt. Für die Wasserversorgung und die Schulhäuser sind dann die Gemeinden, für die Lehrer und die Polizei die Länder, für die Sozialsysteme der Bund, für Zölle die Europäische Union verantwortlich. Für ein internationales Gewaltmonopol wäre es die UNO. Es ist nicht einfach, all dies zusammen als »Staat« wahrzunehmen. Ist es eine Zumutung?

Ein föderaler Staat hat viele Vorteile. Die Selbstverwaltung der Gemeinden fördert das demokratische Engagement vor Ort. Kommunalpolitik kann spannender sein als Landespolitik. Viele Menschen verfolgen sie genauer als das, was sie die »große Politik« nennen. Bundesländer können auf Loyalitäten zurückgreifen, die in Jahrhunderten gewachsen sind.

Aber weil im föderalen System der Staat abstrakt bleibt, läßt er sich auch leichter kritisieren. Wer den Staat als gefräßiges Ungeheuer darstellen will, braucht nicht zu sagen, ob er die Stadt, das Bundesland, den Bund oder gar die Europäische Union meint. Gegen Abstraktionen läßt sich trefflich wettern.

Nicht wenige von den Bürgern – und noch mehr von den Bürgerinnen –, finden, auch wenn sie über den Staat nur Abschätziges zu sagen wissen, ihre Bürgermeisterin großartig, den Stadtkämmerer tüchtig, die Ministerpräsidentin des Bundeslandes sympathisch, die Polizei höflich, die Bundeswehr nötig und die Außenpolitik des Bundes goldrichtig. Aber was hat dies alles mit dem »Staat« zu tun?

Der Föderalismus, nicht nur in Deutschland tief in der Geschichte verwurzelt, ist heute auch anderswo modern, weil er dem Prinzip der Subsidiarität entspricht. Dieser heilsame Föderalismus macht aber auch pauschale Staatskritik leicht. Von solcher Kritik profitieren die Kräfte, die im Staat vor allem ein Markthindernis sehen, das nicht klein genug sein kann.

Daß die Gemeinde Geld braucht, damit sie das Freibad nicht schließen muß und gelegentlich auch ein paar neue Bücher für die Stadtbibliothek kaufen kann, sehen fast alle ein. Wenn das Land nicht genug Geld hat, um eine ausreichende Zahl von Lehrern zu besolden, finden dies fast alle schwer erträglich. Wenn ausgerechnet Bayern 1200 Polizistenstellen streichen muß, finden das viele bedenklich. Wenn der Bund Reparatur und Ausbau eines Autobahnabschnitts aus Geldmangel vertagen muß, hagelt es Proteste. Aber das ändert nichts an der Vorstellung, der Staat sei ein Taschendieb, der, sobald die Wachsamkeit der Bürger nachlasse, ihnen in die Tasche greift. Läßt sich das Gemeinwohl schwerer erkennen und vor allem leichter ignorieren, wenn die Verantwortung dafür in verschiedenen Händen liegt? Oder gilt dies nur, bis alle Schichten der Staatlichkeit so ausgetrocknet sind, daß die Bürger es im Alltag zu spüren bekommen?

III. Was Obrigkeit ist, wer sie ist, konnte einst der Familienvater seinen Kindern in wenigen Worten verständlich erklären. Was ein Staat ist, läßt sich nicht in zwei Worten sagen. Es muß von Wissenschaftlern definiert werden. Die bislang präziseste und daher international gebräuchlichste dieser Definitionen stammt von Max Weber. Danach ist der Staat »diejenige menschliche Gemeinschaft, welche innerhalb eines bestimmten Gebietes das Monopol physischer Gewaltsamkeit für sich (mit Erfolg) beansprucht.«

Darin ist enthalten, was viele andere über den Staat gesagt haben. Daß dazu ein Staatsvolk, ein Staatsterritorium und eine Staatsgewalt nötig ist, daß der Staat ein Gewaltmonopol haben muß und die Mittel, es durchzusetzen, daß er seine Legitimität nachweisen muß, früher einmal durch die historisch legitimierte Erb-Monarchie von Gottes Gnaden, heute durch das freie Votum des Staatsvolkes.

Damit ist auch gesagt, daß Staat und Recht zusammengehören. Staat sei da, wo Recht gesetzt wird, schrieb der deutsch-amerikanische Theologe Paul Tillich. »Der Staat trägt das Recht, und wo Recht getragen ist, da ist Staat« (*Gesammelte Werke*, Bd. IX, Stuttgart 1998, S. 124). Tillich präzisiert, was es heißt, daß der Staat das Recht »trägt«: »Wo keine Macht, Recht zu setzen und durchzusetzen, da ist kein Staat.«

Natürlich fällt das Recht nicht vom Himmel. Zuerst wird in Rechtssätze gegossen, was üblich ist. Und üblich ist, daß die Starken sich die Rechte nehmen, die sie brauchen. Das wußte auch Hermann Heller, der früh verstorbene Rechtsphilosoph aus der Generation Tillichs. Es liege eben, schrieb er, »im Wesen von Recht und Staat, daß sie, wie alles Geistige, zwar ihre Entwicklung dem Kampfe gesellschaftlicher Interessen verdanken, ihren göttlichen Funken aber damit erweisen, daß sie immer strebend sich bemühen, sich aus dieser Verhaftung mit Interessenkämpfen zu lösen, ... gerecht zu werden« (»Gesellschaft und Staat«, in: *Lust an der Erkenntnis: Politisches Denken im 20. Jahrhundert*, hg. von Herfried Münkler, München/Zürich 1994, S. 210).

Nüchterner gesagt: Es ist eben nicht so einfach, die Willkür des Stärkeren in Paragraphen zu fassen. Unrecht schwarz auf weiß weckt mehr Widerstand als Unrecht, praktiziert im hintersten Dorf. Daher hat Gustav Heinemann darauf beharrt, daß das Recht zuerst der Schutz der Schwachen sei. Das vom Staat gesetzte, getragene und durchgesetzte Recht schützt alle, die sich nicht selbst schützen können.

IV. Damit eine solche Definition nicht zu abstrakt bleibt, sei sie gleich an ein paar Beispielen in unsere Zeit übersetzt: Wo der Staat sein Gewaltmonopol verloren hat, wo Warlords, meuternde Söldner oder einfach kriminelle Banden Gewalt ausüben – und das geschieht heute in Afrika oder Zentralasien häufig –, hat der Staat aufgehört zu existieren. Es gibt ihn nicht mehr, damit auch kein Recht und keinen Schutz der Kinder, Frauen oder Greise vor den Kalaschnikows einer verwilderten Soldateska.

Oder, bezogen auf das erste Kapitel dieses Buches: Das Großdeutsche Reich Hitlers war durchaus ein Staat, das Ozeanien des Großen Bruders, das Orwell zeichnet, war, genau gesehen, keiner. Wo bestehendes Recht manipuliert, gebeugt und gebrochen wird, wo Gesetze erlassen werden, die unser Rechtsgefühl verletzen, ist immer noch Staat, kein Rechtsstaat, aber ein Staat. Wo es gar keine Gesetze und damit auch kein Recht mehr gibt, ist kein Staat. Nicht jede Organisation, die Gewaltanwendung in Anspruch nimmt und praktiziert, ist deshalb ein Staat.

Bin Ladens Al Quaida ist eben nicht, wie im Dezember 2001 Ignacio Ramonet in *Le Monde Diplomatique* meinte, ein Staat neuer Art. Nach Ramonet hat es im Lauf der Geschichte Stadtstaaten, Regionalstaaten, Nationalstaaten gegeben, die Globalisierung bringe nun eben den »réseaux-état«, den Netzwerkstaat, der ohne Territorium, ohne geschriebene Rechtsordnung auskomme. Morgen werde dann noch der »entreprise-état« dazukommen, der Unternehmensstaat.

Solche Begriffsdehnungen können nur verwirren. Bin Ladens Trumpf im Kampf gegen Staaten ist ja gerade, daß er kein Territorium, keine Adresse hat, daß er deshalb überall zuschlagen kann, aber nirgends zu treffen oder gar zu vernichten ist. Was ihn mächtig macht, ist ja gerade, daß ihn kein innerstaatliches Recht, kein Völkerrecht hemmen kann, daß er, im Gegensatz zu allen Staaten der Erde, Selbstmordattentäter rekrutieren und einsetzen kann. Richtig ist, daß Bin Laden mit Erfolg alle Chancen und Methoden einer globalisierten Ökonomie und globalisierter Medien zu nutzen weiß. Daher läßt sich Al Quaida auch als multinationales Gewaltunternehmen verstehen. Aber auch Daimler-Chrysler ist kein Staat, will auch keiner sein. Was Bin Laden aufgebaut hat, ist ein Netzwerk entstaatlichter, privatisierter, kommerzialisierter und damit krimineller Gewalt. Daß der Präsident der Weltmacht USA ihm den Krieg erklärt hat, hat ihn gewaltig aufgewertet. Ein Staatschef ist er deshalb noch nicht. Er wird es auch nicht dadurch, daß ausgerechnet in der *Financial Times* (Ausgabe vom 13./14. 8. 2002) Philip Bobbitt ganz ähnlich argumentiert wie Ramonet, allerdings mit dem Ziel, den »war on terrorism« zu rechtfertigen.

V. Oder: Wenn Abwertung und Schwächung des Staates heute nicht mehr von denen ausgeht, die mit Karl Marx den Staat als Werkzeug der herrschenden Kapitalistenklasse denunzierten, sondern oft genau von denen, die mit dieser herrschenden Klasse gemeint waren, so hat dies damit zu tun, daß staatlich fixiertes Recht für die Starken allemal unbequemer und hinderlicher ist als das Vorrecht des Stärkeren. Natürlich kann Deregulierung bedeuten, daß veraltete oder von Pedanten ausgeklügelte Vorschriften verschwinden. Aber wenn es Aufgabe, ja Kennzeichen des Staates ist, daß er verbindliche Regeln aufstellt, also reguliert, Recht setzt und durchsetzt, dann will, wer Deregulierung prinzipiell für gut hält, dem Staat ans Leder. Wer etwa den gesamten Kündigungsschutz deregulieren will, zieht das Recht des in diesem Fall eindeutig Stärkeren dem staatlich gesetzten Recht vor, das die Interessen beider Seiten gegeneinander abwägen muß.

Oder: Wenn der Bundeskanzler Helmut Schmidt sich als den Vorstandsvorsitzenden der Deutschland AG bezeichnete, so war dies sicher zuerst eine sympathische Geste der Bescheidenheit, auch eine Absage an die Reste von Staatsmystik, die er in Deutschland vermutete, aber es war weder korrekt noch hilfreich. Der Staat, der Recht setzt, trägt und durchsetzt, ist eben gerade kein Unternehmen. Auch wenn der Staat sein Budget – und der föderale Staat seine Budgets – in Ordnung zu halten hat, ist seine Aufgabe eben nicht die Erzielung von Gewinn, sondern die Ordnung der Beziehungen zwischen den Menschen durch gesetztes und durchgesetztes Recht. Der Staat darf daher Menschen, die seine Gesetze übertreten, bestrafen, einsperren, der Manager eines Unternehmens darf dies nicht. Zur Ehre von Helmut Schmidt sei gesagt, daß er dies sehr wohl wußte und im Zweifel auch als Kanzler, nicht als Unternehmer handelte. Aber weniger fundierte Geister nehmen seine bescheidene Selbstbeschreibung ernster als er selbst. Und das stiftet Verwirrung.

Lothar Späth, der Schmidt bewundert, findet es bis heute abwegig, auf alle Fälle ungerecht, daß die Medien des Landes Baden-Württemberg ihn aus dem Amt jagten, weil er durchschnittlich zweimal die Woche mit Firmenjets durch die Welt flog. Er, der Ministerpräsident, hatte ja nur getan, was seine Pflicht war: Der Wirtschaft und damit den Firmen des Landes zu helfen. Warum sollten sie dafür nicht bezahlen? Späth hatte insofern recht, als seine Kritiker nie sagten, warum sie dies skandalös fanden. War der Staat ein Dienstleistungsunternehmen zur Förderung des Wirtschaftswachstums und Späth der Vorstandsvorsitzende der Baden-Württemberg AG, dann hatte er nichts Unrechtes getan. Er war sogar ein vorbildlicher Firmenchef. Aber er war eben der erste Repräsentant eines Staates, und der darf nicht in den Verdacht kommen, er sei abhängig von privaten Unternehmen.

Späths Kritiker hätten sich die Mühe machen müssen, offenzulegen, was ihr eigenes Staatsverständnis war, von dem aus sie den agilen Politiker anklagten. Späth ging, aber darüber, was ein Staat ist, und was er von seinen Dienern verlangen muß, wurde nicht diskutiert.

VI. Francis Fukuyama, der, den Neokonservativen nahe, bisher ganz auf den Markt setzte, plädiert heute nicht nur für den Staat, sondern für den »starken Staat« (Fukuyama, *Staaten bauen: Die neue Herausforderung internationaler Politik*, München 2004). Aber was ist das? Der Professor für internationale politische Ökonomie möchte unterscheiden zwischen zwei Arten von Stärke: Der Bandbreite von Aufgaben und Zuständigkeiten auf der einen, der Durchsetzungsfähigkeit auf der anderen Seite. Unter Bandbreite fällt etwa der Sozialstaat, fallen staatliche Eingriffe in die Wirtschaft oder gar staatliches Wirtschaften. Solche Bandbreite bedeutet für Fukuyama bestenfalls eingebildete Stärke. Die wirkliche, erstrebenswerte Stärke »... schließt die Fähigkeit ein, eine Politik zu formulieren und auszuführen, Gesetze zu erlassen, effizient und mit einem Minimum an Bürokratie zu verwalten, Amtsmissbrauch, Korruption und Bestechung zu verhindern, ein hohes Maß an Transparenz und Verantwortlichkeit in den Regierungsinstitutionen zu gewährleisten und, was am wichtigsten ist, die Einhaltung der Gesetze zu erzwingen« (ebd., S. 23).

So teilt er die Staaten in vier Gruppen ein. An erster Stelle kommen Staaten mit geringer Bandbreite und hoher Durchsetzungskraft – und da denkt er natürlich zuerst an die USA –, zuletzt in der Rangfolge sieht er die Staaten, die sich viel vornehmen und wenig bewirken, die also eine geringe Durchsetzungskraft – vergeblich – mit einer großen Bandbreite verbinden wollen. Dafür nennt er, zu Recht oder Unrecht, Brasilien und die Türkei. Er weiß natürlich, daß es auch Staaten mit großer Bandbreite *und* beträchtlicher Durchsetzungsfähigkeit gibt. Für diese zweite Gruppe nennt er Frankreich. Gruppe drei sind die ganz ohnmächtigen Staaten, die sich wenig vornehmen und noch weniger erreichen, die also eine geringe Bandbreite mit einer noch geringeren Kraft zur Durchsetzung verbinden. Dafür nennt er das Bürgerkriegsland Sierra Leone.

Die Unterscheidung zwischen dem, was ein Staat sich zutraut und auflädt und dem, was er leistet und zuwege bringt, ist zuerst einmal hilfreich. Fukuyama bietet damit Kriterien an, die auf alle Staaten, nicht nur Entwicklungsländer anwendbar sind. Dabei knüpft er bewußt an die Staatsdefinition Max Webers an. Nur wo ein Gewaltmonopol sich einerseits legitimieren, andererseits auch durchsetzen läßt, ist Staat. Worüber er – als Ökonom – nur wenig nachdenkt, ist das Verhältnis zwischen Bandbreite und Durchsetzungskraft.

Das läßt sich etwa daran erkennen, wie er den US-Staat,

dessen Geschichte er besser kennt als seine europäischen Kritiker, zum »starken« Staat erklärt, wohl wissend um die Staatsskepsis der Amerikaner und deren Niederschlag in den amerikanischen Institutionen. »Der Kern von Staatlichkeit ist die Fähigkeit zur Vollstreckung: jemanden in einer Uniform und mit einer Waffe loszuschicken, damit er Leute dazu bringt, die Gesetze einzuhalten. In dieser Hinsicht ist der amerikanische Staat außerordentlich stark: Auf bundesweiter, einzelstaatlicher und lokaler Ebene verfügt er in Hülle und Fülle über Strafverfolgungsbehörden, mit denen er alles von der Straßenverkehrsordnung über das Handelsgesetz bis hin zu den Grund- und Bürgerrechten durchsetzen kann« (ebd., S. 20).

VII. Ist es unzulässige Polemik, wenn man dann fragt, ob ein Staat um so stärker ist, je mehr seiner Bürger er hinter Gitter bringt? Dann wäre der amerikanische Staat um ein Vielfaches stärker als die Staaten der europäischen Union. Ist Kalifornien besonders stark, weil es nicht weniger Geld für den Strafvollzug ausgibt als für die Hochschulen? Ist es Zufall und überdies irrelevant, daß die Kosten für den Strafvollzug in dem Maße gewachsen sind, wie die Kosten der sozialen Sicherung sanken? Oder grundsätzlicher: Ist die Durchsetzungsfähigkeit eines Staates gänzlich unabhängig von seinen Leistungen für die Bürger, also von dem, was er sich zur Aufgabe gemacht hat? Und ist das Verhältnis zwischen beidem überall dasselbe?

Es ziemt sich für einen Europäer nicht, die Amerikaner darüber zu belehren, was in ihrem Land möglich und richtig sei. Aber er darf doch Fragen stellen. Was bedeutet es für das Gewaltmonopol in den USA, daß es schon heute dreimal mehr Angestellte privater Sicherheitsfirmen gibt als Polizisten? Wenn die Tendenz steigend ist – und sie ist es –, wo erreichen die USA den Punkt, an dem Sicherheit vor Verbrechen zur Ware wird, zu einer Ware, die sich, wie andere

Waren auch, einige leisten können und andere, viele, nicht? Darf ein Staat, wenn Max Webers Definition gelten soll, dies dulden? Was bedeutet es für die Stärke des Staates, wenn Millionen Familien sich in »gated communities« einigeln, sich hinter Mauern und Zäunen von privat angeheuerten und bezahlten Sicherheitsleuten beschützen lassen?

Spricht es für die Stärke des Staates, wenn die Polizei sich nur noch bei Tage und in stärkeren Gruppen in die Slums oder »no-go-areas« der großen Städte wagt, während ansonsten dort kriminelle Banden das Sagen haben? Oder generell: Kann man von einem starken Staat sprechen, wo das Gewaltmonopol von unten und oben her erodiert und nur noch gilt für eine – überdies schrumpfende – Mehrheit in der Mitte?

Wie die Vereinigten Staaten solche Fragen beantworten, ist ihre Sache. Ein Europäer wird nur konstatieren können: Ganz sicher nicht, indem sie die Privatisierung der Gewalt gar nicht als Problem anerkennen und munter vorantreiben. Indem sie der privatisierten Gewalt weltweit den Krieg erklären und sie im eigenen Lande fördern.

VIII. Wichtiger allerdings ist eine andere Frage, die es für Fukuyama nicht gibt, wohl auch nicht geben kann: Könnte man in Europa, in Frankreich, Schweden oder Deutschland, die Bandbreite des Staates, etwa seine soziale Verantwortung, rigoros einschränken, ohne seine Fähigkeit zur Durchsetzung, zur Exekution von Gesetzen zu schmälern oder gar zu gefährden? Oder schärfer: Ist der Minimalstaat, den neoliberale Ökonomen uns zubilligen wollen, lebensfähig?

Ist das, was neoliberale Ökonomen für den idealen Staat halten, mit dem in Einklang zu bringen, was die Europäer – und vielleicht nicht nur sie – von ihrem Staat erwarten? Überschätzen und überfordern wir nicht die Ökonomen, wenn wir uns von ihnen sagen lassen, was der richtige Staat sei? Sind sie dafür kompetent?

Ökonomen können uns sagen, was die Wirtschaft braucht,

auch, was sie nicht braucht. Sie können uns nicht sagen, was die Menschen brauchen, noch weniger, was sie wollen, und schon gar nicht, was sie wollen dürfen.

Vielleicht sind Politologen und Soziologen hier doch die bessere Adresse. Sie sind inzwischen wieder dabei, sich mit dem Staat und seinen Funktionen zu beschäftigen. In Bremen haben sich vier Wissenschaftler aus drei Hochschulen, Michael Zürn, Stephan Leibfried, Bernhard Zangl und Bernhard Peters zum »Sonderforschungsbereich 597« zusammengetan und sich vorgenommen, über »Staatlichkeit im Wandel« zu forschen. Ausgangspunkt ist für sie der »demokratische Rechts- und Interventionsstaat westlicher Prägung«, für den sie, wie inzwischen üblich, auch eine Abkürzung (DRIS) gefunden haben. Im DRIS verbinden sich »vier zentrale Dimensionen moderner Staatlichkeit«:

1. Die Monopolisierung der Gewaltmittel sowie der Steuererhebung auf einem abgeschlossenen Territorium führte zum modernen *Territorialstaat.*

2. Die Anerkennung, daß der Staat nach innen an sein Recht gebunden ist und nach außen nicht in das Recht anderer Staaten eingreifen darf, ermöglichte den souveränen *Rechtsstaat.*

3. Die Herausbildung einer gemeinsamen nationalen Identität – die Menschen auf dem Territorium des Staates betrachten sich als eine Gemeinschaft, und damit wird der Anspruch auf politische Selbstbestimmung verbunden – führte zum *demokratischen Nationalstaat.*

4. Die Anerkennung des Ziels, den gesellschaftlichen Wohlstand möglichst rasch zu mehren und gerecht zu verteilen, führte schließlich zum Aufbau eines *sozialen Interventionsstaates (Forschungsprogramm,* unter http://www.sfb597. uni-bremen.de/, S. 3 f.).

Wichtig ist die Aussage, daß diese vier »Dimensionen« zwar in der Analyse unterscheidbar sind, daß sie sich aber gegenseitig stützen, aufeinander angewiesen sind. Der Interventionsstaat müßte ohne den Rechtsstaat zur Staatswillkür führen, der Rechtsstaat ohne die soziale Intervention würde an Zustimmung einbüßen, und beide müßten ohne das Gewaltmonopol des Territorialstaates rasch zerfallen. Auch der demokratische Nationalstaat läßt sich ohne Schaden für den Rechtsstaat nicht einfach auflösen, sondern allenfalls aufheben.

Dieser demokratische Rechts- und Interventionsstaat verdankt seine Legitimität dem *demos*, dem Volk, also den Citoyennes und Citoyens, die diesen Staat bilden, bejahen und tragen. Er ist auf ihre Loyalität angewiesen. Davon lebt er, und zwar nicht nur das eine Mal, wenn über die Verfassung entschieden wird, sondern immer aufs neue. Sicher, eine korrekt gewählte demokratische Regierung hält vieles aus, zumal die Bürgerinnen und Bürger sie abwählen können. Aber hält es ein demokratischer Staat aus, wenn die Mehrheit der Wähler zu der Auffassung kommt, es sei ganz gleichgültig, wen man wähle, das Sagen hätten ohnehin andere, Nichtgewählte?

Demokratie ohne Demokraten hält nicht lang, wie die Deutschen leidvoll erfahren haben. Demokratie ist, auch wenn sie sich in die Gesellschaft hinein erweitern und vertiefen läßt, zuerst eine Staatsform, eine Herrschaftsform. Dazu gehört nun einmal Macht, und zwar die Macht derer, denen das Volk seine Macht durch Wahl auf Zeit übertragen hat. Diese Macht bedarf, wie andere Macht auch, der aufmerksamen Kontrolle. Aber sie muß erkennbar sein in der praktischen Möglichkeit der Regierenden, so oder auch anders zu entscheiden.

IX. Der Nicht-Ökonom tut gut daran, den Streit über die ökonomische Funktion des Sozialstaats den Fachleuten zu überlassen. Aber Fragen darf er sich erlauben. Was hätte eine Industrie, die über zu geringe Auslastung ihrer Produktionskapazitäten klagt, davon, wenn die Rentnerin Frieda Maier sich keinen Staubsauger, keinen Fernseher, keine warmen

Schuhe für den Winter mehr leisten könnte? Was hätten unsere Landwirte davon, wenn Frau Maier statt Butter eine billige Margarine essen würde? Was hätten Zeitungsverleger davon, wenn Frau Maier ihre lokale Tageszeitung abbestellen müßte? Genereller: Was würde die Abschaffung des Sozialstaats für eine Wirtschaft bedeuten, die mehr, nicht weniger produzieren und absetzen könnte und möchte?

Die Frage, ob die richtige »Bandbreite« des Staates den Sozialstaat einschließt oder ausschließt, geht vernünftigerweise gar nicht an die Ökonomen. Sie lautet eher: Sind die meisten europäischen Demokratien politisch stabil, obwohl oder weil sie Sozialstaaten sind? Wie stabil wäre ein demokratischer Staat in Europa, der sich in Sachen soziale Sicherheit für nicht zuständig erklären würde? Wer beobachtet hat, wie beträchtliche Teile der Gesellschaft in Frankreich, Italien, Deutschland oder Österreich schon gegen geringe Abstriche am Sozialbudget angehen, gegen die Heraufsetzung des Rentenalters, schärfere Auflagen für den Empfang von Sozialhilfe, kann die Antwort ohne wissenschaftlichen Beistand geben: Die weitaus meisten Europäer erwarten von ihrem Staat, daß er für ihre soziale Sicherheit im Alter, bei Krankheit oder Unfall, vor allem bei Arbeitslosigkeit, Verantwortung übernimmt. Sie sind bereit, ihm dabei zu helfen, die nötigen Beiträge zu bezahlen, aber einen Staat, der seine Bürger im Fall der Krise, sei es eine persönliche oder eine der gesamten Wirtschaft, ins Bodenlose fallen ließe, könnten sie nur verachten. Er hätte ihre Loyalität verspielt. Für Europäer gehören die verschiedenen »Dimensionen der Staatlichkeit« zusammen.

Ob dies zu bedauern oder zu begrüßen ist, bleibt unerheblich. Es ist so. Und es hat seine Wurzeln tief in der europäischen Geschichte. Bismarck, der das deutsche System sozialer Sicherung begründet hat, war ein höchst konservativer Herr. Natürlich bewegten ihn auch taktische Gründe, die Zurückdrängung der aufkommenden Sozialdemokratie. Aber er hatte auch seine Bibel, das Alte und das Neue Testament gelesen, und er kannte die Tradition der deutschen Städte, deren Spitäler schon im Mittelalter Gebrechliche und Kranke aufnahmen. Soziale Verantwortung des Staates ist in Europa keine sozialistische und schon gar keine marxistische Erfindung, sondern eine christliche.

X. Fotografien belegen, daß die Frauen und Männer, die von 1948 bis 1949 das Grundgesetz der Bundesrepublik Deutschland ausarbeiteten, ziemlich ausgemergelte Gestalten waren: Hagere Gesichter, magere Gestalten in viel zu weiten Anzügen. Sie wußten, was Hunger ist. Das Hungerjahr 1947 war noch sehr nahe. Sie alle wollten das zerstörte Land und seine Wirtschaft wieder aufbauen, so rasch wie möglich. Aber keiner kam auf die Idee, die neue Verfassung mit dem Satz einzuleiten: »Staatsziel dieser Republik ist das wirtschaftliche Wachstum.« Dagegen einigten sie sich auf den Satz: »Die Würde des Menschen ist unantastbar.« Dabei hatten sie alle erfahren, daß die Menschenwürde sehr wohl angetastet, verletzt, geschändet, verhöhnt, allerdings dadurch nicht zerstört werden kann. Daher kam es auf den zweiten Satz an: »Sie zu achten und zu schützen ist Verpflichtung aller staatlichen Gewalt.« Auf diesen Satz kann man sich vor Gericht berufen. Er ist Teil der deutschen Rechtsordnung. Natürlich ist er formuliert als Antwort auf das, was im deutschen Staat und durch den deutschen Staat wenige Jahre zuvor geschehen war. Jetzt sollte es vornehmste Aufgabe des Staates sein, genau dies zu verhindern. Und, nehmt alles nur in allem, er hat es auch getan.

Es gibt einen verbindenden Faden zwischen diesem ersten Artikel des Grundgesetzes und dem zwanzigsten: »Die Bundesrepublik ist ein demokratischer und sozialer Bundesstaat.«

Wer dazu da ist, die Würde des Menschen zu achten und zu schützen, kann sich von sozialer Verantwortung nicht dispensieren. Natürlich sagt der Artikel 20 nicht, wie diese Verantwortung wahrzunehmen sei, wohl aber, daß, wer die Menschenwürde schützen will, auch dafür sorgen muß, daß Menschen nicht in ein Elend geraten, das jeder Menschenwürde widerspricht. Gerade in reichen Ländern wirkt Armut entwürdigend. Auch Konrad Adenauer hat das Grundgesetz so verstanden. Schließlich war er es, der die Dynamisierung der Renten und die paritätische Mitbestimmung durchsetzte.

Wie die soziale Verantwortung des Staates jeweils wahrzunehmen ist, wird in jeder Epoche neu durch parlamentarische Mehrheiten zu entscheiden sein. Nicht wenige europäische Staaten haben ihre Sozialsysteme umgebaut oder sind dabei, dies zu tun. Natürlich können sie auf eine Fülle wissenschaftlicher Arbeiten dazu zurückgreifen. Zu den solidesten gehört Gøsta Esping-Andersens *Why we need a new Welfare State* (Oxford u. a. 2002). Dort ist einerseits die Richtung beschrieben, in der überall reformiert wird: »Mechanisms in the current social security system that discourage people from being active should be discarded as much as possible« (ebd., S. X). Aber Aktivierung der Eigenverantwortlichkeit verlangt andererseits auch »full solidarity with those who have become victims through circumstances beyond their control« (ebd., S. XIV).

Soziale Verantwortung bedeutet in der Praxis nicht zu jeder Zeit dasselbe. Daß es diese Verantwortung des Staates jedoch gibt, steht nicht nur in der Verfassung. Es ist verankert im Bewußtsein der Menschen. Dies aber bedeutet: Die Vorstellung, die Verkürzung der »Bandbreite« des Staates werde seine Durchsetzungsfähigkeit des Staates bei Kernaufgaben, etwa dem Gewaltmonopol, erhöhen, geht an der Wirklichkeit vorbei, zumindest an der europäischen. Das Gegenteil dürfte eintreten. Die Fähigkeit des Staates, für Recht und Ordnung zu sorgen – nicht nur für Fukuyama primäre Aufgabe des Staates – würde dadurch nicht gefördert, sondern in Frage gestellt. Recht und Ordnung, also Gesetzestreue, ist in einem demokratischen Gemeinwesen nur möglich, wenn die

Citoyenne und der Citoyen diesen Staat als den ihrigen anerkennen. Wenn die vier Dimensionen der Staatlichkeit sich nicht gegenseitig stützen, beginnt der Staat zu wanken.

Der starke demokratische Staat ist der von seinen Bürgern als schützendes Kleid der Gesellschaft gewollte, durch ihr kritisches Engagement mitgestaltete und durch ihre Steuern ausreichend ausgestattete Staat. Dieser Staat schließt den Sozialstaat ein. Die Vorstellung mancher Ökonomen, man könne dem Staat all das wegnehmen, was sie für überflüssig halten, dann bleibe unversehrt und funktionstüchtig übrig, was sie dem Staat als unerläßlich zubilligen, ist reichlich naiv. Oder noch deutlicher: Der demokratische Rechtsstaat dürfte zumindest in Europa nicht ohne Sozialstaat zu haben sein.

Kapitel 5
Limits to Privatisation

I. Milton Friedman hat, wie Francis Fukuyama berichtet, im Jahr 2001 Selbstkritik geübt. Ein Jahrzehnt zuvor, so sagte er, habe er Ländern, die der kommunistischen Herrschaft entronnen waren, nur dreierlei geraten: Privatisieren! Privatisieren! Privatisieren! Aber er habe unrecht gehabt. »Es hat sich gezeigt, daß Rechtsstaatlichkeit wahrscheinlich wichtiger ist als Privatisierung.« Wie in der Geschichte üblich, ist der Urheber der Lehre flexibler, großzügiger, weniger rechthaberisch als seine Gefolgsleute. Natürlich reflektiert Friedman, der große Ökonom, nicht über die politische Frage, ob Rechtsstaatlichkeit isoliert zu haben sei, wie ein Staat insgesamt aussehen muß, damit Rechtsstaatlichkeit funktioniert. Aber er gibt doch den Weg frei für eine weniger ideologische Diskussion über Privatisierung.

Dieses Thema war schon ideologisch befrachtet, ehe Friedman geboren wurde. Seit die Sozialisten alles Heil in der »Sozialisierung der Produktionsmittel« zu erkennen glaubten, stießen sie auf den Widerstand derer, die darin eher ein Ende des wirtschaftlichen Fortschritts, wenn nicht das Ende aller Freiheit sahen. Die einen waren für Gemeineigentum, die andern für Privateigentum. Ihr Streit war grundsätzlich und verlief in Wellenbewegungen. Nach der Weltwirtschaftskrise der frühen Dreißigerjahre und dem Zweiten Weltkrieg – der keineswegs unabhängig davon ausbrach –, ging über Europa eine Welle der Sozialisierungen hinweg, die meist »Nationalisierung« genannt wurde. Dabei haben die wenigsten der Befürworter rein ökonomisch argumentiert. Nicht, daß die Wirtschaft besser laufe, wenn die großen Banken oder die Stahlindustrie in Staatshand seien, meinten die Sozialisten in

Frankreich oder England, sondern daß auf diese Weise ökonomische Macht nicht so leicht in politische umgesetzt werden könne.

Seit den Achtzigerjahren schwappt die Welle zurück. Über ökonomische Macht und deren Umsetzung in politische wird kaum mehr gesprochen. Es wird privatisiert, weil Privatwirtschaft für effektiver, wachstumsträchtiger gehalten wird. Die Welle der Privatisierungen hat sich nach dem Ende des Kommunismus noch einmal verstärkt. Nun wurde privatisiert, was sich privatisieren ließ, oft aus dem einfachen Grund, daß es üblich, modern war, im Trend lag.

Die ideologischen Fronten verschwanden nicht gänzlich, aber sie wurden verwischt. Auch die demokratische Linke spielte mehr oder minder überzeugt mit, sei es, weil Budgetzwänge stärker waren als grundsätzliche Vorbehalte, sei es, weil Politiker nicht gerne dem Mainstream widerstehen, zumal wenn er sich in Richtlinien der EU-Kommission niederschlägt.

Bei denen, die diese Sturmflut der Privatisierungen von außen, mehr oder minder wissenschaftlich, betrachteten, war die ideologische Frontlinie meist leichter erkennbar als in der praktischen Politik. So gibt es heute ausreichend Arbeiten, die Privatisierungen entweder als Fortschritt feiern oder aber als reaktionäre Machenschaft verdammen.

II. Es war eine gute Idee des Klubs von Rom, eine Arbeitsgruppe einzusetzen mit dem Auftrag, Privatisierungen rund um den Globus zu untersuchen, zu prüfen, was sie der Wirtschaft des Landes, vor allem aber den betroffenen Menschen an Vorteilen oder Nachteilen, an Erleichterungen und Erschwernissen gebracht haben. Was dabei herauskam, ist eine Studie von etwa 400 Seiten mit einem Titel, der an die erste, berühmteste Publikation des Klubs anschließt. 1972 waren es die »limits to growth«, die weltweites Nachdenken auslösten, 2005 könnten es die »limits to privatisation« sein. Damit niemand die Wissenschaftler um Ernst Ulrich von Weizsäcker, Oran R. Young und Matthias Finger in Ideologieverdacht nimmt, lautet der Untertitel der Studie: »How to avoid too much of a good thing« (London 2005).

Das Buch untersucht Privatisierungen auf allen Feldern: vom Bergbau bis zur Telekommunikation, vom elektrischen Strom bis zum kulturellen Erbe, von Eisenbahnen bis zur Wasserversorgung, von der Polizei bis zu den Gefängnissen. Gelungene und mißlungene Privatisierungen werden geschildert. Wichtiger ist, daß die Autoren jeweils der Frage nachgehen, warum etwas Erfolg hatte, warum es schiefging, manchmal auch, warum sich etwas anfänglich gut anließ, dann aber scheiterte.

Ein deutscher Leser verfolgt gespannt, warum die Privatisierung der Eisenbahn in Japan ein Erfolg war, in Großbritannien aber so gründlich danebenging, daß der Staat die Bahn schrittweise wieder übernehmen mußte. Er fragt sich dann, wo die Deutsche Bahn einzuordnen wäre, näher beim japanischen oder beim britischen Beispiel. Immerhin ist manches, was die Briten verärgert und empört hat, auch in Deutschland zu spüren: daß Züge einfach ausfallen, weil bei einem Maschinenschaden keine Ersatzlokomotive mehr bereitsteht oder daß in einem ICE die Passagiere vor der einzigen noch funktionierenden Toilette Schlange stehen, weil die Reparatur von Toiletten nicht effektiv geregelt ist. Jedenfalls hat die Deutsche Bahn schon ausreichend bewiesen, daß unternehmerische Fehlentscheidungen kein Privileg von Staatsbetrieben sind.

Mehr Wettbewerb ist ein allgemein anerkanntes Ziel von Privatisierungen. Wo es dauerhaft erreicht wird, kann das Angebot an Dienstleistungen besser und billiger werden. Anders sieht es aus, wo nur ein öffentliches Monopol durch ein privates ersetzt wird. Dies gilt vor allem da, wo es »natural monopolies« gibt, also Bereiche, in denen Wettbewerb kaum möglich ist. Es lohnt sich eben nicht, zwei oder drei Wasserleitungen nebeneinander zu legen. Wo in einer Kleinstadt mehrere Busunternehmen auf denselben Strecken konkurrieren wollen, kommt keine in die schwarzen Zahlen. Also entsteht ein »natürliches Monopol«.

Ob einer der wenigen international tätigen Wasserkonzerne sein »natürliches« Monopol so nutzen kann, wie private Monopole nun einmal genutzt – und mißbraucht – werden, hängt von den Bedingungen ab, die bei der Privatisierung ausgehandelt und vertraglich fixiert worden sind.

III. Aus Bolivien, einem der ärmsten Länder Lateinamerikas, werden zwei gegensätzliche Erfahrungen berichtet. Die eine aus Cochabamba, wo die Bechtel Corporation die Flucht ergriff, als die Demonstrationen gegen höhere Wasserpreise beängstigend stark wurden. Die andere in der Hauptstadt La Paz, wo die Stadtverwaltung ebenso wie die privaten Gesellschaften aus der Pleite von Cochabamba einiges gelernt hatten. In La Paz, wo schon in den späten Sechzigerjahren die deutsche Entwicklungshilfe aus den Anden Wasser in die 4000 m hoch gelegene Stadt geleitet hatte, verlangte die Weltbank 1997 die Privatisierung, weil die städtische Gesellschaft Sampana langsamer arbeitete, als die Stadt wuchs. Eine französisch-argentinisch-bolivianische Gesellschaft (AISA) bekam eine Konzession für 30 Jahre. Die französisch dominierte AISA investierte in Wassergewinnung und Abwasserbeseitigung, steigerte die Zahl der Anschlüsse in fünf Jahren um 45 % und bediente vor allem den rapide wachsenden Vorort El Alto. Der Wasserpreis blieb für die ersten fünf Jahre eingefroren, dann stieg er um 38 %. Da aber gleichzeitig die Grundgebühr wegfiel, die vor allem die bescheidensten Wasserverbraucher getroffen hatte, konnten auch die Armen damit leben.

Natürlich blieben auch in La Paz Konflikte zwischen Kommunalverwaltung und Privatinteressen nicht aus, vor allem, als im Jahr 2002 die Tarife neu ausgehandelt werden sollten. Aber insgesamt hat die Privatisierung für die Menschen in La Paz bisher wohl mehr Vorteile als Nachteile gebracht. Wie die Bilanz aussehen wird, wenn die 30 Jahre der Konzession vorüber sind, ist eine andere Frage. Die letzten Nachrichten aus La Paz und El Alto klingen nicht gut.

Die Studie des Klubs von Rom schließt aus den gegensätzlichen Erfahrungen im gleichen Land Bolivien, daß es eben nötig sei, jeden Fall für sich zu betrachten, »to think on an case-by-case basis«. Aber sie formuliert darüber hinaus Grundsätze, die nicht nur da gelten, wo das »natürliche Monopol« auch ein ökonomisches nach sich zieht:

1) Eine private Wasserversorgung kann dann effektiv und doch auch sozialverträglich sein, »wenn die Anreize für den Investor klug gesetzt werden, und zwar von Anfang an, schon bei der Ausschreibung«.

2) Sogar die kleinsten Details in den Vertragsbestimmungen haben Einfluß auf das Ergebnis. »Daher müssen sie sehr viel sorgfältiger bedacht und formuliert werden, als dies oft der Fall ist, »with predictably disastrous results«.

3) Wenn notfalls Rat von außen gesucht wird, um die Einzelbestimmungen im Interesse der Gemeinde richtig und ohne Spielraum für Interpretationen zu fassen, kann sich auch eine kleine Stadt mit großen Unternehmen einlassen, ohne daß die Armen darunter leiden müssen (ebd., S. 21).

IV. Damit kommt die Untersuchung zu den bolivianischen Beispielen privatisierter Wasserversorgung zu demselben Ergebnis, das schließlich generell gilt: Alle Erfolgsgeschichten setzen voraus »a strong state capable of defining and, when necessary, policing the rules of the game«. Das heißt: Ein schwacher Staat, der nicht den nötigen juristischen Sachverstand mobilisieren kann, um den multinationalen Gesellschaften gewachsen zu sein, ein Staat, der, was im Vertrag steht, nicht durchzusetzen vermag, sollte die Finger von der Privatisierung lassen. Privatisierung und Deregulierung zu-

sammen – und beides zusammen gehört zum Credo der Neoliberalen –, haben »predictably disastrous results«. Privatisierung verlangt nicht weniger, sondern mehr Regulierung. Wo
diese Regulierung nicht gelingt, wo der private Partner sie
nicht hinnimmt, ist es besser, nicht zu privatisieren.

Wer je in einem Gemeindeparlament saß oder doch Kommunalpolitik aufmerksam verfolgt hat, findet dieses Fazit unmittelbar einleuchtend. Bei der Privatisierung einer Müll-
abfuhr, einer Buslinie oder einer städtischen Gasversorgung
muß versucht werden, all das, was bisher der Gemeinderat
oder die Stadtverwaltung entschieden hat, vorsorglich in Paragraphen zu gießen. Gemeinderat und Stadtverwaltung
mußten Rücksicht nehmen auf die Wünsche der Hausfrauen,
die ihren Mülleimer nicht überquellen lassen, auf die Bürger,
die auch in einem entlegenen Weiler den Bus benutzen wollten. Gingen sie über solche Wünsche hinweg, war ihre Wiederwahl gefährdet.

Hat die Privatisierung einmal stattgefunden, können die
Kommunalpolitiker nichts mehr selbst entscheiden. Sie sind
aber in den Augen der Bürger immer noch zuständig. Also
müssen sie alles daransetzen, im voraus für viele Jahre die Interessen ihrer Wähler festzuschreiben, wohl wissend, daß
dies nie vollständig gelingen kann.

Interessenkonflikte zwischen Wirtschaftlichkeit und All-
gemeinwohl, wie sie in jedem Stadtparlament auftreten, müssen vorweg für Jahrzehnte ausgetragen werden. Dies kann
auch die besten Juristen überfordern. Wenn trotzdem mit un-
geheurem Tempo privatisiert wurde, muß dies gute oder doch
zwingende Gründe haben. Die Studie unterscheidet vor allem drei: erstens genaue Berechnungen darüber, was für den
Verbraucher auf Dauer günstiger sein könnte. Dabei setzt
man oft nicht ohne Grund auf den Zwang zur Innovation und
damit zur Investition. Wer dem Wettbewerb ausgesetzt ist,
hat Anlaß »to turn to the most modern technologies avail-
able« (ebd., S. 153). Das ist meist mit Entlassungen verbun-

den, denn Modernisierung spart Arbeit. Trotzdem: Innovation kann den Kunden zugute kommen, sei es in Form geringerer Preise, sei es durch größere Verläßlichkeit. Es kann auch, wie bei der Telekommunikation, ganz neue Möglichkeiten eröffnen. Interessant ist allerdings der Hinweis, daß inzwischen manche Firmen ihre Ausgaben für Forschung und Entwicklung kürzen, gezwungen durch »cut-throat competition on the global markets« (ebd., S. 153).

Der zweite Grund, kein guter, aber oft ein zwingender, sind die Budgetnöte des Staates oder der Gemeinde. Dieser Grund schlägt auch dann durch, wenn keineswegs klar ist, daß die Verbraucher von der Privatisierung unter dem Strich einen Vorteil haben. Wer verantwortungsvoll privatisieren will, muß in einer guten Verhandlungsposition sein. Wer privatisieren muß, weil sonst der Stadt – oder dem Staat – die Schulden über den Kopf wachsen, wer also eher zu verkaufen als zu privatisieren gezwungen ist, hat schlechte Karten. Also sollte er eigentlich nicht, aber er muß. Nur wem es darum geht, durch Privatisierung den ausgehungerten Staat weiter zu schwächen, wird sich bei einer solchen Transaktion wohlfühlen.

Der dritte Grund ist die Mode. Es ist – oder es war – ein Zeichen von Modernität, ein Beweis dafür, daß man die Zeichen der Zeit verstanden hatte, wenn man die Stadtwerke privatisierte.

Da dieser wenig überzeugende Grund dann oft noch verbunden war mit dem Glauben an die heilsame Kraft der Deregulierung, leuchtet ein, daß die Studie positive Ergebnisse fast nur da findet, wo wirklich sauber geprüft, gerechnet, formuliert und reguliert wurde.

V. Natürlich fällt die Bilanz je nach den Wertmaßstäben unterschiedlich aus. Wer allein auf den ökonomischen Nutzen schaut, wird anders werten als jemand, der auch die politischen, vor allem kommunalpolitischen Folgen einbezieht. Es gibt sogar Ergebnisse, die, je nach dem Blickpunkt, als Erfolg oder als Schaden erscheinen.

Das ist der Fall bei dem, was die Studie »cross-subsidies« nennt (ebd., S. 355). In vielen europäischen Städten haben die Stadtwerke mit den Überschüssen, die sie beim Verkauf von Strom oder Wasser erzielten, den meist defizitären Personennahverkehr, also überwiegend Buslinien, gestützt und damit die Preise dort erschwinglich gehalten. Nach einer Privatisierung der einzelnen Sparten ist dies nicht mehr möglich. Die Studie findet, dies sei ein Nachteil für die Menschen, die Strom, Wasser und eben auch Busverbindungen brauchen. Der neoliberale Ökonom wird argumentieren, hier werde nur eine marktverzerrende Subvention abgebaut. Tatsache ist, daß das, was vorher in die Subvention des Nahverkehrs ging, jetzt privaten Aktionären zugute kommt. Dafür zahlt die Busbenutzerin, ob es ihr leicht- oder schwerfällt, mehr.

Dazu kommt: Das Argument der Wettbewerbsverzerrung schlägt hier wohl nicht durch. Wer in München lebt, kann auch dann nicht auf die Stuttgarter Straßenbahn ausweichen, wenn diese billiger wird als die in München.

So muß auch nicht alles, was nach der Privatisierung die Kosten senkt, Ausfluß besseren Managements sein. Nur zu oft, sagt die Studie, werden Leute angeworben, denen die vorgeschriebene Ausbildung fehlt, besonders bei privaten Schulen, Gefängnissen oder privater Polizei. Das führe zu »tremendous negative effects for the quality of services«.

Manchmal steigen auch Kosten und Gebühren. Ein Beispiel ist die deutsche Gebäude-Brand-Versicherung. Lange hatte eine staatliche Einrichtung diese Zwangsversicherung angeboten. Sie hatte ein Monopol. Mit ihren Überschüssen wurden Feuerwehren unterstützt. Jetzt, wo private Versicherer sich gegenseitig kostspielige Konkurrenz machen, bezahlen die Hausbesitzer deren Werbung durch höhere Prämien, während die Aktionäre bekommen, was vorher für die Feuerwehren abfiel. Was wiegt schwerer: das Gemeinwohl oder die reine Lehre?

Nicht Gegenstand der Studie ist die Frage, ob unternehmerische Fähigkeiten auf die Privatwirtschaft beschränkt sind oder ob sie auch in staatlichen oder städtischen Unternehmen wirksam werden können. Das Land Baden-Württemberg etwa weigert sich standhaft, die ehemalige Klosterbrauerei Rothaus im Südschwarzwald aus der Hand zu geben, die vor 200 Jahren vom badischen Staat übernommen wurde. Einer der Gründe dafür sind die Gewinne des Unternehmens, die dem Staatshaushalt guttun. Wäre Rothaus-Bier nach Privatisierung besser? Würde noch mehr verkauft?

In der Stadt Schwäbisch Hall (36 000 Einwohner) entfalten die Stadtwerke als GmbH im Alleineigentum der Stadt Aktivitäten weit über die Stadt hinaus. Sie erzeugen nicht nur selbst einen Teil ihres Stroms aus Wasserkraft, Windkraft, Kraft-Wärmekopplung, Photovoltaik, sie handeln auch mit Energie, bieten Dienstleistungen an, beteiligen sich an fremden Stadtwerken, etwa der Daimlerstadt Sindelfingen, sie versorgen sogar im fernen Rheinland, in St. Augustin, ein Großkrankenhaus mit Wärme und Strom aus Kraft-Wärmekopplung.

Der Geschäftsführer der Werke nutzt alle Chancen, die sich aus der Liberalisierung des Energiemarktes ergeben, realisiert gleichzeitig vieles von dem, was Gemeinderat und Oberbürgermeister als zukunftsfähige Energieversorgung gefördert sehen wollen, und sorgt überdies dafür, daß die städtischen Bäder, die inzwischen zu den Stadtwerken gehören, trotz deutlicher Defizite nicht geschlossen werden müssen. Daß die Bürger ihren Stadtwerken vertrauen, zeigte eine Anleihe für erneuerbare Energien, die den Werken rasch das Doppelte dessen einbrachte, was sie brauchten. Es gibt also Möglichkeiten, ohne Privatisierung ökonomischen Erfolg, Gemeinwohl und Zukunftssicherung zu verbinden.

Es spricht sich herum, daß das schwäbische Hall mit seiner

Stadtwerke GmbH besser gefahren ist als, 50 km weiter südlich, das schwäbische Gmünd, das seine Stadtwerke verkauft hat. Kommunalpolitiker finden es auch beachtlich, daß die Stadträtinnen und Stadträte im Aufsichtsrat der Haller Werke nach wie vor den Wünschen derer Geltung verschaffen können, die sie gewählt haben, während die Räte in Gmünd einen guten Teil dessen den Marktkräften überlassen müssen, was lange zu ihren Aufgaben gehört hat.

VI. Nach neoliberaler Lehre ist der Markt am ehesten in der Lage, das Wohl aller zu fördern, und wenn es schon so etwas wie Gemeinwohl geben sollte, ist es das Wohl möglichst vieler Individuen. Für das Gemeinwohl ist aber nach abendländischer Tradition die Politik und als ihr Werkzeug der Staat zuständig. Nirgendwo ist dies für die meisten Menschen eindrücklicher erlebbar als in den Gemeinden. Daher sind sie die Schule der Demokratie. Einen städtischen Park empfinden viele Bürgerinnen und Bürger als ihren Park. Werden dort zu viele oder die falschen Bäume gefällt, so kommt es zum Protest, zu einer öffentlichen Diskussion, auch im Gemeinderat. Die Betroffenen wollen und können mitreden. Für viele sind die Stadtwerke etwas, was auch ihnen gehört, auf dessen Funktionsfähigkeit sie angewiesen sind, dessen wirtschaftliches Gedeihen ihnen nicht gleichgültig ist. Der öffentliche Sektor, zumal in den Kommunen, gehört zum »realm of citizenship« (ebd., S. 357). Privatisierungen engen diese Sphäre der Citoyenne und des Citoyen ein. Die Bürger haben nichts mehr zu sagen, wo sie vorher etwas zu sagen hatten.

Was die Menschen sogar bei einer gelungenen Privatisierung als Verbraucher gewinnen, verlieren sie als Staatsbürger. Es kann durchaus sein, daß sie diesen Tausch akzeptieren. Das ändert aber nichts daran, daß die Demokratie genau da verliert, wo sie am leichtesten zu erlernen ist: in der Kommune. Daher, so die Studie, entmutige Privatisierung demokratische Partizipation.

In Industriestaaten mit demokratischer Tradition wirkt sich die Privatisierung aus in weniger Interesse an der Kommunalpolitik, geringerer Beteiligung an Kommunalwahlen und vor allem abnehmender Neigung, sich für ein Kommunalparlament aufstellen zu lassen. Es gibt inzwischen immer mehr Beispiele, wo erfahrene Kommunalpolitiker und möglicherweise noch häufiger Kommunalpolitikerinnen sich zurückziehen, weil das, was sie noch zu entscheiden haben, den Aufwand an Zeit und Nerven nicht lohne.

Wenn der Gegenstand der Kommunalpolitik schrumpft, braucht dies Ökonomen nicht zu grämen. Jemanden, für den Demokratie ein eigenständiger, dem Wohlstand mindestens ebenbürtiger Wert ist, schon. Für Entwicklungsländer, in denen der Staat erst »gebaut« werden muß (Fukuyama), bedeutet rigorose Privatisierung, daß da, wo demokratisches »nation-building« beginnen müßte, dazu kaum mehr Gelegenheit bleibt.

Gemeinsame Verantwortung für die Wasserversorgung kann ein Dorf oder eine Kleinstadt in Afrika zu erstaunlichen Aktivitäten veranlassen, die sich überführen lassen in demokratisches Engagement. Wenn irgendwo im fernen Frankreich oder Amerika über die Wasserversorgung entschieden wird, beweist dies nur einmal mehr, wie wenig die kleinen Leute im dunklen Kontinent zählen, wie sehr sie Objekt, nicht Subjekt von Entscheidungen sind.

Der Rechtsstaat hängt nicht irgendwo in der Luft. Er ist eine Funktion des Staates, den Bürger aufbauen, bilden und stützen müssen. Sie tun es nicht, wo sie nicht erleben und erfahren, daß dies ihr Staat ist, daß es um sie selbst geht, um ihre Lebensqualität, um ihre Zukunft. Daher brauchen wir nach den beiden Wellen der Sozialisierung und der Privatisierung eine europaweite Diskussion darüber, was der Markt kann und soll und ob er wirklich alles soll, was er zur Not vielleicht auch kann. Und was vernünftigerweise Aufgabe des Staates ist: daß er mehr ist als die Bratpfanne, in der Ökonomen ihre

Schnitzel braten und gleichzeitig darüber reflektieren können, wie und wo sie zu einer billigeren Pfanne kommen.

VII. Beginnen muß diese Diskussion da, wo die Privatisierung den Kernbereich des Staates erreicht: sein Gewaltmonopol. Darf man Gefängnisse privatisieren? Gefängnisse sind dazu da, um Menschen aufzunehmen, die das Grundrecht auf Freizügigkeit für eine bestimmte Zeit, in einzelnen Fällen lebenslang verwirkt haben. In einem Rechtsstaat darf nur ein unabhängiger Richter, und zwar nur aufgrund eines Gesetzes, einen Menschen seiner Freiheit berauben. Verbrechen zu ahnden, Menschen zu richten und zu bestrafen, ist das alleinige Recht des Staates. Er hat Gefängnisse gebaut, Beamte geschult und eingesetzt, die auszuführen haben, was ein Gericht »im Namen des Volkes« als Strafe verhängt hat.

Daß sich weder Gesetzgebung noch Rechtsprechung privatisieren läßt, dürfte unumstritten sein. Läßt sich die Ausführung eines Richterspruchs privatisieren? Können Privatfirmen im Auftrag des Staates Menschen einsperren?

Die Antwort in den Vereinigten Staaten ist ein klares Ja. Es begann damit, daß im Jahr 1982 der Gouverneur des Staates New York, Mario Cuomo, sich an die städtische Entwicklungsgesellschaft wandte mit der Bitte, nicht nur, wie bisher, Häuser für Arme zu bauen, sondern auch Gefängnisse. Harte Drogengesetze hatten viele, die bislang mit Geldstrafen davongekommen waren, ins Gefängnis gebracht. Die Gefängnisse quollen über, nicht nur im Staate New York. Auch deshalb hat sich in den 25 Jahren zwischen 1980 und 2005 die Zahl der Gefängnisinsassen in den USA vervierfacht. 1980 waren es etwa eine halbe Million, 2005 2,1 Millionen. Wie versorgt und bewacht der Staat zwei Millionen Gefangene? Man privatisiert. Es entsteht ein rapide wachsender Wirtschaftszweig, der für sich in Anspruch nimmt, das Wegschließen von Kriminellen zwischen 4% und 14% billiger zu organisieren, Unterkünfte rascher zu bauen als der Staat. So haben private Firmen für den Staat Texas von 1991 an in wenigen Jahren Zellen für 100 000 Strafgefangene geschaffen.

Hier sollen nicht alle Nachteile und Mißstände geschildert werden, die sich aus dieser Privatisierung ergaben. Schließlich steht auch in staatlichen Gefängnissen nicht alles zum besten. Aber zwei Auswirkungen haben offenbar nicht mit menschlichen Schwächen, sondern mit dem System privatisierter Gefängnisse zu tun.

In Europa streiten sich Juristen und Politiker darüber, inwieweit eine Gefängnisstrafe als Sühne für Verbrechen, inwieweit sie als Chance zur Besserung zu sehen sei, welche Rolle also die Rehabilitierung und die Reintegration in die Gesellschaft zu spielen habe. Daß Reintegration anzustreben sei, ist Konsens.

Private Gefängnisse haben daran kein Interesse. Erstens, weil dies Kosten verursacht und den »shareholder value« mindert. Zum andern aber auch, weil private Gefängnisse an einer guten Auslastung interessiert sind, also nichts dagegen haben, wenn jemand bald nach seiner Entlassung wiederkommt.

Von 1993 bis 2000, in der Zeit rascher Privatisierung, ist die Verweildauer in amerikanischen Gefängnissen von durchschnittlich 12 auf 17 Monate gestiegen. Es gibt Beobachter, die dies in einen Zusammenhang bringen mit dem Interesse privater Gesellschaften, Gefangene so lange wie möglich zu behalten. Wer entscheidet in einem privaten Gefängnis über vorzeitige Entlassung wegen guter Führung?

Natürlich muß man sich hüten, hier simple Kausalketten zu konstruieren. Der Anteil der Strafgefangenen an der Bevölkerung liegt in den USA nicht deshalb zehnmal höher als in der Europäischen Union, weil der »prison-industrial complex«, von dem inzwischen die Rede ist, daran ein Interesse hat. Man muß auch denen nicht glauben, die bereits die Justiz unter dem Einfluß dieses »Komplexes« sehen. Aber wenn die Macht des neuen Wirtschaftszweigs, auf welchem Wege auch immer, auch nur einen geringen Anteil an der beängstigenden

Zahl von zwei Millionen Strafgefangenen haben sollte, dann gibt es offenbar nicht nur prinzipielle, sondern auch sehr praktische Gründe, die gegen privatisierte Gefängnisse sprechen. Und diese praktischen Gründe haben mit den prinzipiellen zu tun. Es kann nicht gutgehen, wenn der Staat Teile seines Gewaltmonopols, ja die Durchsetzung seiner Rechtsordnung an Gesellschaften delegiert, die es nur so lange gibt, wie sie Gewinne machen. Ein Rechtsstaat hat ein Interesse daran, daß möglichst wenige seiner Bürger straffällig werden. Wer sein Geld in Gefängnisse investiert hat, muß befürchten, es könnten eines Tages zu wenige sein. Der Gedanke, daß ein Mensch, und sei es nur ein einziger, im Gefängnis sitzt, weil andere damit Geld verdienen wollen, ist unerträglich. Er macht den Rechtsstaat lächerlich. Und der ist, sogar nach Milton Friedman, wichtiger als Privatisierung.

VII. Noch näher am Nerv des Staates, seinem Gewaltmonopol, operieren alle, die eine Privatisierung der inneren Sicherheit betreiben. Verbrechen zu verhindern, zu bekämpfen, zu ahnden und zu bestrafen ist Pflicht und Recht des Staates. Wenn sich das, was nach dem Spruch des Strafrichters geschehen muß, nicht privatisieren läßt, wie steht es dann mit dem, was ihm vorhergeht?

Nicht nur in den USA sind private Sicherheitsdienste eine Wachstumsbranche. In Deutschland gab es 1984 620 Unternehmen, die ihre Dienste anboten, 1996 waren es 1800, 2003 bereits 2500 mit ungefähr 160000 Beschäftigten. Viele sind auch mit traditionellen Aufgaben wie Werkschutz befaßt, aber auch die Zahl der Privatleute und Familien, die sich ihre Sicherheit etwas kosten lassen, nimmt rasch zu. Allerdings ist der gesetzliche Status privater Sicherheitsleute in Deutschland nicht vergleichbar mit dem der Polizei. Gewalt dürfen sie nur anwenden, wenn sie angegriffen werden (Notwehr) oder wenn sie einen Gesetzesbrecher, etwa einen Ladendieb, an der Flucht hindern wollen.

Die Stadt Frankfurt hat im Juni 1999 mit neun von insgesamt 80 in Frankfurt ansässigen Sicherheitsfirmen ein Abkommen geschlossen, das ihnen die Verantwortung für die Sicherheit in U-Bahnen und U-Bahnstationen übertrug. Eine andere Firma erhielt das Recht, Parkplätze zu überwachen und Parkgebühren einzuziehen. Die Frankfurter Polizei gewährte ihren Helfern den Status einer Hilfspolizei mit dem Recht, illegales Parken zu kontrollieren.

Schon im September 1999, also nach einem Vierteljahr, beschloß der Frankfurter Stadtrat, das Experiment mit Wirkung vom 1. Januar 2002 zu beenden. Es gab fast nur Ärger. Der erste betraf die Uniformen. Die meisten Frankfurter verlangten, die Uniformen der privaten Helfer müßten deutlich unterscheidbar sein von denen der Polizei. Dann stellte sich heraus, daß die Privaten, im Umgang mit Bürgerinnen und Bürgern ungeübt, im Zweifel gewalttätiger reagierten als die besser ausgebildete Polizei. Sie kannten sich auch nicht aus im elektronischen Registriersystem. Vor allem aber: Der erwartete finanzielle Vorteil trat nicht ein. Das ganze kam um 10% teurer, als wenn es die Polizei selbst erledigt hätte. So blieb es bei dem, was vorher schon funktioniert hatte: Private Sicherheitsfirmen beschützen Läden in der City oder Privatkunden am Stadtrand.

Nachher wurden Bürger befragt, welche von 16 verschiedenen Aufgaben ihrer Meinung nach an Private delegiert werden könnten. Die Antwort: Keine. Die Befragung ergab auch eine grundsätzliche Absage: Privatisierung der Sicherheit sei sozial ungerecht, meinten 69,4% der Befragten. So entstehe eine Zwei-Klassen-Sicherheit. Sie stimmten der Feststellung zu: »Private Sicherheit dient und beschützt nur die Reichen.« (Studie »Limits to Privatisation«, London 2005, S. 168) Die Leute, deren Aufgabe es ist, vor allem die Reichen zu beschützen, sind im übrigen selbst meist bitter arm. In Großbritannien verdienen sie etwa halb soviel wie ein Industriearbeiter. Bessere Bedingungen für Korruption sind schwer denkbar.

VIII. Letzte Konsequenz einer Privatisierung der inneren Sicherheit sind die »gated communities« in den USA, Brasilien oder Südafrika. Hier ist nicht der Ort, diese Selbst-Exklusion der Reichen noch einmal zu schildern (siehe Eppler, *Vom Gewaltmonopol zum Gewaltmarkt*, Frankfurt/Main 2002).

Vielleicht hat die Ausbreitung der Städte innerhalb der Städte, ummauert wie die Reichsstädte des Mittelalters, gesichert von elektrisch geladenen Zäunen, beschützt von privat angeheuerten Wächtern, in den USA sogar etwas zu tun mit dem, was Tocqueville an den Amerikanern bewundert hat: ihre Fähigkeit, sich, unabhängig von staatlichen Behörden zusammenzuschließen, um eine Schule zu bauen, einen Spielplatz einzurichten, gegen Alkoholkonsum anzugehen, kurz: das Gemeinwohl in die eigenen Hände zu nehmen. Nur: Bei den Festungen, in die niemand ohne besonderen Ausweis oder besondere Einladung eingelassen wird, geht es nicht mehr um das Gemeinwohl, sondern allein um das Wohl derer, die sich für gutes Geld ihren Platz in der »gated community« erkauft haben. Der Unterschied zwischen innen und außen ist ungleich größer, als wenn man heute die Landesgrenze zwischen Deutschland und Frankreich oder Deutschland und Tschechien überquert. Vor allem wo »gated communities« zum Schutz gegen die Bewohner nahegelegener Slums errichtet werden, entstehen zwei Welten, die nur noch wenig miteinander zu tun haben – außer, daß in beiden das staatliche Gewaltmonopol nicht mehr gilt. In den Slums herrschen kriminelle Banden, in den »gated communities« private Sicherheitsdienste. Die einen fordern die Staatsgewalt heraus, die anderen ersetzen sie.

Es ist nur konsequent, wenn aus diesen Stadtfestungen – in Südafrika spricht man von Zitadellen – jetzt die Forderung laut wird, von kommunalen Steuern befreit zu werden. Was sonst die Kommunalverwaltung zu leisten hat, organisieren die Bewohner selbst. Sie sind eigentlich eine eigene Gemeinde, von anderen weit strenger getrennt, als es Gemeinden sonst sind. Warum sollten sie Steuern zahlen an draußen?

Margaret Thatchers Devise, daß es keine Gesellschaft gebe, ist hier in Praxis übersetzt. Dafür gibt es da Teilgesellschaften, wo Menschen ihr spezielles Interesse gemeinsam vertreten, organisieren und absichern. Und dies dürfen und sollen sie tun ohne Rücksicht auf eine imaginäre Gesamtgesellschaft und vor allem auf den Staat, der schließlich diese Gesamtgesellschaft repräsentieren, ordnen, beschützen und fördern soll.

Wo Staaten zerfallen – das werden wir im siebten Kapitel sehen –, geht die Privatisierung der Gewalt Hand in Hand mit dem Staatsverfall. Eines treibt das andere. Ist die Privatisierung der inneren Sicherheit auch in Industrieländern Vorbote des Staatsverfalls? Kann ein Staat sein Gewaltmonopol delegieren? Gibt es, wo Sicherheit zur Ware wird, noch das, was wir spätestens seit 1648 einen Staat nennen? Läßt sich Sicherheit so behandeln und einordnen wie eine Mercedes-Limousine, die eben der eine sich leisten kann, die andere nicht? Ist der Staat nicht dazu da, daß genau dies nicht geschieht?

IX. Trutz von Trotha (in Werner Ruf (Hg.), *Politische Ökonomie der Gewalt: Staatszerfall und die Privatisierung von Gewalt und Krieg*, Opladen 2003, S. 51 ff.) sieht weltweit mit dem Ende des staatlichen Gewaltmonopols die »präventive Sicherheitsordnung« kommen. Weil er darin ein Faktum sieht, an das wir uns gewöhnen müssen, verwendet er die Abkürzung PSO: »Die PSO ist eine Ordnung der deutlichen sozialen und kulturellen Ungleichheit, der Segregation und konfliktträchtigen Gegensätze. Diese Merkmale teilt sie mit der Ordnung der vervielfältigten Gewalt. Die PSO setzt an die Stelle der Verpflichtung des Staates, für Leib, Leben und Eigentum der Bürger die Verantwortung zu übernehmen, die Kaufkraft des Käufers auf dem Markt der ›Sicherheitsgüter‹« (ebd., S. 63).

Was von Trotha die »Ordnung der vervielfältigten Gewalt« nennt, ist das, was übrigbleibt, wenn Staaten zerfallen sind, also etwas, was für einen Franzosen keine Ordnung, sondern eine »entité chaotique« ist.

Daß von Trotha ähnliches meint, zeigt die Fortsetzung: »An die Stelle des Primats der Macht tritt der Vorrang des Marktes. Das schließt ein, daß die PSO die Struktur ökonomischer Ungleichheit in die soziale Ungleichheit der Sicherheit übersetzt. Verfährt die Staatliche Ordnung nach dem Grundsatz ›Gleiche Sicherheit für alle‹, folgt die PSO der Richtschnur: ›Gleiche Sicherheit für alle, die sich Sicherheit leisten können‹. Ihre Devise ist: ›Zahle oder lass Dich ausrauben!‹« (ebd., S. 63).

Wer andere Menschen vor die Wahl stellen kann: »Zahle oder laß Dich ausrauben!«, hat natürlich auch Macht. Aber eben nicht, wie der moderne Rechtsstaat, eine dem Recht unterworfene.

Von Trotha erinnert an Hans Magnus Enzensbergers Essay aus dem Jahr 1993 (*Aussichten auf den Bürgerkrieg*, Frankfurt/Main 1993), der nach dem Ende des Kalten Krieges das Heraufkommen eines Welt-Bürgerkriegs ankündigte, bei dem »es buchstäblich um nichts geht« (ebd., S. 35). Tatsächlich hatte Enzensberger damals schon festgestellt: »Es entstehen geschützte Gebiete mit eigenen Sicherheitsdiensten auf der einen, Slums und Ghettos auf der anderen Seite. In den preisgegebenen Stadtteilen haben Ämter, Polizeistreifen und Gerichte nichts mehr zu sagen. Sie werden unkontrollierbar« (ebd., S. 55).

Von Trotha sieht in der Privatisierung der Gewalt von oben und von unten noch nicht den Hobbes'schen Urzustand chaotischer Gewalt kommen, des Kampfes aller gegen alle. Aber auch er warnt: »Im leichtfertigen ideologischen Umgang mit den phantastischen Träumen von einer Marktgesellschaft und mit der Privatisierung des Kerns von moderner Staatlichkeit, des Gewaltmonopols im Besonderen, wird buchstäblich ein ›Spiel mit dem Feuer‹ getrieben. Die brennenden Autos, die Plünderungen von Geschäften und die Wut der Jugendlichen in den heruntergekommenen Trabantensiedlungen Nordamerikas und Westeuropas sind seine Zeichen« (von Trotha, a. a. O., S. 72).

X. Daß sich auch der Krieg privatisieren lassen könnte, war noch zu Zeiten des Kalten Krieges undenkbar. Mit seinem Ende kam die Verkleinerung der Armeen. Hunderttausende von Soldaten in Ost und West verloren ihre Arbeit. Darunter waren auch solche, die nichts anderes gelernt hatten als das Kriegshandwerk und auch nichts anderes mehr lernen wollten.

So kam es – nach 200 Jahren – zur Renaissance des Söldnertums. Die Wehrpflichtarmeen der Nationalstaaten schrumpften, bis die Wehrpflicht nur noch auf dem Papier stand und in vielen Staaten abgeschafft wurde. Kriege zwischen europäischen Staaten waren nicht mehr möglich, und wenn Militär noch gebraucht wurde, dann meist am Rande oder außerhalb Europas für Aufgaben, die eigentlich Sache der Polizei gewesen wären, die Polizei aber offenkundig überforderten.

Daß ein demokratischer Staat sich schwertut, seine Soldaten, auch wenn sie sich freiwillig verpflichtet haben, in Gebiete zu entsenden, in denen das Chaos des Gewaltmarkts herrscht, war einer der Gründe dafür, daß in den Neunzigerjahren eine große Zahl kleinerer und eine geringe Zahl größerer »private military companies« (PMC) entstand. Die erste und lange Zeit bedeutendste rekrutierte sich aus ehemaligen Soldaten und Polizisten Südafrikas, geführt von einem pensionierten südafrikanischen Stabsoffizier. Sie nannte sich »Executive Outcomes« (EO), ein Name, der Uneingeweihten wenig, Fachleuten viel sagte. EO verlieh Söldnereinheiten an Staaten oder Firmen, sofern sie zahlungsfähig waren. Wo es an harter Währung fehlte, ließ sich EO auch mit Schürfrechten oder anderen Rechten zur Ausbeutung von Rohstoffen entlohnen. Operationsgebiet war vor allem Schwarz-afrika. Die Söldner von EO galten als zuverlässiger, diszipli-nierter und vor allem kampfkräftiger als afrikanisches Militär. 1989 gegründet, löste sich »Executive Outcomes« schon zehn Jahre später auf, dürfte aber weiterleben in einer anderen PMC, genannt »Sandline International«, was noch weniger nach Militär klingt als »Executive Outcomes«.

Während sich EO, Sandline International und viele klei-nere Firmen frei am Markt bewegen, selbst entscheiden, wem sie ihre Dienste anbieten, ist ein anderes großes Unterneh-men, genannt »Military Professional Ressources Inc«, (MPRI) eng mit dem US-Verteidigungsministerium verbun-den. Geführt von ehemaligen US-Offizieren, dienen dort vor allem entlassene Soldaten der amerikanischen Armee. Hier handelt es sich um eine Art von »Outsourcing«, wie es in der Industrie üblich geworden ist. MPRI kann zwar auch ande-ren Auftraggebern dienen, aber doch wohl nur, wenn das Pentagon zustimmt, manchmal auch, weil es dies wünscht. Aber meist erledigt MPRI Aufgaben, die das Pentagon dort besser aufgehoben sieht als bei der Armee.

Schon in seiner ersten Amtszeit gab Donald Rumsfeld die Richtung an: »Alles, was nicht zum engsten Kernbereich des Militärs gehört, muß ausgelagert werden.« Für den Verteidi-gungsminister hat dies mehr als einen Vorteil. Erstens unter-stehen Firmen nicht der Militärgerichtsbarkeit und damit dem Kriegsrecht. Für heikle Aufgaben kann man auf sie zu-rückgreifen. Zweitens werden Verluste bei solchen Firmen mehr als Arbeitsunfälle behandelt, jedenfalls nicht als Anlässe zu nationaler Trauer. Die Furcht des Ministers vor dem ersten Zinnsarg, bedeckt mit der Nationalflagge, wird geringer. Auch liegt es im Interesse der USA, daß bis heute niemand genau sagen kann, ob bei der plötzlichen Rückeroberung der Kraina durch die Kroaten amerikanische Hilfe via MPRI im Spiel war.

Aus der Homepage von MPRI ist zu entnehmen, daß die

Firma 800 Angestellte hat, während die »workforce« auf 12 000 »professionals« aus Armee und Polizei zurückgreifen kann. Unter dem Stichwort »mission« ist korrekt aufgelistet: »We serve the needs of the US government, of international law enforcement organizations and of the private sector with highest standards and cost-effective solutions.«

Ähnliches könnte auch eine andere, dem Pentagon nahe Großfirma von sich sagen, das Militärunternehmen »Dyn Corp«, das seinen Sitz in Reston/Virginia hat, einer Satellitenstadt von Washington. »Dyn Corp« hat sich den Leitspruch zugelegt: »dynamic, dedicated, driven.«

Natürlich haben MPRI, Dyn Corp und viele andere auch am Irakkrieg teilgenommen, und zwar mit beträchtlicher »workforce«. Die Zahlen, alle inoffiziell, schwanken. Aber es gilt als sicher, daß die »coalition of the billing«, also die Koalition derer, die dem Pentagon Rechnungen stellen, größer ist als die »coalition of the willing«, also die Koalition der Willigen, die vor allem britische, aber auch polnische, italienische, australische, ursprünglich auch spanische Soldaten umfaßte. Allein die Firma »Erinys International« unterhält im Irak eine Privatarmee aus 1500 Südafrikanern und 14 000 irakischen Wachleuten. Die Firma bildet, wie einige NATO-Staaten, irakische Sicherheitskräfte aus. Die Firma »Blackwater USA«, mit 450 Angestellten im Irak vertreten, verkündet auf ihrer Website: »Wir haben die Leute, um jeden Auftrag auszuführen.« Dies ist durchaus glaubhaft, denn jeder vierte Angestellte stammt aus der chilenischen Armee und wurde dort wegen Verstrickung in Menschenrechtsverletzungen entlassen.

Zu »Blackwater« gehörten auch die vier Amerikaner, die am 31. 3. 2004 in Falludscha gelyncht wurden. In den Medien liefen sie als »Zivilisten«. Tatsächlich haben die »zivilen« Söldner, mehr noch als die Soldaten, den Haß der Iraker auf sich gezogen. Sie waren auch an den Folterungen irakischer Gefangener beteiligt. Von Gerichtsverhandlungen gegen sie ist allerdings nichts zu hören. Welches Gericht wäre für sie zuständig?

XI. Was ist dagegen einzuwenden, daß militärische Aufgaben an ein Unternehmen delegiert werden, das, durchaus glaubhaft, »kostengünstige Lösungen« anbietet? Wenn, was für General Motors gut ist, auch für die Vereinigten Staaten gut sein soll, darf dann der Staat auch tun, was General Motors zu tun für richtig und profitabel hält? Darf er es vor allem da tun, wo er Monopolist sein und bleiben muß, bei der Gewalt? Darf der Staat in einem Krieg (wie dem im Irak) 48,7 Mrd. Dollar an 150 private Firmen vergeben, eine Summe, die etwa dem entspricht, was die Bundesrepublik Deutschland jährlich für ihre Bundeswehr ausgibt?

Der Rechtsstaat ist gedacht als das Instrument, mit dem jede Gewalt, private, privatisierte und staatliche, dem Recht unterworfen werden soll. Ist es dann ganz normal, wenn der Staat selbst rechtliche Grauzonen schafft? Sicher, auch Geheimdienste agieren in solchen Grauzonen. Aber eben deshalb dürfen sie in Rechtsstaaten selbst keine Gewalt ausüben. Eine Republik ist eine res publica, eine öffentliche Angelegenheit. Daher ist das Gewaltmonopol des Staates nach innen und außen nur zu legitimieren, wenn es öffentlicher Kontrolle unterliegt. Es läßt sich nicht ausgliedern, an Firmen delegieren.

Niemand muß am Willen und an der Fähigkeit des Pentagon zweifeln, private Auftragnehmer unter strikter Kontrolle zu halten. Dies unterscheidet diese Teilprivatisierung des Krieges von der Förderung von Milizen und Paramilitärs, wie wir sie aus Kolumbien, Serbien, Indonesien oder dem Sudan kennen. Zwar bildeten sich auch dort die halb privaten Söldnertruppen nicht ohne die Hilfe der Regierung, zwar waren auch dort die Regierungen bestrebt, die unmittelbare Verantwortung für zweifelhafte Aktionen wegzuschieben. Auch gehört beides zu demselben Vorgang, zur »Privatisierung der

Gewalt von oben«, allerdings mit dem wichtigen Unterschied, daß die paramilitärischen Gruppen, sobald sie sich eigene Finanzquellen erschlossen und eine Gewaltökonomie aufgebaut haben, sich reichlich wenig um die Regierung scheren, der sie ihre Entstehung verdanken. Daher passen sie sich auch sehr rasch den Kampfmethoden derer an, gegen die sie aufgestellt wurden. Sie haben dann kein Interesse mehr an einem Staat, der nur ihre Geschäfte stören, ihre Grausamkeiten ahnden könnte. Noch weniger erstrebenswert ist für sie jede Art von Frieden, weil er ihnen die Existenzgrundlage entziehen könnte.

Die Gesellschaften, mit denen das Pentagon arbeitet, können nach menschlichem Ermessen diesen Weg nicht gehen. Sie bleiben gebunden an die Weisungen ihres staatlichen Geldgebers. Daher geht es hier um eine Teilprivatisierung des Krieges, bei den Paramilitärs um die Privatisierung und Kommerzialisierung der Gewalt. Im ersten Fall wird die Grenze des staatlichen Gewaltmonopols verwischt, im zweiten wird dieses Monopol auf Gewalt negiert und zerstört. Aber für beide gilt, was Peter Lock als »allgemeine Regel« formuliert: ». . . daß die Privatisierung von Sicherheit ein Spiegelbild des Zustandes von Staatlichkeit und gesellschaftlicher Kohäsion ist« (Peter Lock, »Kriegsökonomien und Schattenglobalisierung«, in: Werner Ruf (Hg.), *Politische Ökonomie der Gewalt: Staatszerfall und die Privatisierung von Gewalt und Krieg*, Opladen 2003, S. 117).

Kapitel 6
Der Staat und der Krieg

I. Spätestens seit 1648 war es das Recht zum Krieg (jus ad bellum), das neben dem Gewaltmonopol den souveränen Staat konstituierte. Der Staat hatte nach innen das Recht, seinen Gesetzen notfalls mit Gewalt Geltung zu verschaffen, und er hatte nach außen das Recht, Krieg zu führen. Es war lange Zeit unbeschränkt, umschloß auch den Angriffskrieg.

Wie großzügig die europäischen Staaten über Jahrhunderte von diesem Recht Gebrauch gemacht haben, wundert vor allem junge Menschen, die sich einen europäischen Krieg nicht mehr vorstellen können. Dynastische Erbfolgekriege, Hegemonialkriege, Befreiungskriege, Einigungskriege, Eroberungskriege prägen die europäische Geschichte in den dreihundert Jahren zwischen 1648 und 1945. Am Schluß stand, von 1941-45, ein barbarischer Vernichtungskrieg.

Die Völker haben unsäglich unter diesen Kriegen gelitten, auch wenn noch im 18. Jahrhundert ein anständiger Bürger mit dem Kriegshandwerk nichts zu tun haben wollte. Der Staat aber ist durch diese Kriege stärker geworden. Im Krieg spürte der Bauer in der Normandie oder in der Pfalz, daß der Graf, der im Schloß oberhalb des Nachbardorfes residierte, keineswegs die höchste Autorität war. Das war der König oder der Kurfürst, und wenn der sich im Krieg befand, waren es alle seine Untertanen auch. Dann konnten plündernde Soldaten aus der Fremde kommen, Haus und Hof niederbrennen. Daher brauchte man eigene Soldaten, einen Staat, der sich wehren konnte. Der Mythos Preußen, von dem noch die Nazis zehren wollten, entstand im Siebenjährigen Krieg. Was die Franzosen um die Wende zum 20. Jahrhundert an ihren

Staat band, war nicht zuletzt der Wunsch, die Schmach von 1871 zu tilgen.

In keinem Krieg zuvor hatte der Staat allerdings so tief in das Leben seiner Bürger eingegriffen wie im Ersten Weltkrieg. Der Staat bestimmte, was die Kinder und Frauen »an der Heimatfront« zu essen bekamen, was die Betriebe zu produzieren hatten, wer wann zum Militär eingezogen wurde, wer zu Hause »unabkömmlich« geschrieben wurde. Staatliche Stellen entschieden, welche Zeitungsmeldung dem Feind nützt, welcher Kommentar die Wehrkraft schwächt, für welches Buch das Papier reichte, für welches nicht.

Wenn eine Nation im Kampf »um Sein oder Nichtsein« steht, wird jeder danach beurteilt, was er zu diesem Kampf beiträgt. Der Staat hat und nutzt die Mittel, jeden zu dem Beitrag anzuhalten oder zu zwingen, den er – nach Meinung irgendeiner Behörde – leisten kann. Der Generaloberst von Ludendorff hat mit dem totalen Krieg auch den totalen Staat angedacht.

Daran haben die Diktatoren der Zwanziger- und Dreißigerjahre auch in Friedenszeiten angeknüpft. Wer im 21. Jahrhundert die Rhetorik der Nationalsozialisten auf sich wirken läßt, könnte zu dem Ergebnis kommen, hier sei der Krieg mit anderen Mitteln fortgesetzt worden. Da tönte es aus den billigen »Volksempfängern«, die nur die nächste staatliche Radiostation empfangen konnten, von früh bis spät von »Kampf«, »Einsatz«, »Ausrichtung«, da wurde der »Kampfeswille«, die »Einsatzbereitschaft«, die »Siegesgewißheit« gefeiert, aus Arbeitgebern und Arbeitnehmern wurde der Betriebsführer und seine Gefolgschaft. »Fanatisch« hatte keinen negativen Beigeschmack, »Fanatismus« war eine Tugend. Es ging ja um Sieg und Niederlage. Der Ausbruch des Zweiten Weltkriegs erscheint dem späten Betrachter als erwartbare Konsequenz, fast als Normalisierung. Hitler hatte dem Kaiserreich vorgeworfen, es habe nur verloren, weil es zu schlapp gewesen, nicht alle Ressourcen mobilisiert, nicht genug

»Wehrkraftzersetzer« an die Wand gestellt habe. Jetzt wollte er es besser machen.

Jedenfalls: Daß die Staatsmacht überbordete, daß die Menschen schließlich für den Staat da waren, nicht umgekehrt, hat mit den Kriegen zu tun, vor allem mit dem Ersten Weltkrieg. Dies bedeutet aber auch: Der Staat einer Friedensepoche wird notwendig anders aussehen als ein Staat, der entweder im Krieg war oder sich darauf vorbereitete. Seine Aufgaben, sein Stil, seine Methoden werden anders sein. Vor allem seine Gefährdungen dürften aus einer anderen Richtung kommen.

II. Als in den Fünfzigerjahren des 20. Jahrhunderts ein Atomkrieg drohte, stellte der Physiker und Philosoph Carl Friedrich von Weizsäcker nüchtern fest, wenn die Menschheit eine Zukunft haben wolle, müsse sie »die Institution des Krieges überwinden«. Die Fähigkeit zur gegenseitigen Vernichtung ließ ein jus ad bellum absurd erscheinen. Mit der »Institution des Krieges« meinte Weizsäcker eindeutig das, was Europa in 300 Jahren immer von neuem erlitten hatte: den Krieg zwischen Staaten. Nur Staaten hatten Zugriff auf atomare Vernichtungsmittel. Und sogar ein Krieg, der mit konventionellen Waffen begann, konnte sich zur atomaren Massenvernichtung auswachsen. Daß Menschen nach wie vor aufeinander schießen, einander töten würden, gegen die Gesetze ihres Landes, schloß Weizsäcker nicht aus.

Wie realistisch die Forderung des Physikers war, zeigt die Einigung Europas. Ausgerechnet der Kontinent der Kriege ist dabei, den Krieg zwischen Staaten als Institution abzuschaffen. Die letzten Kriege in Europa sind Gegenstand von Kriegsverbrecherprozessen in Den Haag. Vielleicht werden erst künftige Generationen diese Überwindung des Krieges in Europa gebührend würdigen können.

Kriege anderswo sind durchaus noch möglich, aber sie werden immer unwahrscheinlicher. Indien und Pakistan lernen, daß sie durch ihre eigenen Atomwaffen zum Frieden verurteilt sind. Nordkorea weiß, daß ein Angriff auf den Süden die amerikanische Militärmaschinerie in Gang setzen könnte, und Südkorea hat viel Zeit. Die Diktatur der Kim-Dynastie im Norden wird nicht ewig währen.

Aber wie ist das mit dem Irak? Ist nicht der »preemptive strike« Teil der amerikanischen Militärdoktrin? Muß nicht, wenn die Hegemonialmacht dieser Doktrin folgt, der Krieg, und zwar der zwischen Staaten, wieder normal werden, ein Mittel der Politik wie andere auch?

Der Irakkrieg wäre wirklich nur der erste einer Serie von Hegemonialkriegen gewesen, hätte er das Ergebnis gehabt, das sich Cheney oder Wolfowitz erträumt haben: einen friedlichen, demokratischen, US-freundlichen Irak, in welchem US-Firmen in Ruhe das Ölgeschäft betreiben. Wie immer die Zukunft des Irak aussehen könnte, so jedenfalls nicht. Vielleicht plagt die Klügeren in der Bush-Regierung heute schon die Frage, wie sie wohl ohne Gesichtsverlust aus dem irakischen Chaos herauskommen könnten.

Der Krieg zwischen Staaten nützt heute in der Regel auch dem Sieger nicht. Nicht die Gewalt des Siegers hat das letzte Wort, sondern die entstaatlichte, privatisierte Gewalt im Lande des Besiegten. Militärischer Sieg führt zur Erosion des staatlichen Gewaltmonopols, zumal dann, wenn der tumbe Sieger, wie im Irak, erst einmal den Staat abschafft. Einen Staat mit militärischer Gewalt zu zerstören, ist für die USA eine Sache von Wochen. Einen neuen aufzubauen, eine von Jahrzehnten. Die wenigen Wochen sind schon sündhaft teuer. Die folgenden Jahrzehnte werden noch teurer.

Natürlich werden in neokonservativen Zirkeln neue Kriege ausgeheckt. Aber ob sie je stattfinden, ist mehr als zweifelhaft, solange im Irak geschieht, was nüchterne Beobachter vorausgesagt haben. Daß jeder vermeidbare Krieg ein Verbrechen ist, muß hartgesottene Ideologen nicht stören. Wohl aber, daß er ein Verlustgeschäft ist, politisch und ökonomisch.

Der Krieg zwischen Staaten wird im Irak nicht rehabilitiert, sondern ad absurdum geführt. Der Unilateralismus hat nicht triumphiert, er scheitert. Ein internationales Gewaltmonopol könnte sogar die Hegemonialmacht entlasten, sobald sie eingesehen hat, daß sie diese Entlastung brauchen kann. Und diese Einsicht wächst.

III. Alles Reden vom Krieg, alle Furcht vor dem Krieg, aller Kampf gegen den Krieg hatte im 20. Jahrhundert eine Voraussetzung, über die niemand nachdachte, weil sie sich von selbst verstand: daß nämlich Krieg und Frieden sich säuberlich voneinander trennen lassen. Krieg und Frieden waren nicht nur ohne weitere Überlegung zu unterscheiden, sie waren absolute Gegensätze. Bis zum 1. August 1914 herrschte in Europa Friede, Wohlstand, freier Reiseverkehr. Mit den Kriegserklärungen des Deutschen Reiches an Rußland und Frankreich war Krieg und mit ihm Angst, Trauer, Hunger. Die Botschafter überreichten ihre Noten und reisten ab. Die Armeen wurden mobilisiert. Es war nicht mehr ein Verbrechen, andere Menschen zu töten, es war eine Heldentat für's Vaterland.

Aber auch für den klar definierten Rechtszustand des Krieges gab es Regeln. Es war klar, wer schießen durfte, wer nicht. Die Todesstrafe bedrohte diejenigen, die, weil keine uniformierten Soldaten, nicht schießen durften und es dennoch taten. Es gab Vorschriften, wie man sich gefangengeben konnte und wie Gefangene zu behandeln waren. Auch diese Regeln wurden manchmal verletzt, aber sie galten unbestritten bis 1941, als Hitler sie schon im Vorfeld des Überfalls auf die Sowjetunion außer Kraft setzte.

Im 21. Jahrhundert gewöhnen wir uns daran, daß Konflikte und Gewaltausbrüche überhand nehmen, die zwar sicher nicht dem entsprechen, was wir bislang Frieden nannten, aber auch nicht dem, was im Völkerrecht oder im Kriegsrecht mit der Bezeichnung »Krieg« belegt wurde. Herrscht in Palästina Krieg? In einem Land, in dem es nur eine Armee gibt, nämlich die israelische, während die Palästinenser noch nicht einmal einen Staat haben? War das Gemetzel in Ruanda ein Krieg? Oder eben nur ein Gemetzel? Herrscht gegenwärtig an der Grenze von Ruanda zum Kongo Krieg? Und wie ist das im Sudan? Ist das, was die arabischen Milizen schwarzen Sudanesen antun, Krieg? Oder doch Bürgerkrieg? Oder noch etwas anderes: privatisierte Gewalt?

Natürlich kann man dieser Frage ausweichen, indem man alle Gewalttätigkeiten einfach mit der Bezeichnung »Neue Kriege« schmückt. Aber wo ist dann die Grenze zur organisierten Kriminalität? Ist es ein Verbrechen, wenn fünf Banditen ein Hotel überfallen, aber Krieg, wenn 50 Banditen eine kleine Stadt terrorisieren?

Sicher gibt es Kriege neuer Art, und warum sollte man sie nicht »Neue Kriege« nennen. Was im Kosovo geschah, waren Kriegshandlungen der NATO gegen einen Staat, allerdings einen, der mit militärischen Mitteln seine eigenen Bürger terrorisierte und vertrieb, der einen Teil seines Gewaltmonopols an Kriminelle wie die »Tiger« des »Arkan« delegierte. Da die NATO eigene Verluste unbedingt vermeiden wollte – was auch gelang –, beschränkte sie sich auf Luftangriffe aus einer Höhe, die für die serbische Luftabwehr unerreichbar war. Es war also ein höchst asymmetrischer Krieg, aber ein Krieg von Staaten gegen einen Staat. Auch was Präsident Bush im Irak befahl, war ein höchst asymmetrischer Krieg, bei dem die Angegriffenen nicht die geringste Chance hatten, aber es war ein Krieg zwischen Staaten.

Ist das, was danach im Irak begann, auch noch Krieg? Wenn Selbstmordattentäter sich unter junge Leute mischen, die sich um eine Anstellung bei der Polizei bewerben wollen, um sich und ein Dutzend »Verräter« in die Luft zu jagen, ist dies Krieg? Oder Bürgerkrieg?

In den letzten 350 Jahren haben sich die Europäer daran gewöhnt, daß Krieg etwas mit Staat zu tun hat. Entweder ist

Krieg der bewaffnete Kampf zwischen Staaten, oder er ist – als Bürgerkrieg – die bewaffnete Auseinandersetzung um die Macht in einem Staat. Das war so in Spanien 1936-1939. Das könnte heute für die Elfenbeinküste zutreffen. Da geht es um die Macht in Abidjan. Sogar wenn die Rebellen im Norden des Landes einen eigenen Staat errichten wollten, könnte der Begriff »Bürgerkrieg« stimmen. Aber wo niemand mehr weiß, wer gegen wen mit welchem Ziel Menschen umbringt – und das war der Fall, als im Kongo mehr als zwei Millionen Menschen, vor allem Kinder und Frauen, umkamen –, reden wir besser nicht von Krieg, sondern von Gewalt, privatisierter, entstaatlichter und meist auch kommerzialisierter Gewalt. Eine der Formen dieser Gewalt ist das, was Innenminister als Terror definieren und bekämpfen, wobei anzumerken ist, daß der Terror von Warlords oder Killerbanden, Paramilitärs und Todesschwadronen schon tausendmal mehr Opfer gefordert hat und heute noch fordert als das, was Bush bei seinem Krieg gegen den Terror im Auge hat.

IV. Diese privatisierte und kommerzialisierte Gewalt agiert nach gänzlich anderen Regeln, als sie für die Kriege gelten. Kriege sind für Staaten immens teuer. Privatisierte Gewalt muß sich auch ökonomisch lohnen. Herfried Münkler hat die Mechanismen solcher Gewaltökonomien hinreichend beschrieben. Wer aus der Gewalt ein Geschäft macht, wer sich seinen Lebensunterhalt – und manches darüber hinaus – mit Gewalt verschafft, hat kein Interesse am Frieden. Daher hat privatisierte Gewalt nicht, wie Kriege, einen bestimmbaren Anfang und ein definierbares Ende, sondern eine Tendenz zur Dauer, zur Permanenz. Soldaten möchten so rasch wie möglich wieder nach Hause, Söldner der Warlords fürchten die Arbeitslosigkeit.

Kriege weisen klare Fronten auf. Privatisierte Gewalt lebt davon, daß sie nirgends zu fassen ist, aber überall zuschlagen kann. Kriege haben Regeln, privatisierte Gewalt pfeift darauf.

In Kriegen kommt es vor, daß Diktatoren Fünfzehnjährige als letztes Aufgebot an die Front schicken. Warlords setzen Dreizehnjährige als erstes Aufgebot ein, weil der Tod eines Jungen sie weniger kostet als der eines erfahrenen Söldners.

Das Kriegsrecht versucht die Auseinandersetzung zu begrenzen auf die Streitkräfte der Staaten, also Zivilisten zu schonen. Privatisierte Gewalt richtet sich überwiegend gegen Zivilisten, vor allem Kinder und Frauen. Kämpfe zwischen Söldnern werden nach Möglichkeit vermieden, weil sie nur die Kosten erhöhen. Soldaten lernen, zwischen Kombattanten und Nicht-Kombattanten zu unterscheiden. Privatisierte Gewalt unterscheidet allenfalls zwischen Menschen, bei denen es noch etwas zu holen gibt, und solchen, bei denen nichts mehr zu holen ist.

Natürlich kann man jeden Begriff beliebig dehnen. Es stimmt auch, daß es Kriege gab, ehe der moderne Staat entstand. Man kann auch, sogar unter Berufung auf Clausewitz, auf den Gestaltwandel des Krieges im Lauf der Geschichte verweisen.

Herfried Münkler, der diese Dehnung des Kriegsbegriffs am konsequentesten und seriösesten verficht (zuletzt in Göhler/User/Kerner (Hg.), *Politische Theorie. 22 umkämpfte Begriffe*, Wiesbaden 2005, S. 227ff.), argumentiert mit diesem Gestaltwandel des Krieges: »Eine Definition des Krieges, die dessen Wesen und nicht nur eine bestimmte raum-zeitliche Erscheinungsform zu fassen versucht, muss darum in der Lage sein, Gestaltwechsel wie Gestaltenvielfalt des Krieges in die Definition einzubeziehen. In der Regel erfolgt dies durch die Hinzufügung präzisierender Epitheta: Partisanenkrieg, Volkskrieg, Kabinettskrieg, Erbfolgekrieg, Eroberungskrieg, Verwüstungskrieg, Kolonialkrieg, Pazifizierungskrieg« (ebd., S. 228).

Was Münkler dabei übersieht, ist die Tatsache, daß alle diese Kriegsformen etwas Gemeinsames haben: Es handelt sich bei allen direkt oder indirekt um Staatenkriege. Staaten kolonisieren, Staaten pazifizieren. Sogar die Partisanenkriege des Zweiten Weltkriegs in Rußland, der Ukraine, in Serbien waren Teil eines Staatenkrieges. Die russischen Partisanen verstanden sich als Teil der Streitmacht, welche die deutschen Eindringlinge aus dem Lande zu werfen hatte. Sie kämpften hinter der Front wie andere an der Front, und zwar für einen Staat, den russischen, auch wenn nicht alle für den sowjetischen ihr Leben einsetzten.

V. Die Gewaltausbrüche, über die heute die Medien berichten, sind keine Kriege zwischen Staaten, oft auch keine Bürgerkriege um die Macht in einem Staat. Diese Gewalt ist nicht nur ent-staatlicht, sie ist meist auch prinzipiell antistaatlich. Wer Geschäft und Gewalt verbunden hat, wer seinen Geschäften mit Gewalt nachhilft und mit solchen Geschäften neue Gewalt finanziert, will keinen Staat, kann ihn nicht wollen. Deshalb liegt hier etwas anderes vor als in all den Kriegsformen, die Münkler aufzählt.

Münkler kommt schließlich zu dem bemerkenswerten Schluß: »Um die phänomenale Vielfalt der Kriege zu erfassen, muss auf die begriffliche Bestimmung des Krieges im Singular verzichtet werden« (ebd., S. 228). Münkler setzt also der herkömmlichen Definition, wonach Krieg eine bewaffnete Auseinandersetzung zwischen Staaten oder (als Bürgerkrieg) der bewaffnete Kampf um die Macht in einem Staat ist, keine eigene, erweiterte Definition entgegen. Er verzichtet darauf, den Krieg zu definieren. Wenn man aber beim besten Willen nicht sagen kann, was ein Krieg ist, was nicht, hat es dann einen Sinn, von »Neuen Kriegen« zu reden? Dies setzt doch voraus, daß es hier etwas gibt, das bei aller Wandelbarkeit einen definierbaren Kern hat.

Das Chamäleon, mit dem Clausewitz den Krieg verglich, ist ja auch kein undefinierbares Etwas, sondern ein ganz bestimmtes Tier, das die Fähigkeit hat, verschiedene Gestalt anzunehmen. Was sich nicht definieren läßt, kann man auch nicht abgrenzen. Ist der Krieg wirklich nicht abzugrenzen gegen organisiertes Verbrechen und Bandenkriminalität?

Kein Wunder, daß es inzwischen auch eine wissenschaftliche Diskussion um den Begriff der »Neuen Kriege« gibt. Einen eher belanglosen Streit darüber, was denn an diesen »Kriegen« so neu sei, ob es Ähnliches nicht schon früher gegeben habe. Diesem Streit widmet sich zum Beispiel ein Rundfunkvortrag (SWR II) von Ulrich Teusch vom 20. 2. 2005. Viel wichtiger sind die Zweifel daran, ob sich der Begriff des Krieges so dehnen lasse, wie Münkler dies tut, ohne daß die Begriffe sich verwirren. Damit beschäftigt sich ein von Lothar Brock herausgegebener Band der »Stiftung Entwicklung und Frieden« (*Kriege als (Über)Lebenswelten. Schattenglobalisierung, Kriegsökonomien und Inseln der Zivilität*, Bonn 2004). Brock stellt in seinem Vorwort fest: »Die These der Herausgeber ist, daß unter diesen Bedingungen die Dichotomie ›Krieg und Nicht-Krieg‹ perspektivisch nicht mehr zu halten sei. Sie schlagen deshalb vor, den Kriegsbegriff fallen zu lassen« (ebd., S. 17). Es erscheine zwingend, »... die Verengung der Analyse bewaffneter Gewalt auf den Krieg zu überwinden. Dafür spricht auch, daß die Lebensverhältnisse ganzer Bevölkerungsgruppen von krimineller Gewalt stärker bestimmt sein können als von kriegerischer Gewaltanwendung« (ebd., S. 16).

Brock stützt sich dabei auf den einleitenden Beitrag von Sabine Kurtenbach und Peter Lock. Sie kommen zu dem Schluß: »Es fällt immer schwerer, Krieg und dominante Gewaltkriminalität gegeneinander abzugrenzen. Angesichts der hohen Raten territorial konzentrierter Gewaltkriminalität in stark fragmentierten Gesellschaften, wie Nigeria, Südafrika oder Brasilien, eignen sich selbst Opferzahlen nicht zur Differenzierung.«

Gemeint sind die Zahlen der Opfer etwa in Sao Paulo oder Rio de Janeiro. Die Bandenkonflikte dort, bei denen es meist um Drogenhandel geht, analysiert Luke Dowdney: »Die Rivalidäten dort fordern jedes Jahr Tausende von Toten, darunter viele Kinder, die töten und getötet werden wie die Kindersoldaten der Warlords« (a. a. O., S. 213ff., »Tobt in den Slums von Rio ein Krieg?«).

Jedenfalls beginnt auch in der Wissenschaft ein Nachdenken darüber, wo es sinnvoll ist, vom »Krieg«, und wo es begrifflich angemessener wäre, nur von »Gewalt« zu sprechen, »... den Fokus der Analyse wiederum zu öffnen, indem der Blick vom Krieg auf die Gewalt gelenkt wird« (Brock, a. a. O., S. 15).

VI. Wissenschaftler sind bei begrifflichen Abgrenzungen ziemlich frei. Was aber für einen Historiker, einen Soziologen oder Politologen ein theoretischer Streit um Begriffe bleibt, in welchem man sich mit guten Gründen so oder auch anders verhalten kann, veranlaßt den Politiker zu der Frage, welche Wirkungen eine solche Definition – oder Nichtdefinition – entfalten kann, welche Handlungen sich daraus ergeben können, vielleicht müssen.

Die Begriffe, die wir benutzen, bestimmen unser Denken, sie entscheiden darüber, was wir wahrnehmen, was wir begreifen können, aber auch, was wir, vielleicht notwendig, mißverstehen. Je nachdem, mit welchen Begriffen wir an das herangehen, was wir die Wirklichkeit nennen, verändert sich diese Wirklichkeit. Was wir als Wirklichkeit erfahren und wahrnehmen, bestimmt unser Handeln. Daher nimmt unsere Sprache, nehmen unsere Begriffe unser Handeln vorweg.

Der Politiker muß abgrenzen, damit er handeln kann. Und er muß richtig abgrenzen, damit er richtig handeln kann. Die Begriffe Krieg und Staat standen bisher in einer engen Verbindung. Wer diese Verbindung löst, muß, nicht als Wissenschaftler, wohl aber als politisch verantwortlicher Staatsbürger, erst über die Folgen nachdenken, nicht über die Folgen für die Geschichtsschreibung, sondern für die Zukunft der eigenen Gesellschaft.

Wenn Krieg und Staat im Bewußtsein der Menschen verbunden sind – und dies seit 350 Jahren –, dann tangiert eine Neudefinition des Krieges auch den Staat, genauer unsere Vorstellung vom Staat. Wenn der Krieg undefinierbar wird, wird dann auch der Staat undefinierbar? Was ist das für ein Staat, in dem jeder, der versucht, sich seinen Lebensunterhalt mit der Kalaschnikow zu besorgen, behaupten kann, er führe Krieg? Der Einwand, es komme auf die Zahl der Kalaschnikows und ihrer Opfer an, sticht nicht. Herrscht in Sao Paulo Frieden, solange weniger als fünftausend Menschen im Jahr umgebracht werden, aber Krieg, wenn es, was vorkommt, mehr als fünftausend sind?

Wer einen Staat regiert, muß sein Gewaltmonopol verteidigen. Daher muß er seine Verletzung als Gesetzesbruch, seine grundsätzliche Verachtung als Verbrechen verfolgen. Wer Gewalt, die dem Staat zusteht, gegen den Willen des Staates privatisiert und zur Ware am Gewaltmarkt macht, ist in den Augen des Staates ein Verbrecher, kein Krieger. Dabei ist es unerheblich, ob es sich um organisierte Kriminalität, ideologisch begründeten Terror oder die Sezession eines Kriegsherrn handelt. Wer einen Staat regiert, muß zwischen legitimer und illegitimer Gewalt unterscheiden. Mit dieser Unterscheidung steht und fällt jeder Staat. Sie ist konstitutiv für den Staat.

Wer die Privatisierung und Kommerzialisierung der Gewalt, etwa in Schwarzafrika, unter dem Begriff der »Neuen Kriege« abhandelt, muß den modernen Staat mit seinem Gewaltmonopol bereits abgeschrieben haben. Nicht zufällig wird ja argumentiert, im Mittelalter habe es auch ganz andere Kriege gegeben als nach 1648. In der Tat: Sie fanden statt, weil es den modernen Staat noch nicht gab. Und sie können nur stattfinden, wenn und wo es diesen Staat nicht mehr gibt, wenn er zumindest dabei ist, zu zerfallen.

VII. Alles hat seine Zeit, auch der moderne Staat. Historiker haben die Aufgabe, Aufstieg und Niedergang einer Einrichtung zu beschreiben. Sie dürfen auch über ihr Ende nachdenken, auch über das Ende des modernen Staates, über das Ende seines Gewaltmonopols. Und sie tun es auch. Wolfgang Reinhard tut es am Schluß seines großen Werkes über *Die Geschichte der Staatsgewalt* (München ²2001). Er kann sich »das Ende des modernen Staates in seiner vollentwickelten Form« sehr wohl vorstellen. Aber er fügt hinzu, eine Alternative zum modernen Staat liege nicht vor (ebd., S. 508).

Das muß den Historiker nicht schrecken. Den Politiker schon. Zumal wenn er unsere technische Zivilisation, ihre Komplexität und vor allem ihre extreme Verletzbarkeit betrachtet. Die Raubritter des 14. Jahrhunderts konnten ein paar reisende Kaufleute ausplündern, ganze Fuhren von Salz, Gewürzen oder Wein als Beute abführen. Das war für die Überfallenen schlimm genug. Aber schon im nächsten Dorf regte es niemanden mehr auf. Wie viele gut ausgebildete Terroristen sind nötig, um die Wasserversorgung des Stuttgarter Ballungsraums, die Stromversorgung Berlins, den Zugverkehr zwischen Köln und Paris lahmzulegen? Man stelle sich einen solchen ICE-Verkehr vor, wenn auf der Strecke ein halbes Dutzend winziger Sabotagetrupps sich so entfalten könnten wie seinerzeit die Raubritter. Oder wenn der ICE die Reviere mehrerer Warlords zu passieren hätte.

Inzwischen lassen sich Hubschrauber, aber auch Passagierflugzeuge bei Anflug und Abflug mit Stinger-Raketen abschießen, die auch ein 15jähriger auf der Schulter tragen kann. Wie soll der Flugverkehr aufrechterhalten werden, wenn kein durchsetzbares staatliches Verbot den freien Verkauf solcher Raketen verhindert?

Die Geheimdienste der großen NATO-Staaten sind längst dabei, atomarem Terror auf die Spur zu kommen. Die erste Atomexplosion in einer europäischen oder amerikanischen Großstadt könnte das grandiose Verbrechen des 11. 9. 2001 als harmloses Vorspiel erscheinen lassen. Niemand weiß, welches Chaos die Geängstigten in aller Welt dann anrichten. Kurz: Eine Welt der Pferdewagen, Lanzen und Schwerter kann sich privatisierte Gewalt leisten. Eine Welt der Atombomben und der biologischen Vernichtungswaffen kann dies nicht.

Der technische Fortschritt hat uns zum Gewaltmonopol verurteilt. Genauer: Wir haben uns durch den technischen Fortschritt selbst zum Gewaltmonopol und damit zum Staat verurteilt. Denn die einzige Institution, die verantwortungsvoll im Sinne des Gemeinwohls mit einem Gewaltmonopol umgehen kann, die dieses Monopol legitimiert und gleichzeitig begrenzt, ist der demokratische Rechtsstaat.

VIII. Wer behauptet, daß unsere Begriffe unsere Wahrnehmung und damit unser Handeln bestimmen, wer der Ausweitung des Kriegsbegriffs bis zur Undefinierbarkeit widerspricht, weil er schlimme Folgen fürchtet, tut gut daran, dies mit Beispielen zu belegen.

Ein klassisches und gleichzeitig erschreckendes Beispiel ist George W. Bushs »Krieg gegen den Terrorismus«. Als Bush am 12. 9. 2001 den »war on terrorism« proklamierte, fiel manchem auf, daß der französische Präsident und der deutsche Kanzler diese Wortwahl nicht übernahmen, sondern vom »Kampf gegen den Terror« – oder auch Terrorismus – sprachen. Damit kündigte sich eine politische Differenz an, die für die nächsten Jahrzehnte entscheidend sein dürfte.

Denn der »Krieg gegen den Terrorismus« hat Folgen, die sich schon im September 2001 abzeichneten, von denen aber bis heute nicht klar ist, welche davon gewollt und welche ungewollt waren. Gewollt war sicher, daß sich die amerikanische Nation hinter ihrem Präsidenten sammeln sollte, der den unbeugsamen Willen zum Sieg verkörperte.

War es gewollt oder doch wohl ungewollt, daß Bush einen Großverbrecher zum Kriegsgegner, damit zum Kriegführenden, ja zum gleichwertigen Gegenspieler aufwertete? Noch heute neigen viele dazu, dies für eine ungewollte Folge anzusehen, weil die Vorstellung, Bush habe dies gewollt, uns in Abgründe blicken ließe, in die nur Schwindelfreie blicken können.

Vielleicht war es wirklich gewollt, daß mit dem »war on terrorism« die Schwelle zum Krieg zwischen Staaten, also dem im Irak, abgehobelt wurde. Es war möglicherweise gewollt, daß mehr als die Hälfte der US-Bürger im – damals schon beschlossenen – Irakkrieg nichts wirklich Neues, sondern nur eine neue Phase in einem längst tobenden Krieg sah.

War der Angriffskrieg gegen den Irak damals, am 12.9. 2001, schon gewollt? Wurde mit dem »war on terrorism« vorbereitet, was Heribert Prantl, noch während die Bomben auf Bagdad fielen, mit der Bemerkung kommentierte, die USA hätten das Völkerrecht hinter sich gelassen und handelten nach der Maxime »Macht setzt Recht« (*Süddeutsche Zeitung* Nr. 74/2003, S. 13)?

Wußten die Strippenzieher im Weißen Haus, was es bedeutet, Verbrecherjagd zum Krieg zu überhöhen? Wollten sie, was sie nachher tun mußten: den wirklichen Krieg als Verbrecherjagd inszenieren, mit Fahndungsliste und Kopfprämie? Wußten und wollten sie, daß damit das geltende Kriegsrecht ausgehebelt wurde? Denn dieses Kriegsrecht sieht den Krieg als Verbrecherjagd nicht vor, also auch keine »feindlichen Kämpfer« ohne Anspruch auf humane Behandlung.

Es war doch wohl eher ungewollt, daß der Irakkrieg fugenlos in das Weltbild der islamistischen Terroristen paßte. Sie begründen ihre kriminelle Handlungsweise ja auch damit, daß der Militärmaschinerie der USA keine Armee der Welt widerstehen kann, daß also der Terror die einzig mögliche und wirksame Form des Widerstands sei. Wo auch immer die Überlegenheit dieser Kriegsmaschine demonstriert wird, fühlen die Terroristen sich bestätigt. Die Zahl der Selbstmordattentäter steigt.

Gewollt oder ungewollt, die Folgen der Entscheidung vom 12. 9. 2001 sind fatal. Sie könnten zu so etwas wie einer Globalisierung des Nahostkonflikts führen: auf der einen Seite eine moderne, unschlagbare Armee, auf der anderen Seite privatisierter Widerstand weltweit, notfalls mit der ultimativen Waffe, die der Hegemonialmacht nicht zur Verfügung steht: dem Selbstmordattentäter oder, noch weniger faßbar, der Selbstmordattentäterin.

IX. Wer die Verbrecherjagd zum Krieg überhöht, verschiebt auch die Kompetenzen. Für die Verfolgung von Gesetzesbrechern ist die Polizei zuständig, im Fall des Terrors auch die Geheimdienste, für Krieg ist es das Militär. Die amerikanische Militärmaschine aber hat im Irak den Terror verstärkt, neu motiviert, ihm immer neue verzweifelte, bis zum Selbstmord fanatisierte Gefolgsleute zugetrieben. Die mit Abstand gewaltigste Militärmacht gleicht in ihrem Krieg gegen den Terror einem hilflosen Soldaten, der, von Stechmücken geplagt, mit der Maschinenpistole im Schlafzimmer herumballert. Er ist für den Kampf gegen Schnaken nicht ausgebildet. Das können andere besser mit sehr viel geringerem Aufwand.

Wer über Kompetenzen entscheidet, bestimmt auch den Fokus der Aufmerksamkeit. Wer den Kampf gegen den Terror als Krieg inszeniert, lenkt die Aufmerksamkeit von den Zuständen im eigenen Lande ab. Amerika als ganzes steht auf der Seite der Guten, die das Böse bekriegen. Also wird die Privatisierung der Gewalt in den USA selbst – die sicherlich andere Züge trägt als in Afghanistan oder im Kongo – gleich gar nicht zum Thema. Im Gegenteil, sie kann munter weiterbetrieben werden. Je krasser die Kluft zwischen arm und reich wird, desto rascher wird die Sicherheit vor Verbrechen zur Ware, desto rascher erodiert das Gewaltmonopol des Staates von unten und von oben her, von den Slums der großen Städte und von den »gated communities« her. Kriege hatten immer auch die Funktion der Ablenkung. Der »war on terrorism« läßt eine Diskussion über die Zukunft des eigenen Staates nicht nur überflüssig, sondern auch unpatriotisch erscheinen.

Es kommt also durchaus auf die Begrifflichkeit an, in der wir Wirklichkeit wahrnehmen, begreifen und damit auch deuten. Wer den Begriff des Krieges so weitet, so überdehnt, daß er auch eine entstaatlichte, privatisierte, kommerzialisierte und damit – nach dem Recht eines jeden Staates – auch kriminelle Gewalt abdeckt, kann keinen Einspruch mehr erheben gegen jenen »war on terrorism«, dessen Proklamation eines Tages als parteitaktisch raffinierte, aber für die Vereinigten Staaten und die Welt verhängnisvolle Entscheidung erkannt werden dürfte, als eine Fehlentscheidung, die auf dem 21. Jahrhundert noch schwerer lasten könnte als das Verbrechen des 11. September 2001.

Kapitel 7

Staatszerfall

I. Daß ein Staat einfach zerfällt und plötzlich nicht mehr da ist, kann ein Europäer sich schwer vorstellen. Umstürze, Revolutionen, Putsche, all dies bietet die europäische Geschichte in mannigfachen Formen. Aber danach gab es doch immer noch einen Staat. Einen anderen vielleicht, aber doch so etwas wie Staat. Sogar nach der radikalsten Revolution, der Oktoberrevolution in Rußland, entstand auf den Ruinen des alten Staatsapparats ein neuer, stärkerer, allzu starker Staat. Vielvölkerstaaten wie der habsburgische haben sich aufgelöst. Aber dafür entstanden rasch neue, kleinere, die zwar meist nicht das waren, was sie sein wollten, nämlich Nationalstaaten. Aber die alten staatlichen Strukturen blieben unversehrt oder waren rasch erneuert. Der Wille Hitlers, einen Staat wie den polnischen einfach von der Landkarte zu tilgen, wäre wohl auch bei einem Sieg Hitler-Deutschlands nur kurzfristig und nur mit barbarischen Methoden umzusetzen gewesen. Ein solcher Wille lief der Geschichte zuwider. Im 20. Jahrhundert wollten alle europäischen Nationen ihren Staat. Und die Polen waren, entschiedener als andere, eine Nation. Auch die Außenseiter unter den Siegern, die 1945 den geschlagenen Deutschen einen eigenen Staat verweigern wollten, gaben rasch auf. Es ging nur darum, welchen Staat sie in welchen Besatzungszonen aufbauen sollten. In Europa hatte der Staat zwar kein ruhiges, aber ein zähes Leben.

Auch die Vereinten Nationen entstammen einer Vereinbarung zwischen Staaten, ihre Mitglieder sind keine Völker, noch weniger sind es Individuen, es sind Staaten, die gelegentlich auf ihre Souveränität pochen. Die Satzung der Vereinten Nationen sieht kein Verfahren vor, in dem festgestellt werden könnte: Dieser Staat existiert nicht mehr. Daher können in New York auch Diplomaten abstimmen, deren Auftraggeber allenfalls eine Stadt, aber kein Land regieren.

II. Von denen, die in Europa politische Ämter bekleiden, haben zuerst die Entwicklungspolitiker den Staatsverfall wahrgenommen und ernst genommen. Sie hatten für ihre Arbeit kein verläßliches staatliches Gegenüber mehr, auch lohnte es sich nicht mehr, ländliche Entwicklung zu betreiben, wenn jederzeit irgendwelche Banden die geförderten Dörfer plündern und niederbrennen konnten. Was hatte es für einen Sinn, mit viel Geld die Infrastruktur für Industriebetriebe bereitzustellen, wenn nachher doch niemand investieren wollte – und wohl auch konnte. Investiert wird nur, wo ein Mindestmaß an Rechtssicherheit herrscht. In der »entité chaotique ingouvernable« gibt es auch Märkte, solche für Drogen, Waffen, Diamanten, auch für Menschen, vor allem Frauen, für menschliche Organe, natürlich auch für die wichtigsten Lebensmittel. Aber eine moderne Wirtschaft gibt es nicht mehr, auch wenn bereits ansässige Betriebe sich mit angeworbenen Söldnern zu schützen wissen. So ist es nicht verwunderlich, daß Militärexperten sich nach wie vor fast ausschließlich mit Staaten und ihrem Verhältnis zueinander befassen, während die Stiftung »Entwicklung und Frieden« ihr *Policy Paper* Nr. 23 vom Januar 2005 mit dem Satz einleitet: »Das Versagen und Scheitern von Staatlichkeit ist zum zentralen friedens- und entwicklungspolitischen Thema des beginnenden 21. Jahrhunderts geworden.« (Das Papier wurde ausgearbeitet von Tobias Debiel, Stephan Klingebiel, Andreas Mehler und Ulrich Schneckener.)

Wie wenig dies bisher in das Bewußtsein der westlichen Welt eingedrungen ist, zeigt ihre Reaktion auf die Ermordung von Tausenden und die Vertreibung von Hunderttausenden in Darfur. Man müsse mehr Druck auf die Regierung des Sudan ausüben, damit sie endlich die Übergriffe der, wie es hieß,

»regierungstreuen« arabischen Milizen auf die nichtarabischen Bauern im Westsudan stoppe. Aber was heißt bei afrikanischen Milizen »regierungstreu«? Richtig ist, daß diese Paramilitärs von einer sudanesischen Regierung ausgebildet wurden. Die »Janjawid«, wie sie sich nannten, waren wirklich so etwas wie staatlich geförderte Todesschwadronen. Aber zwischen ihnen und der Regierung agierten Warlords, die zwar auch staatlich geduldet waren, aber ihre eigenen Interessen verfolgten. Es ist nicht die Ausnahme, sondern die Regel, daß solche Milizen sich von ihren Förderern emanzipieren und sich um deren Appelle wenig scheren. So auch im Sudan.

Hier ist nicht der Ort, das Durcheinander der Kräfte im Sudan zu entwirren. Thomas Schmidinger hat dies in einem Zeitschriftenaufsatz getan (in: *Blätter für deutsche und internationale Politik* Nr. 2/2005, S. 194ff.). Für unser Thema des Staatszerfalls ist nur das Fazit wichtig, zu dem Schmidinger kommt: »... nicht nur im Westen des Landes kämpfen Guerilla und staatlich unterstützte Warlords gegeneinander. Auch im Osten sind ... bewaffnete Oppositionsgruppen aktiv. Im Herbst 2004 bildete sich zudem aus ehemals regierungstreuen Milizen eine neue Guerilla in Kordofan. Gerade dieser Fall zeigt, wie schnell auch staatlich aufgebaute Warlords sich gegen ihre ›Schöpfer‹ wenden können. Aber auch die Regierung selbst und ihre Verbündeten agieren im Falle Darfurs nicht anders als die Warlords. Eine autoritäre Regierung, die unter einem eklatanten Legitimationsproblem zu leiden hat, höhlt selbst den Staat aus. So auch im Fall Sudan: Wenn die Regierung selbst zunehmend als Warlord agiert und sich durch den Abbau anderer Staatsfunktionen – etwa der sozialen Wohlfahrt – auf ihre repressiven obrigkeitsstaatlichen Funktionen zurückzieht, ist es wenig verwunderlich, daß sie dadurch ›Staatlichkeit‹ an sich aushöhlt. Diese durch den Staat selbst verursachte Staatsschwäche bedroht jedoch nicht nur eine einzelne Region: Vielmehr zeichnet sich damit eine ›Somalisierung‹ des gesamten Staates ab« (ebd., S. 200).

Es ist eben ein Unterschied, ob man einen afrikanischen Konflikt mit europäischen Augen betrachtet und sich wundert, warum die Regierung nicht für Ordnung sorgt, oder ob man ihn als eine Etappe auf dem Weg des Staatszerfalls analysiert. Wenn es stimmt, daß die sudanesische Regierung nicht wesentlich anders agiert als die Warlords, die sie gestützt hat und die sich jetzt gegen sie wenden, wenn die Regierung vielleicht mehr gezwungen als freiwillig sich nur noch als ein Spieler im Machtpoker versteht, dann gibt es wenig Hoffnung für den Sudan. Denn es gehört zu den Mechanismen des Staatszerfalls, daß autoritäre Regierungen, bar jeder Legitimation, von den Menschen nicht mehr als Vertreter von Allgemeininteressen, sondern als einer von mehreren Klüngeln empfunden werden, die sich um Macht und Pfründe raufen.

III. Daß der Staatszerfall vor allem Staaten trifft, die einmal Kolonien waren oder von Großreichen wie dem russischen annektiert wurden, ist leicht erklärbar. In Europa ist der moderne Staat in Jahrhunderten gewachsen, beginnend vor 800 Jahren im sizilianischen Normannenstaat, den später der Staufer Friedrich II. regierte. In Afrika wurde dieser Staat den traditionellen Stammeskulturen einfach übergestülpt, und zwar als Instrument der Fremdherrschaft. Die Grenzen dieser Staaten wurden gezogen, wie es die Kolonialinteressen verlangten. Meist ging es um die Abgrenzung der Einflußgebiete europäischer Mächte. Die betroffenen Menschen wurden nicht gefragt. Sie bekamen diesen Staat als Mitgift, als sie nach dem Zweiten Weltkrieg in eine mehr oder minder reale Unabhängigkeit entlassen wurden.

Damit ist eine der Schwächen dieser Staaten schon benannt: Oft leben diesseits und jenseits der Staatsgrenzen dieselben Stämme mit denselben Sprachen und Traditionen, und sie leben in einem Staat zusammen mit ganz anderen Stämmen. Warum dies so sein muß, bleibt ein Tabu, weil jeder Versuch, an einer Stelle zu korrigieren, was die Kolonialmächte mit dem Lineal erledigten, das ganze Staatengebäude ins Wanken bringen müßte.

Eine zweite Schwäche bestand meist darin, daß die Regierenden ihren Staat anders verstanden, als dies ein französischer Präsident oder ein schwedischer König zu tun gelernt hat. Wer regierte, war nicht allein dem Gemeinwohl verpflichtet, er betrachtete den Staat auch als seine Pfründe, die etwas abwerfen mußte. Das mußte nicht überall so weit gehen wie im Zaire des Mobutu Sese Seko, der, wenn er einem deutschen Minister lächelnd gestand: »Vous savez, je suis capitaliste!« keineswegs meinte, er stehe zu marktwirtschaftlichen Prinzipien, sondern: Dieser Kongo ist mein Unternehmen, aus dem ich als guter Kapitalist meine Rendite ziehe, und zwar soviel wie möglich. Kein Wunder, daß in diesem Staat nach Mobutus Abgang die Städte hungerten, weil die Straßen so verkommen waren, daß der Transport von Lebensmitteln aus den ländlichen Gegenden stockte.

Was Mobutu, über Jahrzehnte von den USA als treuer Verbündeter im Kalten Krieg gestützt, bis zum Exzeß im Riesenreich des Kongo betrieb, fand seine gemäßigte Form in dem, was die Soziologen »Rentenökonomie« nennen. Ulrich Menzel hat diese Spielart der Ökonomie, die weder Marktwirtschaft noch Planwirtschaft ist, knapp und präzise so beschrieben: »Die wesentlichen Einkommen entstehen dort nicht aus Arbeit (Lohn) bzw. unternehmerischen Aktivitäten (Profit), sondern aus der politischen Kontrolle über einkommensträchtige Ressourcen. Die Konzession zur Ausbeutung von Naturreichtümern wie Öl, Erze, Diamanten, Tropenwald oder Fischgründe durch ausländische Konzerne wird mit einer Rentenzahlung an die politisch Herrschenden abgegolten. Auch durch die willkürliche Besteuerung des Außenhandels, das Ausflaggen von maroden Tankern oder durch Giftmüllimporte läßt sich eine Rente erzielen. Desgleichen aus der Entwicklungshilfe, gleichviel ob es sich um Kredite, Projekthilfe oder Schenkungen handelt. Überall läßt sich etwas abzweigen oder ausschlachten, lassen sich ›Transaktionskosten‹ durch bürokratische Hürden erfinden, die durch Bestechung zu überwinden sind« (Ulrich Menzel, »Der Zerfall der postkolonialen Staaten«, in: *Aus Politik und Zeitgeschehen* B 18-19/2001, S. 3 ff.).

Wer diese Beschreibung der »Rentenökonomie« auf sich wirken läßt, wird an die Warlords erinnert, die ganz ähnlich an das Geld kommen, mit dem sie ihre Söldner bei der Stange halten. Nur haben sie keine Gesetze, keine Nationalflagge und keine Nationalhymne, auch keine Bürokratie, wohl aber ihre bewaffneten Söldner, die auf eine sehr viel direktere, brutalere Weise erledigen, was schließlich auch die feinen Herren mit den dunklen Anzügen in der Hauptstadt betreiben. Der Gegensatz zwischen Warlord und Minister ist also relativ, nicht absolut, auch und vor allem im Bewußtsein der Menschen. Wenn eine Regierung ihren Staat wirklich anders, nicht als Instrument der Bereicherung versteht, hat sie Mühe, dies glaubhaft zu machen.

Wenn sich die Rentenökonomie verbindet mit diktatorischer Gewalt, wenn sie abgestützt und gesichert werden muß durch gesetzlose Brutalität, ruft sie Gegengewalt hervor. Ob die gewalttätigen Gegner eines gewalttätigen Regimes sich dann Rebellen nennen, ob sie sich auf ethnische oder religiöse Gruppen stützen, ob sie kriminelle Banden sind oder einfach von der Empörung über die Regierenden leben, sie können ihre Gewalt so gut und so schlecht legitimieren wie die Profiteure der Rentenökonomie.

Der Weg vom Gewaltmonopol zum Gewaltmarkt, von der Staatsgewalt zur privatisierten und kommerzialisierten Gewalt ist also nicht weit, und er ist überschaubar, wo mit den Machtmitteln des Staates die ökonomischen Interessen der Herrschenden durchgesetzt werden.

IV. Noch kürzer wird dieser Weg, noch leichter absehbar sein Ende, wo Regierungen versuchen, Staatsgewalt auszulagern in Paramilitärs oder Milizen, die dann rasch ihren eigenen Interessen folgen und Geschmack an einem Dasein finden, bei dem mit der Schußwaffe in Minuten zu holen ist, was andere mit ehrlicher Arbeit in Wochen verdienen.

Die Privatisierung der Gewalt von oben ergänzt, verstärkt und legitimiert die Privatisierung der Gewalt von unten, zumal Paramilitärs sich in ihren Methoden rasch an das anpassen, was bei denen üblich ist, die sie bekämpfen sollen. Sie werden höchst eigenwillige Akteure auf dem Gewaltmarkt, der das staatliche Gewaltmonopol ablöst.

Was die Herren in der Hauptstadt können, das können die Kriegsfürsten und die Paramilitärs in der Provinz allemal. So jedenfalls stellt sich die Welt in ihren Augen dar. In den Augen der betroffenen Menschen dürfte der Unterschied davon abhängen, was ihnen die jeweiligen Herrscher zu bieten haben. Sorgt die Regierung für Wasserleitungen, feste Straßen, saubere Hospitäler, möglicherweise sogar für unbestechliche Richter, so werden die Frauen und Männer in den Dörfern sich den Warlords so lange wie möglich verweigern. Sehen sie in ihrer Regierung nur persönliche Raffgier mit staatlichen Mitteln, so werden sie sich mit einem Übel abfinden, das, wenn nicht kleiner, so doch auch nicht größer zu sein scheint. So etwa dürfte das Chaos im Kongo entstanden sein.

Man kann es auch wissenschaftlich korrekter ausdrücken: Ein Staat ist dann widerstandsfähig, er kann sich dann vor Zerfall schützen, wenn er nicht nur als Macht- und Gewaltapparat mit und für Eigeninteressen wahrgenommen wird, sondern als Regelwerk, »... mit dessen Hilfe öffentliche Güter wie innerer Frieden, Rechtssicherheit, Infrastruktur, ein funktionierendes Geldwesen oder ein Bildungs- und Gesundheitswesen zur Verfügung gestellt werden« (Menzel, a. a. O, S. 4).

V. Daraus ergibt sich auch, warum es so sehr viel leichter ist, einen Staat zu ruinieren und zu zerstören, als ihn wiederaufzubauen. Um ihn zerfallen zu lassen, reicht es aus, daß er, sei es, weil er zu arm oder zu korrupt oder beides ist, die dringend nötigen öffentlichen Güter nicht mehr liefert, also keinen unparteiischen Richter, keinen Schutz gegen Verbrechen, keine Schulen, keine Krankenstationen, wo ein Arzt oder eine Krankenschwester den gebrochenen Arm schienen können. Üben einmal kriminelle Banden oder die Söldner von Warlords unbestritten ihre Gewalt aus, läßt sich kaum mehr nachholen, was vorher versäumt wurde. Die lokalen Gewalthaber dulden keine staatlichen Richter, Polizisten, Lehrer oder Ärzte. Sie dulden nicht das Angebot öffentlicher Güter durch den Staat, auch dann nicht, wenn sie weder die Absicht noch die Fähigkeit haben, diese Güter selbst zu liefern.

Da kein Investor sein Geld den Risiken aussetzt, die im staatsfreien Raum unvermeidlich sind, gerät die »entité chaotique« in eine ökonomische Abwärtsspirale, die humanitäre Hilfe ebenso nötig wie problematisch macht. Denn die Kriegsfürsten lassen solche Hilfe nur zu, wenn für sie selbst etwas abfällt. Wer also den schutzlosen Armen helfen will, muß ihren Peinigern Tribut entrichten. Dies vermehrt das Chaos.

Meist steht die internationale Gemeinschaft diesem Staatszerfall reichlich hilflos gegenüber. Für Entwicklungshilfe ist es zu spät. Europäer und Amerikaner haben wenig Neigung, ihre Soldaten in ein gefährliches, nicht übersehbares Chaos zu schicken, und wenn Nachbarstaaten Truppen entsenden, so können sie leicht die Methoden und Gewohnheiten übernehmen, die dort üblich geworden sind. Deshalb braucht Staatszerfall nur Jahre, der Neuaufbau eines Staates kann Generationen in Anspruch nehmen.

Daher ist es schwer verständlich, wie wenig Aufmerksamkeit, wie wenig politische Aktivität das hervorruft, was Menzel »das Zerbröseln des postkolonialen Staates schlechthin« nennt. Man redet von »failed states«, also mißlungenen Staaten, Staaten, die ihre Prüfung nicht bestanden haben – das ist eine Bedeutung von »failed« –, wie man von ärmeren und reicheren Staaten spricht, man redet von »failing states«, ohne Strategien zu erarbeiten, wie man verhindert, daß aus »failing states« rasch und für unabsehbare Zeit »failed states« werden. Diese »failed states« werden von den großen Konzernen einfach abgeschrieben. Man kann dort keine Geschäfte machen, dort ist keine Kaufkraft, man braucht sie auch nicht. Sie sind überflüssig. Aber was ökonomisch überflüssig scheint, kann politisch höchst gefährlich werden. Sollte in Afrika ein Staat nach dem anderen – sogar ursprünglich so stabile Staaten wie die Elfenbeinküste – implodieren, dann könnten Migrationswellen aufbranden, für die Europa keine adäquaten Dämme bauen kann. Hören wir nicht immer wieder aus den USA, daß »failed states« allzuleicht zu Brutstätten des Terrors werden? Das leuchtet schon deshalb ein, weil man in einem Landstrich, der keine Gesetze mehr kennt, auch keine übertreten kann. Wo niemand ein staatliches Gewaltmonopol in Anspruch nimmt, können Terroristen ungestört ihre Kämpfer militärisch ausbilden.

VI. Warum aber hat der Staatsverfall ausgerechnet in den Neunzigerjahren um sich gegriffen und dauert im ersten Jahrzehnt des neuen Jahrhunderts unvermindert an? Sicher wirken auch hier sehr viele Gründe zusammen. Aber drei davon dürften die anderen an Bedeutung übertreffen.

Erstens: Die zeitliche Entfernung von der Kolonialzeit. Als, in den Fünfziger- und Sechzigerjahren des 20. Jahrhunderts, Kolonien zu unabhängigen Staaten wurden, waren die Hoffnungen euphorisch. Jetzt, wo nicht mehr in Paris, London, Brüssel, Rom oder Lissabon entschieden wurde, mußte es rasch aufwärts gehen. Die Ernüchterung ließ nicht lange auf sich warten. Was die Infrastruktur, Eisenbahnen, Straßen, Hospitäler, Schulen anging, so zehren viele der jungen Staaten bis heute von der Substanz. In manchen ist sie jetzt aufgebraucht.

Aufgebraucht ist aber auch häufig die Hoffnung auf bessere Zeiten, das Vertrauen in die Leute, die bessere Zeiten versprachen und versprechen. Dazu kommt, daß die Willkürlichkeit der Staatsgrenzen immer deutlicher bewußt wird. Wo, wie im bevölkerungsreichsten Staat Afrikas, in Nigeria, muslimischer Fundamentalismus auf eine starke christliche Minderheit trifft, die in einigen Bundesstaaten die Mehrheit bildet, ist nicht nur die Einheit des Gesamtstaates bedroht, sondern auch sein Gewaltmonopol.

Wichtiger ist der zweite Grund: das Ende des Kalten Krieges. Was sich im Kalten Krieg als Dritte Welt verstand, also eine Welt, die weder der einen noch der anderen Seite durch formelle Bündnisse verbunden war, war doch – oder gerade deshalb – auch Kampfplatz des weltweiten Ringens. Informell hatten die meisten Staaten ihre Wahl getroffen, die meisten für den Westen. Beide, West und Ost, waren nicht an der Qualität des Regierungshandelns interessiert, sondern an verläßlicher Unterstützung, auch bei Abstimmungen in der UNO. Galt eine Regierung als antikommunistisch, so wurde sie vom Westen nicht nur durch Entwicklungshilfe gestützt, der Diktator konnte auch mit den Geheimdiensten, vor allem der CIA rechnen. Hatte eine Regierung lautstark ihren »Sozialismus« proklamiert, wurde sie von der Sowjetunion und ihren Verbündeten mit Hilfe und vor allem mit Freundschaftsbekundungen überhäuft. Innerstaatliche Konflikte wurden dadurch entmutigt und begrenzt, daß sie sofort in das Ost-West-Raster gerieten, auch wenn sie dahin nicht paßten. Eine Rebellion, der man die Bezeichnung »kommunistisch« hätte anheften können, hatte in Westafrika so wenig Chancen wie ein Aufstand in Kuba, der für konterrevolutionär erklärt worden wäre. Der Westen hat sogar bis in die Mitte der Siebzigerjahre die portugiesische Kolonialherrschaft in Angola und Mozambique nicht angefochten – und die sie anfechten wollten, schlimmer Neigungen verdächtigt –, weil die Portugiesen zur NATO gehörten, aber niemand wußte, welchen Weg ein freies Mozambique oder Angola gehen würde.

Kurz: Die beiden Kontrahenten des Kalten Krieges waren da, wo sie etwas zu sagen hatten, für Stabilität, und sie hatten die Mittel, dafür zu sorgen. Mit dem Zusammenbruch der kommunistischen Welt erlosch dieses Interesse sehr rasch. Ein Despot wie Mobutu erschien ebenso unnötig wie peinlich, also mußte er verschwinden, wie mancher kleinere auch. Mit geliehener Stabilität konnte niemand mehr rechnen, es zählte nur noch die hausgemachte. Und damit war es meist nicht gut bestellt.

VII. Fast gleichzeitig mit diesem Schock begann die neoliberale Version der Globalisierung zu wirken. Sie ist der dritte und möglicherweise wichtigste Grund für den Staatsverfall.

Wird in europäischen Industrieländern die Botschaft von heilsamer Liberalisierung, Deregulierung und Privatisierung verkündet, so kann dies manches in Gang bringen, was allgemein als vernünftig gilt, etwa den Abbau funktionslos gewordener Bürokratie. Der Staat in Europa ist zwar nicht so verfettet, wie neoliberale Kritiker behaupten, aber er ist auch nicht so schwach, daß ein paar Jahre Schlankheitskur ihn umbringen. Anders in den Ländern des Südens, die man auch dann Entwicklungsländer nennt, wenn sich dort ökonomisch fast nichts entwickelt. Was Europa angeht, so hatte auch niemand die Macht, solche Kuren von außen her zu verordnen, in Afrika oder Asien schon. Wer Hilfe von der Weltbank und vor allem Kredit vom Internationalen Währungsfonds brauchte – beide sitzen in Washington –, mußte sich den Bedingungen fügen, die vor allem der Währungsfonds diktieren konnte. Diese Bedingungen waren lange Zeit nicht Ergebnis sorgfältigen Studiums der jeweiligen Länder, sie folgten alle demselben Schema des »Washington Consensus«. Wenn Liberalisierung, Deregulierung, Privatisierung ökonomisch richtig waren, mußten sie überall richtig sein.

Wenn der Minimalstaat der einzig richtige war, dann mußte dies überall gelten, auch da, wo dieser Staat ohnehin an Schwindsucht litt.

So verordnete und erzwang der IWF seine Anpassungsprogramme, die immer auf dasselbe hinausliefen: Abwertung der Währung als Anreiz für den Export – und damit zum Erwerb der Devisen, mit dem erdrückende Schulden wenigstens verzinst werden konnten –, Verringerung des Staatshaushalts, Absenkung der Staatsausgaben, auch im Bereich Bildung, Gesundheit und vor allem Wohlfahrt – von sozialer Sicherung konnte ohnehin nicht die Rede sein. Natürlich gab und gibt es auch in armen Ländern bürokratischen Wildwuchs. Er ist Folge eines für moderne Europäer schwer verständlichen »Klientelismus«, der Tatsache also, daß Minister und hohe Beamte auch eine Klientel aus Großfamilie und Stamm zu versorgen haben. Aber häufig führte der zusammengestrichene Haushalt zur Kürzung der – ohnehin nicht üppigen – Gehälter der mittleren und kleineren Beamten.

Korruption war in Afrika oder Lateinamerika längst vor den Anpassungsprogrammen des Währungsfonds üblich. Aber diese Programme vermehrten die Staaten, in denen die Einnahmen aus Korruption unentbehrlich wurden, wenn ein Beamter seine Familie – und was daran hing – ernähren sollte. Die Korruption, mit der Staatsverfall immer beginnt, wurde als Zusatzeinnahme vorausgesetzt, wenn man Gehälter berechnete. Korruption, auch in Form von Bestechungsgeldern, wurde unentbehrlicher Teil des Systems.

Im übrigen wurde genau an den Leistungen gespart, durch die sich der Staat von den Warlords unterschied: Bildung, Gesundheit, Sorge für die Schwächsten. Was immer dies an ökonomischen Wirkungen haben mochte – auch sie erfüllten meist nicht die Erwartungen –, es schwächte einen ohnehin schwachen Staat. Repressive und meist unkontrollierte Gewalt, das boten auch die Kriegsfürsten, die aus der Gewalt ein Geschäft gemacht hatten. Was vor allem die fleißigen Frauen von ihrem Staat verlangten und erhofften, stellte dieser immer weniger zur Verfügung.

VIII. Wußten die mächtigen Berater, die dem schmächtigen Staat eine Hungerkur verordneten, was sie taten? Martin Shaw (*Theory of the Global State*, Cambridge 2000) hält dies für wahrscheinlich: »For liberal and freemarket globalizers the perceived undermining of state power has generally been not only inescapable, but a good thing.« (S. 260) Viele, so muß man wohl hinzufügen, haben dann aus dem Zerfall von Staaten einiges dazugelernt.

Kritiker wie der amerikanische Ökonom Stiglitz monierten rechtzeitig, der Währungsfonds zwinge die Staaten, sich »bis zur Selbstaufgabe dem neoliberalen Normenkatalog zu unterwerfen.« So war es. Und einige dieser Staaten gibt es heute nicht mehr. Darunter sind so riesige wie der Kongo.

Langsam wacht auch Europa auf. Der deutsche Bundespräsident Horst Köhler beschwor ausgerechnet die in München zur Wehrkundekonferenz versammelten Sicherheitspolitiker aus den Ländern diesseits und jenseits des Atlantiks, die Entwicklungshilfe drastisch zu erhöhen. Der Wochenzeitung DIE ZEIT vertraut Köhler an, was ihn umtreibt: »Wenn Afrika im Chaos versinkt, wenn die Afrikaner keine fairen Chancen erhalten, dann delegitimiert dies die Globalisierung« (DIE ZEIT Nr. 50/2004, S. 6).

Köhler weiß, wovon er spricht. Er war der erste – und für lange Zeit auch der letzte – Deutsche, der an der Spitze des Internationalen Währungsfonds stand. Aber er muß sich fragen lassen, warum er, wenn stimmt, was er sagt, den Chefposten des Währungsfonds mit dem Amt des Bundespräsidenten getauscht hat. Beim IWF hatte und hätte er an einer der ganz wenigen Stellen wirken können, wo entschieden wird, ob »Afrika im Chaos versinkt«. Als deutscher Bundespräsident kann er mahnen. Das ist nicht wenig, aber viel weniger.

Läßt sich aus dem Staatszerfall, für den es Anzeichen keineswegs nur in Afrika und Zentralasien gibt, etwas lernen? Zumindest ergeben sich daraus Fragen, über die nachzudenken sich lohnt:

1) Wenn der Staat da zerfällt, wo er die öffentlichen Güter nicht liefern kann, die Staatsbürger erwarten dürfen, auf die sie wohl auch Anspruch haben, was sind dann die Mindestleistungen eines Staates?

2) Wenn Ursache eines solchen tödlich wirkenden Versagens der Mangel an moralischer Substanz (Korruption) und das Fehlen von finanziellen Mitteln ist, dürfen wir dann die Frage, wie die moralische Substanz bewahrt oder erneuert, wie die nötigen Finanzen beschafft werden können, den Ökonomen überlassen?

3) Wenn die Erosion des Gewaltmonopols durch Privatisierung und Kommerzialisierung der Gewalt mit dem Staatszerfall in Entwicklungsländern so verquickt ist, daß eines das andere antreibt und beide manchmal als zwei Seiten einer Medaille erscheinen, gilt dies auch für Industriestaaten?

4) Ist der Minimalstaat, den Neoliberale propagieren, lebensfähig? Oder ist er ein theoretisches Konstrukt?

5) Darf eine Gesellschaft die Frage, was Pflicht und Aufgabe des Staates ist, Ökonomen überlassen?

IX. Menschen lernen den Wert eines Gutes meist erst schätzen, wenn sie es nicht mehr haben. Was das tägliche Brot wert ist, lernen wir, wenn wir hungern müssen. Was Freiheit wert ist, spüren wir, wenn wir sie verloren haben. Was der Staat wert ist, erfahren die Menschen, die ohne Staat überleben müssen.

Wo der Staat abgestorben ist, herrscht das Recht des Stärkeren. Stärker ist, wer Waffen hat und einigermaßen damit umgehen kann. Dies ist heute sehr viel leichter als vor hundert Jahren. Daher können Kinder mit Maschinenpistolen zu vielfachen Mördern werden. Oft werden sie Kindersoldaten, damit sie nicht mehr zu den Hilflosen gehören, die fremder

Gewalt ausgeliefert sind. Bewaffnete Kinder sind eine Erfindung privatisierter Gewalt. Es gibt heute mehr davon, als die deutsche Bundeswehr Soldaten hat. Wo kein Staat mehr Recht setzen und durchsetzen kann, leiden am meisten die Frauen. Sexueller Gewalt ausgeliefert, reiben sie sich auf, um ihre Kinder durchzubringen. Was sie dem Boden an Nahrung abringen, kann jederzeit von marodierenden Söldnern gestohlen oder einfach vernichtet werden. Wehren sie sich, riskieren sie ihr Leben. Sie finden schließlich, jeder Staat sei für sie besser als keiner.

Ähnliches dürften viele Iraker und vor allem Irakerinnen empfunden haben, als nach dem Einmarsch der Amerikaner der Mob zu plündern begann und die Besatzer ungerührt zusahen. Wo der Staat zerfällt oder vom Sieger einfach abgeschafft wird, herrschen die Dreistesten, Brutalsten, Rücksichtslosesten.

Ein despotisch gehandhabtes Gewaltmonopol kann, wie der Irakkrieg zeigt, innerhalb von Tagen gebrochen werden. Dann entstehen staatsfreie, aber keine machtfreien und schon gar keine gewaltfreien Räume. Wo diese Räume einmal angefüllt sind von privatisierter Gewalt, kann es Jahrzehnte dauern, bis sich ein neues, nichtdespotisches Gewaltmonopol errichten läßt.

Der Staat ist eine Einrichtung, die Menschen erfunden haben, um Gewalt dem Recht zu unterwerfen und menschliches Zusammenleben zu ordnen, unter anderem – aber eben nur unter anderem – auch ihr Wirtschaften, ihre Märkte. Die Menschen haben mit ihrer Erfindung experimentiert, oft mit furchtbaren Folgen. Aber sie glauben jetzt zu wissen, wie ein Staat aussehen muß, der jegliche Gewalt, auch die staatliche, dem Recht unterwerfen kann. Diese Einrichtung ist verletzlich und vergänglich, wie die Menschen auch. Wenn sie krank und schwach ist, bedarf sie der Pflege kompetenter Ärzte.

Vielleicht kann man den Staat, wie Mr. Norquist empfiehlt, wirklich »in der Badewanne ersäufen«. Aber wo er so gestorben ist, weckt kein Mensch ihn mehr auf. Dann kann allenfalls, von der internationalen Gemeinschaft beschützt und gehegt, ein neuer Staat aufwachsen. Bis er erwachsen ist, auf eigenen Füßen steht, braucht er viel Zeit. Und weil dies Mr. Norquist möglicherweise mehr überzeugt, sei hinzugefügt: auch viel, viel Geld.

Der Staat ist nicht beliebig strapazierfähig. Er ist keine Katze, die immer auf die Füße fällt, wo immer man sie hinwirft. Er ist auch nicht, wie manche glauben, ein Unkraut, das sich zwar nicht ausrotten läßt, das aber der Gärtner klein halten kann und muß, damit genug Platz und Sonne hat, was sich verkaufen läßt: Blumen und vor allem Blumenkohl. Mit moderner Chemie läßt sich alles ausrotten, was zum Unkraut erklärt wird. Nur geht dann vieles mit zugrunde, was Menschen zum Leben brauchen.

Kapitel 8
Gefahren für die Freiheit

1. Wachsamkeit ist der Preis der Freiheit. Das ist eine der Lehren, die Europäer aus ihrer Geschichte ziehen. Fragt man, gegen wen sich diese Wachsamkeit richten müsse, so ist zu Beginn des 21. Jahrhunderts die Antwort der meisten eindeutig: gegen den Staat, genauer gegen seine Neigung, übermächtig, allmächtig zu werden und die Freiheit zu erdrücken. Dies hat zwar mit den Erfahrungen des 20. Jahrhunderts zu tun, aber es gilt zu jeder Zeit. Solange es Staaten gibt, werden Staatsbürger wachsam darauf achten müssen, daß Staatsmacht nicht mißbraucht wird, daß die Machtmittel des Staates Freiheit fördern und schützen, nicht einengen oder unterdrücken.

Die Frage ist nur, ob es klug ist, allein auf diese eine Gefahr zu starren und dabei andere zu übersehen. Es könnte ja sein, daß im 21. Jahrhundert Gefahren lauern, die uns, zumindest in Europa, unmittelbarer bedrohen als überbordende Staatsmacht.

Wo immer Europäer um ihre Freiheit bangen, dürfte auch im 21. Jahrhundert der Name George Orwell fallen. Das war auch so im Feuilleton der Pfingstausgabe der *Süddeutschen Zeitung* 2003 (7./8./9. Juni). Unter der Überschrift »Es existiert gar nicht« war in einem Aufsatz von Timothy Garton Ash zu lesen: »In diesem Jahr, das Orwells hundertsten Geburtstag feiert, verpflanzt uns der ›Krieg gegen den Terrorismus‹ auf gänzlich unerwartete Weise in eine Orwell'sche Welt. Man machte uns weis, daß geheimdienstliche Erkenntnisse uns Ozeanier (Amerika, Großbritannien, Australien) in den Krieg gegen den Irak (Orwells Eurasien) zwingen.«

Natürlich sind für diesen Krieg zuerst einmal zwei Politiker verantwortlich, George W. Bush und Tony Blair, und natürlich nimmt sich der Engländer Ash vor allem seinen eigenen Premierminister vor.

Aber diese Politiker allein könnten nicht die Grenzen zwischen Wirklichkeit und Fiktion verwischen. Dabei müssen die Medien helfen, nicht Staatsmedien, staatliche Fernsehanstalten, sondern private Medienkonzerne, die ihre Interessen verfolgen. Der einzige wirksame Widerstand kam von der BBC. Ash: »Keiner kann mehr die Augen davor verschließen, daß sich die demokratische Politik des 21. Jahrhunderts in einer Medienwelt der virtuellen Realität entfaltet, in der Auftritt und Schein den Vorrang vor der Wirklichkeit genießen. Das zeitgemäße Genre der Politik ist weder das Faktum noch die Fiktion, sondern die ›Faktion‹: Dokumentieren und Dramatisieren in einem rund um die Uhr. Es ist nicht die Welt des Newspeak, sondern der News-Konzerne. Und sie wird nicht beherrscht von einer totalitären Bürokratie, sondern von einem vertraulichen, habituellen Zusammenspiel von Politikern, Spin-Doktoren, PR-Experten und Journalisten der Medienkonzerne.«

Wer erinnert sich nicht an die Welt der CNN in den Monaten nach dem 11.9.2001, die fast nur noch aus dem »Krieg gegen den Terrorismus« bestand? Da wurde nicht gelogen, da wurden Nachrichten, wenigstens in der Regel, wie sich dies gehört, erst auf ihre Zuverlässigkeit abgeklopft, da wurde auch zwischen Fakten und Vermutungen unterschieden. Und doch entstand genau das Weltbild, das Bush für seinen Irakkrieg brauchte. Da wurde keineswegs einfach behauptet, Saddam Hussein stecke mit Bin Laden unter einer Decke. Die Nachrichtenmacher von CNN wußten sehr wohl, daß sich beide spinnefeind waren. Aber natürlich wurden die Aussagen des Präsidenten und seiner Minister wiedergegeben, immer wieder, rund um die Uhr. Ash: »Der Trend in den Medien und der Politik entfernt sich von den Fakten, hin zu einer Neo-Orwellschen Welt der fabrizierten Wirklichkeit.

Das ist nicht dasselbe wie eine Welt der Lügen, wenn es ihr auch nahe kommt.« Es ist die Welt, in der noch bei der Wiederwahl von Bush im November 2004 die Hälfte der Amerikaner glaubte, daß Saddam Hussein, der irakische Diktator, dabei war, Massenvernichtungswaffen einzusetzen und sie – schlimmer noch – Al Quaida zur Verfügung zu stellen.

Natürlich entsteht diese »fabrizierte Wirklichkeit« nicht nur für die Außenpolitik, sie macht auch die Innenpolitik zum Glücksspiel, etwa wenn das Massenblatt *Sun* ankündigt, falls Blair die europäische Verfassung unterzeichne, gingen zwei Millionen britischer Arbeitsplätze verloren.

Jedenfalls: Die entscheidende Gefahr geht nicht vom »Staat« aus, sondern von auflagen- oder quotensüchtigen Medienherrschern. Noch einmal Ash: »Der beste Ort, den Kampf gegen das Neo-Orwell'sche Universum aufzunehmen, sind die Medien. Werden Sie also Journalist, wenn Sie in den Kampf einsteigen möchten. Die Fakten finden und berichten, nicht mehr, nicht weniger. Wie Orwell.« Worüber Ash sich allerdings nicht äußert, sind die Interessen derer, die Journalisten anstellen und bezahlen. Was, wenn sie ganz andere Journalisten wollen als Ash oder Orwell?

Wenn Orwell von Journalisten sprach, dann meinte er Menschen, die für Zeitungen schreiben, vielleicht auch für Radiosender. Aber beide, Zeitung und Hörfunk, prägen immer weniger die öffentliche Meinung. Sie wird dominiert durch das Fernsehen. Die meisten Bush-Wähler im mittleren Westen lesen keine Zeitung. Sie sitzen vor dem Fernsehgerät und wollen unterhalten sein. Die – natürlich privaten – Fernsehstationen sind dort in der Hand von Leuten, die zuerst einmal Geld verdienen wollen und im übrigen eher den Republikanern nahestehen, mit der neoliberalen Hegemonie gut leben können und für neokonservativen Populismus offen sind, zumal wenn er als Patriotismus daherkommt. Natürlich haben sie nichts gegen die »values«, die von fundamentalistischen Predigern zu politischen Waffen umgeschmiedet werden. Und sie finden es erbaulich, wenn ein amerikanischer Präsident als Streiter Gottes gegen die Bösen auftritt. Man stelle sich in einer solchen Fernsehstation den Journalisten George Orwell vor.

II. Was ihre Neigung zum Zeitunglesen betrifft, ähneln die Italiener mehr den Amerikanern als den Mittel- oder Nordeuropäern. Ihr Konsum an Tageszeitungen ist mit 119 pro tausend Einwohner weit geringer als der in Großbritannien, Deutschland oder Skandinavien, auch der in Frankreich. Dafür liegen sie mit den 4,5 Stunden pro Tag, die ein Italiener durchschnittlich mit Fernsehen verbringt, in einer europäischen Spitzengruppe. Zeitungen sind etwas für die Minderheit der politisch Interessierten, die nebenher auch das staatliche Fernsehen einschalten, die Kanäle der RAI. Eher unpolitische Italiener verzichten auf Zeitungen und meiden häufig auch das Staatsfernsehen. Sie werden gut bedient durch die drei privaten Kanäle der Mediaset, die zum Imperium des Silvio Berlusconi gehören. Sonst gibt es fast nichts, Staatsfernsehen und Mediaset teilen sich 90% Fernsehzuschauer. Man spricht vom Duopol.

Auch Silvio Berlusconi gehörte lange zu denen, die keine Lust hatten, sich mit Politik, mit Parteien und Programmen herumzuärgern. Seine Freundschaft mit dem windigen Bettino Craxi, damals Ministerpräsident, sagt nichts aus über politische Sympathien, etwa für Craxis Partei, die Sozialisten. Aber es zeigt, daß Berlusconi sehr wohl wußte, daß ökonomische und politische Macht sich gegenseitig brauchen können, daß ihr Zusammenspiel beide mächtiger und vor allem reicher machen kann.

Berlusconi war – und ist bis heute – zuerst Unternehmer. Anfangs in der Baubranche. In Mailand, wo er 1936 geboren wurde, baute er die Satellitenstadt Milano Due. Für sie organisierte er ein eigenes Fernsehsystem namens Telemilano. Daraus wurde im Lauf der Jahre ein praktisches Monopol über das private Fernsehen in Italien. Dabei war Bettino Craxi hilfreich. Weil es gesetzliche Regelungen für das private Fernsehen nicht gab, legalisierte Craxi es – vorläufig – per Dekret, sorgte aber gleichzeitig dafür, daß das Parlament keine Gesetze machte, die seinem Freund die Geschäfte hätten verderben oder erschweren können. Berlusconi nützte den rechtsfreien Raum zum Aufbau eines Monopols in dem Medium, das bald darauf wichtiger werden sollte als alle anderen zusammen.

Inzwischen gehören zu Berlusconis Fininvest neben drei Fernsehkanälen Warenhäuser, Supermärkte, das größte Verlagshaus, die auflagenstärkste Programmzeitschrift, Kinoketten, Finanzdienstleistungen, sogar Telefonbücher, nicht zu vergessen ein Fußballverein, der berühmte AC Mailand.

Hier ist nicht der Ort, all die Prozesse abzuhandeln, die Berlusconis rasanten Aufstieg begleiteten. Ob, wo und wie der erfolgreiche Unternehmer gegen Gesetze verstoßen hat, ob und wie es der italienischen Justiz gelingt, ihn zur Verantwortung zu ziehen, ist für uns nur insofern interessant, als daraus später ein Konflikt zwischen Exekutive und Judikative entstand, für den es in keinem demokratischen Staat ein Beispiel gibt.

Hier geht es vor allem darum, wie der Unternehmer Berlusconi seine wirtschaftliche Macht in politische umsetzte und wie er dann diese politische Macht eingesetzt hat, um seine wirtschaftliche, vor allem seine Medienmacht, zu sichern. Aber auch, welch klägliche Rolle bei alledem der italienische Staat spielte und bis heute spielt. Wie konnte ein Großunternehmer Ministerpräsident werden, ohne sich von seinem Monopol über das private Fernsehen zu trennen? Wie konnte die Gesetzgebung sich dazu hergeben, diesen Ministerpräsidenten den Strafverfolgungsbehörden zu entziehen?

III. Während des gesamten Kalten Krieges waren für den Westen, besonders die USA, die italienischen Christdemokraten Garanten dafür, daß die größte kommunistische Partei des Westens, die Italiens (PCI), nicht an die Regierung kam. Dies bedeutete, daß keine Regierung ohne Christdemokraten denkbar war, auch dann, wenn ausnahmsweise kein Christdemokrat die Regierung führte. So war Giulio Andreotti siebenmal Ministerpräsident, dazwischen hatte er 33mal diverse Ministerposten inne. Immer dieselben Leute trafen sich in verschiedenen Rollen.

Obwohl die Regierungen dauernd wechselten, stand man nicht unter Zeitdruck. Was die eine Regierung liegen ließ, konnte die nächste aufgreifen. Wenn die Interessen zu verschieden waren, geschah gar nichts. So war es möglich, daß es keine einschlägigen Gesetze gab, als Berlusconi sich anschickte, das private Fernsehen aufzubauen und zu beherrschen. Was er damals mit seinem Freund Craxi aushandelte, fiel gar nicht auf in einem Umfeld von Klüngelwirtschaft und Korruption, wie sie kaum zu vermeiden ist, wenn eine Partei sich für unersetzbar, unablösbar, unkündbar halten darf. Natürlich war schon einiges davon ruchbar geworden. Ohne große Wirkung.

Erst nachdem die Sowjetunion auseinandergebrochen war und der Kitt des Antikommunismus bröckelte, brachten ein paar beherzte Staatsanwälte das gesamte Parteiensystem innerhalb von Monaten zum Einsturz. Die Staatspartei der Christdemokraten zerfiel in kleine Gruppen oder verlief sich im politischen Niemandsland. Die Kommunisten, die schon lange ihre eigenen, demokratischen Wege gegangen waren, nannten sich nun »Demokratische Linke«, was zur Abspaltung der dogmatischen Marxisten-Leninisten führte. Insgesamt blieb die Linke handlungsfähig, in der Mitte und rechts entstand ein Vakuum.

Daß nun neue Kräfte in dieses Vakuum eindrangen, es füllten, war ein notwendiger, normaler demokratischer Vorgang. Daß dabei ein Großunternehmer ein paar Millionen springen ließ, entspricht zwar nicht den Lehrbüchern der Demokratie, aber es ist üblich und, wenn die Zahlungen offengelegt werden, auch in anderen Ländern legal. Aber in Italien geschah nun doch Ungewöhnliches.

Anfang Januar 1994 verkündete Berlusconi auf Canale 5, dem seriösesten seiner Sender, er habe zwar nicht die Absicht, selbst in die Politik zu gehen, aber er sei für eine Sammlungsbewegung, damit eine hilflose Mehrheit den Siegeszug einer wohlorganisierten Minderheit, also der Demokratischen Linken, aufhalten könne. So entstand die »Forza Italia«. Sie war keine Partei, die sich von unten nach oben organisierte, wohl auch keine, die nach den deutschen Gesetzen Kandidaten für die Parlamentswahl hätte aufstellen dürfen. Dafür war auch keine Zeit. Die Forza Italia war eine von Berlusconis Firmenimperium Fininvest, vor allem der Werbeagentur Publitalia aufgebaute Wahlmaschinerie. Formal bestand sie aus lose verbundenen Klubs, die keinem Parteiengesetz unterlagen. Schon Mitte Februar 1994 gab es davon 13 000 mit zusammen etwa einer Million Mitgliedern.

Als die Regierung am 13. Januar 1994 zurücktrat, setzte auf allen Fininvest-Kanälen eine Wahlkampagne für eine Partei ein, die es im Grund noch gar nicht gab. Am 26. Januar gab Berlusconi seine Kandidatur bekannt. Niemand hatte ihn aufgestellt, denn eine Partei, die dies hätte tun können, gab es noch nicht. Aber er bestimmte jetzt, wer für die Forza Italia kandidieren durfte. Wo ihm die Personenkenntnis fehlte, besorgten dies die Angestellten von Fininvest und Publitalia.

Schon im Januar 1994, als Berlusconi seinen Entschluß bekannt gab, eine Partei zu gründen, hatte er hinzugefügt: »... es stehen schon 30 % der Wähler auf unserer Seite.« Dem Herrn über das private Fernsehen hat man dies geglaubt. Die Ängste deutscher Parteigründer vor der 5 %-Klausel haben ihn nie geplagt. Sogar das staatliche Fernsehen orientierte sich bei der Zuteilung von Sendezeiten an den geschätzten 30 %. So etwa stellen sich Parteigründer in aller Welt das Paradies vor.

IV. Das italienische Staatsfernsehen ist deutlich anders konstruiert als der öffentlich-rechtliche Rundfunk in Deutschland. Ändert sich nach einer Bundestagswahl in Berlin die Regierung, so bedeutet dies für ARD und ZDF zuerst einmal gar nichts. Die Intendanten der regionalen Einzelsender (Westdeutscher Rundfunk, Mitteldeutscher Rundfunk etc.) bleiben, wo sie sind, denn sie sind von der Bundesregierung völlig unabhängig, und auch der gemeinsame Sprecher für die Arbeitsgemeinschaft der Rundfunkanstalten (ARD) bleibt, was er ist. Nur in den Aufsichtsgremien des ZDF gibt es geringe Verschiebungen, die aber keine neuen Mehrheiten schaffen.

In Italien unterstehen die RAI-Kanäle offiziell dem Parlament, das den fünfköpfigen Verwaltungsrat besetzt, und zwar mit drei Vertretern der Regierungskoalition und zwei der Opposition. Erste Aufgabe dieses Verwaltungsrats ist die Bestellung des RAI-Generaldirektors. Dies geschieht mit einfacher Mehrheit, also oft 3:2.

Bei der Wahl 1994 stand das Staatsfernsehen, das sich zumindest bei der Zuteilung von Werbezeiten um Neutralität bemühen mußte, sicher nicht auf der Seite Berlusconis. Seine erste Amtszeit von sieben Monaten reichte nicht aus, hier grundlegende Änderungen durchzusetzen. Anders nach dem zweiten Wahlsieg seiner Allianz 2001. Mit der Mehrheit von 3:2 wurde ein Anhänger Berlusconis Präsident des Verwaltungsrats, ein anderer, Agostino Saccá, Generaldirektor. Sicher hat der Ministerpräsident damit auf die RAI-Sender nicht den direkten Zugriff wie auf die Fininvest-Kanäle. Zumindest aber kann er verhindern, daß staatliches Fernsehen ein Gegengewicht gegen seine Sender bildet. Berlusconi hat damit direkten oder indirekten Einfluß auf alles, was 90 % der italienischen Fernsehzuschauer geboten bekommen. Scharfe oder gar vernichtende Kritik, wie sie jede Bundesregierung auch von Kommentatoren der ARD oder des ZDF hinnehmen muß, braucht Berlusconi im weitaus wichtigsten Medium seines Landes nicht mehr zu befürchten. Wie ist so etwas möglich bei einem Gründungsmitglied der Europäischen Union?

Als das italienische Parlament 1990, viel zu spät, daranging, durch ein Mediengesetz etwas Ordnung in den Medienmarkt zu bringen, war Berlusconi schon so stark geworden, daß niemand mehr ihm zu Leibe zu rücken wagte. Das Gesetz mit dem hübschen Namen »legge Mammi« mutet an wie ein maßgeschneiderter Anzug für den Medienzaren. Allen komplizierten Bestimmungen zum Trotz wurden nach diesem Gesetz alle drei Berlusconisender 1992 lizenziert, bis dann im Dezember 1994, also nach der Wahl, das Verfassungsgericht die legge Mammi für nichtig erklärte, weil sie nur die Machtposition der Fininvest abgesichert und legalisiert habe.

Nach dem ersten Scheitern Berlusconis erwarteten viele innerhalb und außerhalb Italiens, daß die Ulivo-Regierung Prodi nun alles daransetzen würde, durch ein Gesetz eine Verbindung von Medienmacht und politischer Macht auszuschließen. Sie hat es auch versucht, und die Opposition sah darin auch schon eine »unlautere Marktbeeinflussung«. Aber was die italienische Linke dann 1997 von der »legge Maccanico« durchbrachte, konnte am Duopol im italienischen Fernsehen so gut wie nichts ändern. Geblieben davon ist vor allem die »Autoritá per le garanzie delle communicazione«, ein achtköpfiges Gremium, das von den zuständigen Parlamentsausschüssen gewählt wird. Die Autoritá hat beachtliche Kompetenzen, kann sogar neue Gesetze anregen. Was sie wirklich tut, hängt von der Besetzung ab. Solange die Forza Italia darin die Mehrheit hat, wird auch sie nichts beschließen, was Berlusconi weh tut.

Schließlich versucht ein Gesetz mit dem Namen »par condicio«, gleiche Bedingungen für alle bei Wahlkämpfen vorzuschreiben, vor allem gleichen Zugang zu den elektronischen

Medien. Aber zum einen wird Medienmacht nicht nur in Wahlkämpfen ausgeübt. Gefährlicher ist die Produktion von Weltbildern, Wertprioritäten, die dann im Wahlkampf angesprochen oder gar abgerufen werden können. Zum andern schrecken einen Konzern keine Geldbußen, wie sie die Autoritá verhängen kann.

V. Natürlich war Berlusconis Medienmacht Gegenstand der Wahlkämpfe. Den meisten Italienern leuchtete ein, daß man nicht als Ministerpräsident über das wichtigste Kontrollmedium verfügen sollte. Also versprach Berlusconi, im Falle seines Wahlsieges werde er binnen 100 Tagen den Interessenkonflikt zwischen politischer Macht und Medienmacht »lösen«. Was diese etwas vage Formulierung meinte, zeigte der Gesetzesvorschlag, den sein Minister Franco Frattini einbrachte und der von der Mehrheit rasch, noch im Februar 2002, also innerhalb der 100-Tagefrist angenommen wurde. Dieses Gesetz enthielt wirklich die Bestimmung, daß ein Regierungsmitglied unter anderem keine Massenmedien besitzen darf. Aber wieder gibt es da einen »punto salva Berlusconi«, wonach von dieser Bestimmung »reine Eigentümer« ausgenommen sind, die nicht in Entscheidungen der Verwaltungsgremien eingebunden sind. Da der Name Berlusconi im Organigramm der Mediaset nicht vorkommt, besteht bei ihm kein Interessenkonflikt. Er ist also nicht betroffen. Das Problem wird mit einer fragwürdigen Begrifflichkeit wegdefiniert. Das Wahlversprechen ist formal erfüllt, in Wirklichkeit gebrochen. Aber wer soll nun die öffentliche Meinung davon noch überzeugen? Ein paar linke Zeitungen, die ohnehin nur seine Gegner lesen?

Manche Beobachter der italienischen Szene glauben, Berlusconi sei 1994 nicht, wie er vorgab, in die Politik eingestiegen, um Italien vor dem (schon zerbröselnden) Kommunismus zu retten, sondern um sein Medienimperium zu sichern. Es wäre bei einer überwältigenden Linksmehrheit wirklich gefährdet gewesen. Ob dies nun sein Hauptziel war oder nicht, er hat es erreicht. Die politische Macht, die mit Hilfe der Medienmacht errungen wurde, sichert wiederum die Medienmacht. Die Geschäfte, die der Unternehmer Berlusconi mit dem Politiker Craxi gemacht hatte, machte er nun mit sich selbst.

Wer einmal politische Macht mit Medienmacht gekoppelt hat, kann sich etwas leisten, was in einer reifen Demokratie kein Politiker wagen kann: den Konflikt mit der Justiz. Ermittelt in Frankreich oder Deutschland die Staatsanwaltschaft gegen einen Minister, so muß er zurücktreten, sogar dann, wenn der Regierungschef von seiner Unschuld überzeugt ist. Berlusconi kann es sich leisten, auf jede Beschuldigung, jede Anklage mit der Beschimpfung der Justiz zu antworten. Diese Staatsanwälte, oft auch die Richter, sind dann einfach Kommunisten oder deren Werkzeuge. Ihnen geht es nicht um Recht und Gesetz, sondern darum, den Retter Italiens vor dem Kommunismus zu Fall zu bringen. Man stelle sich einen britischen, niederländischen, deutschen Regierungschef vor, der so die Unabhängigkeit der Justiz in Frage stellt. Die Medien von rechts bis links würden ihn aus dem Amt prügeln. Nicht so, genauer: nicht mehr so in Italien. Kern staatlicher Autorität ist die Justiz. Wo der Chef der Exekutive systematisch die Justiz diffamieren kann, kann es nicht gut um den Staat stehen. Und um das Recht, das zu wahren und durchzusetzen Sache des Staates ist.

Man stelle sich vor, in Frankreich schwebte ein Prozeß gegen einen Minister oder gar den Ministerpräsidenten wegen Bilanzfälschung. Darauf würde die Regierung mit ihrer Parlamentsmehrheit die Bilanzfälschung aus dem Strafgesetzbuch tilgen oder die Verjährungsfrist so verkürzen, daß eine Verurteilung unmöglich wird. Wie lange, wie viele Tage könnte sich eine solche Regierung im Amt halten? Sicher, auch Italien hat noch einen Präsidenten, der sich nicht einschüchtern läßt, der sich weigern kann, ein Gesetz, das Berlusconi von seiner Mehrheit abnicken ließ, zu unterzeichnen. Kenner italienischer Mentalität hoffen und erwarten auch, daß schließlich sogar die Konsumenten der Mediaset-Kanäle finden werden, dies alles gehe nun doch zu weit, so hätten sie nicht gewettet. Aber auch dann bleibt das Fazit, daß eine große europäische Demokratie ins Schleudern kam und noch niemand sagen kann, wie die Schleuderfahrt enden wird.

VI. Hier geht es nicht darum, wer die besseren Demokraten sind, Briten, Deutsche oder Italiener. In diesem Buch geht es um den Staat. Ist nur der allzu starke Staat eine Gefahr für die Freiheit oder auch der allzu schwache? Der italienische war zu schwach. Er war zu schwach, wie Martin Morini nachweist, um mit der Mafia fertig zu werden (*Blätter für deutsche und internationale Politik* 3/2005, S. 311 ff.). Schon die christdemokratischen Regierungen suchten den Kompromiß mit der Mafia. Nach wenigen Jahren der »mani pulite« (sauberen Hände) hat Berlusconi diesen stillschweigenden Kompromiß wiederhergestellt.

Es könne eben nicht gutgehen, wenn der Staat die gesamte Wirtschaft beherrsche, wenn Staatsmacht und Wirtschaftsmacht in einer Hand seien, sagten die Kritiker des Systems, das sich sozialistisch nannte und von kommunistischen Parteien regiert wurde. Das leuchtete auch denen ein, die nicht, wie der junge Berlusconi, den Antikommunismus schon im Kinderzimmer eingeatmet hatten. Es ist nicht gut, wenn der Staat sich der Wirtschaft bemächtigt.

Ist es besser, wenn die Wirtschaft sich des Staates bemächtigt? Wenn ein erfolgreicher Großunternehmer neben Supermärkten, Kinoketten und Verlagen auch noch die Italien AG übernimmt? Und dies in dem festen Glauben, es könne Italien nichts Besseres geschehen, als wenn er es so führe, wie er seine Unternehmen führte? Und wenn dieser Unternehmer sich dann mit anderen Unternehmen, einschließlich der Mafia, arrangiert?

Als Helmut Schmidt sich als Chef der Deutschland AG bezeichnete, war dies, wie gesagt, eine – vielleicht mißlungene –
Geste der Bescheidenheit. Bei Berlusconi waren ähnliche Reden ein Zeichen der Hybris und des Unverstands. Er meinte
wirklich, der Staat sei ein Dienstleistungsunternehmen für
die Wirtschaft, das endlich auch so geleitet werden müsse.
Ganz im Gegensatz zu Schmidt verachtet, ja haßt Berlusconi
den Staat. Er haßt die Staatsanwälte und Richter, die nicht
wissen, wie ein Unternehmer sein Geld verdienen muß, und
die dem Erfolgreichen, statt in Ehrfurcht vor ihm zu erstarren, mit lächerlichen Paragraphen in die Quere kommen. Er
haßt und verachtet die Gesetzesmacher, die ihm sein Medienimperium nicht gönnen, ein Imperium, das er sich erarbeitet
hat und das keiner dieser bornierten Bedenkenträger je zustande gebracht hätte. Er haßt den Staat, der, anders als ein
Konzern, jede Macht, besonders die Regierungsmacht, immer neuen Kontrollen unterwirft. Er haßt den Staat, dessen
Präsident die Gesetze einfach nicht unterzeichnet, die ihm,
dem Staatsunternehmer, nutzen sollten. Berlusconi haßt den
Staat, den er regieren soll – und will. Er haßt ihn, weil er so
ganz anders ist als ein Unternehmen und weil er sich – das hat
er wohl inzwischen erkannt – auch nicht in ein solches um-
wandeln läßt.

Er, der überzeugte Neoliberale, möchte diesen Staat zwar
nicht in der Badewanne ersäufen, wohl aber kleinkriegen, auf
das reduzieren, was die Wirtschaft braucht. Also ist er immer
für niedrige Steuern. Aber er muß auch einen Staatshaushalt
verantworten, muß die 3 %-Grenze bei der Staatsverschuldung einhalten, damit die EU-Kommission nicht lästig wird.
Obwohl er in beiden Kammern des Parlaments eine sichere
und gefügige Mehrheit hat, kann er nicht, wie er möchte.

Er kann mit dem Gesetz 112/2002 den Verkauf von Teilen
des unermeßlich reichen kulturellen Erbes seines Landes ermöglichen. Er kann die Privatisierung berühmter Palazzi
oder gar antiker Siedlungen dem Wirtschaftsministerium und

einer eigens dafür geschaffenen Gesellschaft übertragen, die manchmal sogar unter dem Grundstückspreis verkauft. Er kann verhindern, daß den Käufern unbequeme Auflagen gemacht werden, was die Unterhaltung und den Wiederverkauf der Objekte angeht. Aber er kann den Staatspräsidenten Ciampi nicht daran hindern, zu größter Vorsicht zu mahnen und die Juristen nicht daran, Zweifel an der Verfassungsmäßigkeit des Gesetzes 112/2002 zu äußern. Überdies muß er befürchten, irgendwann bei einem spektakulären Verkauf mit dem Nationalstolz seiner Landsleute in Konflikt zu geraten.

VII. Ein Staat läßt sich nun einmal nicht privatisieren. Er läßt sich – und das hat Berlusconi dem staunenden Europa gezeigt – bis in die Gesetzgebung hinein für die privaten Interessen eines Regierungschefs einspannen, wenn dieser über die nötige Medienmacht verfügt. Aber irgendwo sind da Grenzen, einfach, weil zumindest in Europa die Vorstellung nicht auszurotten ist, Staat habe mit Gemeinwohl zu tun.

Es könnte sein – und wäre zu hoffen –, daß die Mehrheit der Italiener sich eines Tages darüber wundert, was sie mit sich hat machen lassen. Wichtiger ist, was alle aus den italienischen Wirrungen lernen können. Das Scharnier zwischen ökonomischer und politischer Macht sind die Medien. Und unter ihnen immer mehr, wenn auch von Land zu Land verschieden, das Fernsehen. Wer das Fernsehen beherrscht, hat Einfluß auf Wertvorstellungen, Weltbilder, Lebensweisen, auf das, was Menschen für wichtig, dringlich oder für unwichtig, nebensächlich oder schädlich halten. Man kann im Fernsehen, wenn nur noch Geld und Sex Einschaltquoten bringen, den homo oeconomicus züchten. Und man kann all dies dann politisch abrufen. Genau dies hat Berlusconi getan. Auch andere können dies tun. Sie müssen die Kanäle nicht besitzen, es reicht, wenn Politiker sich mit den Besitzern verbünden.

Zu den Einrichtungen, die sich in der Bundesrepublik Deutschland – aller menschlichen Fehlbarkeit zum Trotz – bewährt haben, gehört der öffentlich-rechtliche Rundfunk. Es ist kein Staatsfunk, aber eben auch kein Privatfunk. Alle relevanten gesellschaftlichen Gruppen spielen mit. Er ist – von Bundesland zu Bundesland etwas verschieden – so konstruiert, daß er schwer zum Werkzeug werden kann, für wen auch immer.

Daher muß nicht nur in Deutschland Alarm geschlagen werden, wenn die europäische Kommission diese Konstruktion anficht, und zwar mit der Begründung, beim Fernsehen handle es sich um eine Dienstleistung; Unterhaltung und Information seien nun einmal Waren, und dafür müßten die üblichen Wettbewerbsregeln gelten, die staatliche Subventionen, also auch staatlich verordnete Gebühren ausschlössen. Der ZDF-Justitiar Carl-Eugen Eberle brachte den Konflikt auf die knappe Formel, die EU sei dabei, »das deutsche Konzept einer Rundfunkfreiheit mit Gemeinwohlorientierung« zu Gunsten des »Individualrechts auf wirtschaftliche Entfaltung« umzudeuten. Das ist höflich ausgedrückt. Hier wird nichts umgedeutet, sondern Kultur nur noch als ökonomische Aktivität wahrgenommen und gewertet. So etwas wie Gemeinwohl ist in diesem Denken nicht mehr vorgesehen.

Daher dürfte sich im Streit um den öffentlich-rechtlichen Rundfunk in Deutschland zeigen, ob Europa noch imstande ist, zu seinen eigenen Traditionen zu stehen, wonach Kultur zwar keineswegs in einem geldfreien Raum stattfindet, aber deshalb noch keine Ware ist. An dieser Stelle wird entschieden, was in Europa des Marktes, was des Staates, was der Zivilgesellschaft ist. Aber auch, ob Europa das Phänomen Berlusconi verstanden hat. Es lehrt nämlich, daß Freiheit in Gefahr ist, wo der Staat zur Beute privater Interessen wird. Dann kann er nämlich das nicht mehr leisten, wozu alle europäischen Verfassungen ihn verpflichten: Freiheit zu schützen, zu wahren, auch und gerade gegen die Allzumächtigen.

Kapitel 9
Markt, Zivilgesellschaft, Staat

I. Als das 21. Jahrhundert begann, wurde über Zivilgesellschaft viel, über Staat wenig oder gar nicht geredet, während der Markt dabei war, beiden immer weitere Bereiche streitig zu machen. Die wichtigsten Instrumente dafür, Privatisierung und Deregulierung, haben wir im fünften Kapitel beschrieben.

Daß es modern, vielleicht sogar modisch wurde, auf die Zivilgesellschaft zu setzen, hatte gute Gründe. Die Gefahr, daß der Siegeszug des Marktes uns in eine Marktgesellschaft führen könnte, in der alles nur noch als Ware behandelt und gehandelt werden könnte, war kaum noch zu übersehen. Aber die Skepsis gegenüber dem Staat erlaubte noch keine Diskussion darüber, wo der Staat dem Markt Grenzen zu setzen habe. Also konzentrierte man sich auf eine Zivilgesellschaft, von der zumindest klar war, daß sie weder Markt noch Staat war.

Sonst blieb vieles unklar. Helmut Dubiel (u. a. in der *Frankfurter Rundschau* vom 23. 6. 2001, S. 7) führte dies darauf zurück, daß die einen Zivilgesellschaft als Faktum beschreiben, die anderen als Utopie entwerfen. Die Verwirrung ergebe sich daraus, »..., daß zivile Gesellschaften entweder als soziologisch-empirisches Phänomen konzipiert werden, welches in Vereinen, politischen Assoziationen, Laienorganisationen, sozialen Bewegungen, Netzwerken, Selbsthilfepotenzialen, Nachbarschaftskontakten, im ›Dritten Sektor‹ etc. greifbar wird. Oder die zivile Gesellschaft wird als utopisches Ideal verstanden, als regulative Idee, deren reine Normativität den korrupten Alltag kritisch beleuchtet.«

Der »korrupte Alltag«, so darf wohl gefolgert werden,

wird vom Markt, aber auch vom Staat bestimmt, genauer: von denen, die am Markt und im Staat tätig sind. Ihnen soll etwas Besseres, Humaneres, Solideres entgegengesetzt werden.

Daß Dubiel selbst es nicht ganz so sieht, ergibt sich aus den vier Gefährdungen einer zivilen Gesellschaft, von denen uns hier vor allem die vierte und radikalste interessiert, die Barbarei: »Die vierte und letzte Form unziviler Gesellschaften ist die der Barbarei. Mit diesem Begriff wird hier der völlige Zusammenbruch der moralischen und rechtlichen Ordnung einer Gesellschaft bezeichnet, sozusagen ihr Rückfall in den Naturzustand. Eine unmittelbare zeitgeschichtliche Entsprechung zu diesem Grundtypus der unzivilen Gesellschaft finden wir in den Gesellschaften Afrikas, Südosteuropas und in den südlichen Territorien der ehemaligen Sowjetunion, deren staatliches Gefüge durch Bürgerkriege implodiert ist.«

Die radikal unzivile, barbarische Gesellschaft entsteht, wo es keinen Staat mehr gibt. Daher präzisiert Dubiel: »An die Stelle eines legitimen Gewaltmonopols des Staates, dessen Minimalform noch in einer intakten Befehlskette des Militärs bestünde, ist in diesen Gesellschaften der Naturzustand von Stammes- und Bandenkämpfen getreten sowie der weitgehende Kollaps aller gesellschaftlichen Funktionssysteme. Diese Zustände der Barbarei sind von der zivilen Gesellschaft am weitesten entfernt. Die ›Barbarei‹ ist ein Gegenpol zur ›zivilen‹ Gesellschaft.«

II. Wenn aber die ganz und gar unzivile Gesellschaft und ihre Barbarei durch den Zerfall des Staates bedingt ist, dann muß es auch eine positive Beziehung zwischen Zivilgesellschaft und Staat geben. Daran müssen Europäer gelegentlich durch Nicht-Europäer erinnert werden. So geschah es in der Expertenrunde einer Regierungskonferenz zum Thema Zivilgesellschaft vom 2./3. Juni 2000 in Berlin.

Dort war es eine südafrikanische Wissenschaftlerin, die in der Arbeitsgruppe zur Zivilgesellschaft den europäischen Teilnehmern widersprach, die Staat und Zivilgesellschaft auf einer Balkenschaukel sahen: Wo der Staat oben ist, muß die Zivilgesellschaft unten sein, wo die Zivilgesellschaft stark ist, bedarf es nur noch eines eher dünnen als schlanken Staates. In den Ländern des Südens, wandte die Afrikanerin ein, sehe es anders aus: Nur wo es ein funktionierendes Staatswesen gebe, ein staatliches Gewaltmonopol, gestützt auf Gesetz, Justiz und Polizei, dazu ein Mindestmaß an staatlicher Sozialpolitik, gedeihe auch eine Zivilgesellschaft. Im politischen Chaos habe sie keine Chance. Und umgekehrt: Nur wo diese Zivilgesellschaft vital genug sei, könne auf Dauer der Staat seine Aufgaben erledigen. Kurz: Staat und Zivilgesellschaft brauchten einander, sagte die Expertin aus Südafrika, sie könnten sich nur miteinander entfalten oder miteinander zerfallen.

Sicher, das ist eine afrikanische Sichtweise. Sie gilt aber für ganz Afrika und viele Länder Asiens und Lateinamerikas. In einem breiten Streifen, der von der Nordgrenze Namibias bis zur Südgrenze Ägyptens reicht, funktionieren weder Staat noch Zivilgesellschaft. Zwischen wirtschaftlicher und militärischer Macht, zwischen Geld und Gewehrläufen fehlt das staatliche Zwischenglied. Waffen lassen sich kaufen, Söldner anwerben – und verleihen –, Abgaben lassen sich eintreiben, auch ohne Gesetze. Was bleibt, ist die Herrschaft der Kalaschnikow über eine höchst unzivile Gesellschaft.

Europa, zumal Westeuropa, ist nicht Afrika. Trotzdem können wir von der Afrikanerin lernen. In Rußland ist der Staat schwach, weil es keine Zivilgesellschaft gibt, und die Zivilgesellschaft kann nicht wachsen, weil der Staat schwach ist und die Mafia zu mächtig. Wer Wladimir Putin Demokratiedefizite nachweist, muß wissen, daß Putin dieses Rußland, nicht Holland oder die Schweiz regieren soll.

Die Regierungskonferenz in Berlin kreiste um die Funktionen von Markt, Zivilgesellschaft und staatlichen Institutionen. Alle drei sind für eine Demokratie unersetzlich, keines kann und darf die Aufgaben der anderen übernehmen, keines ist ohne die beiden anderen auf Dauer lebensfähig. Der kommunistische Versuch, den Markt durch staatliche Befehlsstränge zu ersetzen, ist gescheitert. Der neoliberale Trend, Politik immer mehr durch den Markt zu ersetzen, wird ebenfalls scheitern. Auch die vitalste Zivilgesellschaft macht Gesetzgebung und Exekutive nicht überflüssig, und auch der bestorganisierte Staat bedarf der Zivilgesellschaft, wenn er den Werten europäischer Demokratie verpflichtet bleiben will. Wir brauchen eine Allianz zwischen dem »transnationalen« Staat und einer international vernetzten Zivilgesellschaft.

III. Unter einem wichtigen Aspekt stehen Staat und Zivilgesellschaft gemeinsam dem Markt gegenüber: in beiden, Staat und Zivilgesellschaft, findet Politik statt. Politik ist nicht nur Kampf um Macht – und Machtkämpfe gibt es auch in Vereinen, Redaktionen, Bürgerinitiativen oder Kirchen –, Politik hat immer auch damit zu tun, wie Menschen leben und wie sie, meist sehr dezidiert, nicht leben wollen. Zivilgesellschaft ist das ursprünglichste Instrument, dessen sich Menschen bedienen, damit sie so leben können, wie sie leben wollen. Zivilgesellschaft soll und will wie die staatlichen Institutionen Bedürfnisse befriedigen, die sich am Markt nicht decken lassen. Insofern ist auch Zivilgesellschaft ein Ort von Politik.

Zivilgesellschaft kann Gesetzgeber und Regierungen entlasten, sie kann ihnen Beine machen, sie drängen oder bremsen, aber sie kann sie niemals ersetzen. Es ist gut, daß es neben den staatlichen Schulen auch Privatschulen gibt. Aber ohne staatliche Finanzierung (bis zu 90%) wären die meisten nicht existenzfähig. Es ist gut, daß auch Stiftungen Stipendien vergeben. Aber für alle Studenten wird es nie reichen, und was Stiftungen leisten können, hängt überdies von Steuergesetzen ab. Es ist gut, daß Vereine und Kirchen sich um Familien kümmern. Aber ob Kinder zum Armutsrisiko werden, entscheidet sich in den Parlamenten.

Nichtstaatliche Organisationen, die wir, wie die Amerikaner, Nicht-Regierungsorganisationen nennen, sind nötig und hilfreich, sogar da, wo sie, wie in Seattle, eine internationale Konferenz stören. Aber ob sie, ließe man sie walten, eine gedeihliche Weltwirtschaftsordnung zustande brächten, läßt sich bezweifeln. Dazu fehlt ihnen wohl nicht nur die demokratische Legitimation.

Es war damals, im Jahr 2000, schon abzusehen, daß, wer auf die Zivilgesellschaft setzt, sie fördert und fordert, schließlich in eine Diskussion darüber gerät, was vom Staat – auch für die Zivilgesellschaft – an Leistungen erbracht werden muß, wo dieser Staat unersetzlich ist und wie er aussehen könnte, wenn er sich auf eine lebendige Zivilgesellschaft verlassen kann. Wenn die Zivilgesellschaft den Staat nicht ersetzen kann, wie können beide sich gegenseitig stützen, anregen, stärken? Partner werden?

Jacques Delors meinte wohl etwas ähnliches, wenn er vom europäischen Modell sprach. Er meint ein Europa, in dem der Markt erledigt, was des Marktes ist, die Zivilgesellschaft, was engagierte Bürger sich zutrauen und in dem die staatlichen Organe beiden einen Rahmen setzen, einen rechtlichen, einen sozialen und einen ökologischen. Er meint ein Europa, in dem niemals zur Ware wird, was nicht zur Ware werden darf. Dies gelingt nur, wo Staat und Zivilgesellschaft selbstbewußte Partner werden.

Adolf Arndt hat nach den Erfahrungen mit dem totalitären Staat angeregt, der demokratische Staat müsse das Kleid der Gesellschaft sein, nicht ein einengendes, sondern ein passendes, angemessenes, das freie Bewegung erlaubt und fördert, das aber auch vor Sturm und Kälte schützt, im Winter auch wärmt. Dieses Kleid darf sogar ein wenig hübsch sein, so daß andere nach dem Schneider fragen. Das wäre dann wohl der aktivierende Staat, ohne den die Zivilgesellschaft nicht gedei-

hen kann, der sich aber immer neu von Kräften der Zivilgesellschaft fordern, kritisieren, vor Erstarrung bewahren,
humanisieren läßt.

Daß eine Diskussion darüber an der Zeit ist, zeigt eine Äu-
ßerung des DGB-Vorsitzenden Michael Sommer. Der nach-
denkliche Gewerkschafter, der jeden Tag an die Grenzen seiner Macht stößt, sagte der *Süddeutschen Zeitung* (Nr. 16/
2005): »Wir müssen aufhören, Politik von der Hand in den
Mund zu machen und über zwei Fragen nachdenken: Was
soll der Staat im 21. Jahrhundert leisten? Wie finanzieren wir
das?«

IV. Es gibt Aufgaben, die durchaus im Konsens dem Markt,
dem Staat oder der Zivilgesellschaft zugeordnet werden. Daß
Produktion und Vertrieb von Fahrrädern oder Staubsaugern
Sache des Marktes, die Verurteilung von Verbrechern Sache
des Staates ist, wird kaum jemand bestreiten. Daß die Begleitung Sterbender, wie sie die Hospizbewegung leistet, in der
Zivilgesellschaft besser aufgehoben ist als am Markt oder
beim Staat, leuchtet auch ein. Man stelle sich eine »Sterbe-
begleitung AG« oder ein »Sterbebegleitungsamt« vor. Aber
vieles von dem, was noch vor 20 Jahren Konsens war, ist
heute strittig. Und da muß, wer sich politisch verantwortlich
fühlt, Stellung beziehen.

Das Gewaltmonopol, das den Staat konstituiert, kann
nicht zur Disposition stehen. Also auch nicht Justiz, Polizei,
Armee, Gefängniswesen. So wenig es eine private Justiz geben kann, so wenig dürfen Polizei, Militär oder Strafvollzug
dem Markt überantwortet werden. Wenn ein Konzern sich
einen eigenen Werkschutz leisten will, soll er dies tun können, solange die Sicherheitsfirmen den Weisungen der Polizei
unterstehen. Wer ruhiger schläft, wenn eine private Agentur
sein Haus bewacht, soll sich zusätzlichen Schutz leisten können. Aber er soll die Kosten nicht bei der Steuer absetzen
können. Denn sonst nimmt er dem Staat die Mittel, die nötig

sind, damit auch sein Nachbar ruhig schlafen kann. Ob in einer Kaserne die Kantine von einem Unteroffizier oder von einer Firma geleitet wird, ist eine Frage der Zweckmäßigkeit. Aber Waffen trägt nur, wer durch Gesetz dazu ermächtigt ist.

Ein demokratischer Rechtsstaat in Europa darf weder »no-go-areas« noch »gated communities« zulassen. Er darf nicht dulden, daß am Rande der großen Städte kriminelle Banden ihre Reviere abstecken, noch darf er den Reichen erlauben, sich selbst aus der Gesellschaft auszuschließen und sich ihre eigene Polizei anzuheuern. Wo der Staat zu beidem nicht mehr die Kraft – und die Mittel – hat, muß Politik sie ihm wieder verschaffen: Dazu ist sie da.

V. Viel schwieriger wird es bei allem, was mit Kultur und Wissenschaft zu tun hat. So ist der Staat ganz und gar nicht zuständig für die Wahrheit, wohl aber für die Bedingungen der Wahrheitsfindung. Bei den Naturwissenschaften leuchtet dies unmittelbar ein: Der Staat muß dafür sorgen, daß geforscht werden kann. Ob ein Forschungsergebnis richtig, stichhaltig ist, muß in der Wissenschaft entschieden werden. Der Staat kann erst wieder ins Spiel kommen, wo es um die Anwendung von Ergebnissen geht.

Schwieriger wird es bei den Geisteswissenschaften. Was historische Wahrheit ist, läßt sich weder durch Gesetz noch durch Mehrheitsbeschluß ermitteln. Die Leugnung des Holocaust ist nicht deshalb verboten, weil die historischen Fakten eindeutig sind, sondern weil diese Leugnung die Opfer und deren Nachkommen verletzt. Das Gesetz statuiert nicht die historische Wahrheit – sie unterliegt nicht der Gesetzgebung –, es schützt Menschen, die des Schutzes bedürfen.

Als in der Enquête-Kommission des Deutschen Bundestages zur Deutschlandpolitik von 1949-1989 die damalige Mehrheit am Schluß feststellen wollte, was denn nun die richtige und was die falsche Politik gewesen sei, wurde rasch klar, daß da politisch nichts zu entscheiden war. Geschichtsbilder lassen sich nicht beschließen, sie bilden sich im Diskurs der historischen Wissenschaft. Und manches bleibt für immer strittig. Daher ist es übrigens nicht selbstverständlich, daß eine Behörde wie die der Bundesbeauftragten für die Unterlagen des Staatssicherheitsdienstes eine eigene »wissenschaftliche Reihe« mit inzwischen mehr als zwei Dutzend Bänden herausgibt, die sich mit so allgemeinen Themen beschäftigt wie »Der Platz des 17. Juni 1953 in der deutschen Geschichte«, und dies unter dem Titel »Die verdrängte Revolution« (2004). Eine Behörde, die laut Gesetz Stasi-Akten verwalten soll, ist für die historische Wahrheit nicht zuständig. Sie wäre es auch dann nicht, wenn hier eine weniger einseitige und angreifbare Sicht der Dinge mit Steuergeldern gefördert würde. Eine Behörde mag sich um die eigene Geschichte kümmern. Niemanden stört es, wenn das Auswärtige Amt Historiker für eine Geschichte des Auswärtigen Amtes gewinnt. Aber schon die Geschichte der deutschen Außenpolitik gehört nicht zu den Aufgaben des Amtes.

Was aber Aufgabe des Staates – in Deutschland der Bundesländer – ist und bleibt, sind die Lehrstühle für Geschichte, auch dann, wenn sie nicht, wie die Lehrstühle für Chemie, unmittelbar zur Wettbewerbsfähigkeit der Wirtschaft beitragen. Der Staat hat kein Geschichtsbild zu verordnen, weder ein offizielles noch ein offiziöses, aber er hat dafür zu sorgen, daß aus dem Diskurs der Historiker eines entstehen kann. Der Grund ist einfach: Keine menschliche Gesellschaft kann bestehen, ohne sich ihrer Geschichte zu stellen. In Orwells *1984* wird daher mit der Sprache auch die geschichtliche Überlieferung zerstört.

Der Staat, wie die Europäische Union ihn vorsieht und voraussetzt, hat auch keine Staatsphilosophie. Und doch ist der Staat dafür verantwortlich, daß auf der Basis einer reichen Philosophiegeschichte weiter philosophiert werden kann. Der Staat hat nicht das Recht, einen verbindlichen Kanon guter Literatur aufzustellen, aber er hat die Pflicht, wissenschaftliche Befassung mit Literatur möglich zu machen. Literaturkritiker dürfen solche Kataloge vorschlagen, andere dürfen sie verwerfen, Kulturministerien dürfen allenfalls festlegen, was im Abitur zu prüfen ist. Es ist kein Zufall, daß die wichtigen Literaturpreise in Deutschland nicht vom Staat, sondern von Gruppen der Zivilgesellschaft verliehen werden. Beim Friedenspreis des deutschen Buchhandels trifft sich wirtschaftliches Interesse mit der Urteilskraft der Zivilgesellschaft.

VI. Wo zu Beginn des 21. Jahrhunderts Kultur in Gefahr gerät, ist es nicht der Staat, sondern der Markt, der zuschlägt. Der Staat macht dabei eine schlechte Figur nicht, weil er zu viel tun will, weil er sich einmischt, wo er nichts zu suchen hat, sondern weil er zu wenig tut, genauer: nicht mehr imstande ist, seine Pflichten zu erfüllen.

Man kann natürlich, wie die World Trade Organisation (WTO), Kulturgüter als Waren verstehen, die miteinander im Wettbewerb stehen, also nicht subventioniert werden dürfen. Das bedeutet dann, daß nur noch solche Musik gespielt werden kann, die genügend Geld in die Kassen spült, um die Musiker angemessen zu bezahlen. Das wäre das Ende aller Symphonieorchester. Es wäre dann niemand mehr da, der Symphonien von Mozart, Beethoven oder Brahms spielen kann, die Symphonien Gustav Mahlers wären nie bekannt geworden, vielleicht nie komponiert worden. Da hilft auch kein Hinweis auf mögliche Sponsoren aus der Wirtschaft. Ein großes Orchester ist auf Kontinuität, auf Planungssicherheit angewiesen, es kann sich nicht lange von einer Spende zur anderen durchschlagen. Ganz abgesehen davon, daß Opernhäuser und Philharmonien bislang mit öffentlichen Mitteln erstellt und erhalten werden. Wer soll dies künftig tun? Das Ergebnis wäre wohl, daß das Musical die Oper – und nicht nur sie – verdrängen und ablösen würde. Ein beträchtlicher Teil unserer Musikkultur würde absterben.

Sind die kommunalen Musikschulen überflüssig? Verderben sie nur die Preise? Oder sind sie Ausdruck und Stütze einer Musikkultur, die sich zwar überwiegend in der Zivilgesellschaft, in Musikvereinen, Kirchenchören und Jazzbands abspielt, die aber ohne staatliche Hilfe verkümmert? Wenn Landesregierungen Wettbewerbe für junge Geiger oder Pianistinnen ausschreiben, wenn sie Landesjugendorchester finanzieren, wenn sie Festspiele erst durch ihre Zuschüsse möglich machen, dann handeln sie, wie dies in Kulturnationen üblich und nötig ist. Daher will jetzt die UNESCO, die Kulturorganisation der Vereinten Nationen, einen Text beschließen lassen, mit dem die Einzelstaaten sich gegen die Zumutungen der WTO wehren können. Vielleicht gewinnen, wenn WTO und UNESCO sich streiten, die Staaten die Freiheit, so zu handeln, wie es ihrer politischen Kultur entspricht.

Was es für die Kultur eines Landes bedeutet, wenn sie ganz dem Markt überlassen wird, läßt sich an den Programmen privater Fernsehkanäle ablesen. Keine Selbstkontrolle kann etwas daran ändern, daß die Einschaltquote darüber entscheidet, was gesendet wird und was nicht. Die Vielfalt, die einst von den Befürwortern der Privatisierung verheißen wurde, ist zu einem Einheitsbrei aus Gewinnspielen mit viel Geld, aus Tabubrüchen, Crime and Sex geworden, verbunden von unendlichem Geschwätz. Daß sich auch die öffentlich-rechtlichen Anstalten dem mehr angepaßt haben, als ihrem Auftrag entspricht, ist kein Argument für ihre Abschaffung, sondern für ihre Stärkung.

Das Land, das sich am hartnäckigsten und wohl auch erfolgreichsten gegen die Auslieferung der Kultur an den Markt wehrt, ist Frankreich. Ursprünglich verlangte es eine »exception culturelle«. Jetzt ist von einer »diversité culturelle« die Rede, die es zu retten gelte. Dies sei nur möglich, wenn der Staat das Recht behalte, zu fördern, zu subventionieren, auch Quoten festzusetzen. Die Vereinigten Staaten dagegen erblicken in Subventionen eine Bevormundung der Konsumenten. Daß dieser Streit zwischen Europa und Amerika in unseren Medien kaum stattfindet, daß nur die wenigsten ihn wahrgenommen haben, ist bedrückend. Denn vom Ausgang hängt einiges ab, einmal für die europäische Kultur, zum anderen für die Zukunft des Staates. Ein Staat, dem die Kulturförderung verboten wird, der hilflos der kulturellen Verarmung und Banalisierung zusehen müßte – wäre er nicht für viele Europäer eine lächerliche Institution?

VII. Daß der Staat gut daran tut, die Wirtschaft nicht unnötig zu gängeln, dürfte spätestens seit dem Zusammenbruch des Kommunismus unbestritten sein. Planwirtschaft mag noch funktionieren, wo ein Staat nur drei Fabriken aufzuweisen hat. Mit der Komplexität moderner und überdies globalisierter Wirtschaft kommt nur der Markt zurecht.

Seit es Märkte gibt, muß geklärt werden, was dort erlaubt ist und was nicht. Jeder Markt braucht einen rechtlichen Rahmen. Den setzt der Staat mit seinen Gesetzen. Dieser Rahmen wird mit der Wirtschaft komplizierter. Es entstehen Spezialgebiete wie das Aktienrecht, das Wettbewerbsrecht. Wer hier allzuviel deregulieren will, stelle sich nur eine Aktionärsversammlung ohne gesetzlich festgelegte Prozeduren vor.

Hat der rechtliche Rahmen dafür zu sorgen, daß Geschäfte verläßlich getätigt werden können, daß Anbieter und Nachfrager wissen, was gilt und was nicht, wie weit sie, um ihren Vorteil zu wahren, gehen dürfen, so will der soziale Rahmen verhindern, daß Menschen und ihre Arbeitskraft zu einer Ware wie jede andere werden. Sichert der rechtliche Rahmen das Funktionieren des Marktes, so schützt der soziale Rahmen die Menschenwürde derer, die dort ihre Arbeitskraft anbieten.

Für den sozialen Rahmen ist nicht allein der Staat zuständig. In den meisten europäischen Ländern werden Arbeitszeiten, Arbeitsbedingungen, Urlaub, vor allem aber die Höhe der Entlohnung von den Tarifparteien, Arbeitgebern und Ge-

werkschaften ausgehandelt. Das ist mühsam und konflikt-
trächtig, aber was die übermüdeten Verhandler beider Seiten
nach aufreibenden Nachtsitzungen schließlich der Öffentlichkeit vorlegen, ist meist nicht nur stichhaltiger als alles, was
Ministerien errechnen könnten, es wird auch von einer breiten Mehrheit auf beiden Seiten mitgetragen. Der Staat tut also
gut daran, die Koalitionsfreiheit in der Verfassung zu garantieren und den Kontrahenten zu überlassen, was sie sich zutrauen.

Dies setzt allerdings eine gewisse Balance zwischen beiden
Lagern voraus. Sie kann gestört werden, wenn, wie in den
frühen Siebzigerjahren, die Auftragsbücher voll sind, der Arbeitsmarkt leergefegt ist und die Unternehmer Streik mehr als
sonst fürchten, aber auch wenn, wie seit der Mitte der Neun-
zigerjahre, Millionen von Arbeitslosen bereitstehen, die aller-
hand Abstriche gerne hinnähmen, wenn sie dafür eine Arbeit
fänden. Wenn dann noch dazukommt, daß die Unternehmer-
seite jederzeit mit der Verlagerung und Schließung ganzer
Standorte drohen kann, wird die Grenze zwischen Diktat
und Verhandlung fließend.

Dann wird auch der Ruf nach dem Staat lauter. Er soll den
sozialen Ausgleich schaffen, den national organisierte Gewerkschaften dem global agierenden Kapital nicht mehr abringen können. Was aber geschieht, wenn hilflose Gewerkschaften an eine nicht weniger hilflose Regierung appellieren?

VIII. Als die Verfassunggebende Versammlung 1949 den
Artikel 20 des deutschen Grundgesetzes formulierte: »Die
Bundesrepublik Deutschland ist ein demokratischer und sozialer Bundesstaat«, gab es keine kontroverse Diskussion
über den Begriff »sozial«. Das Soziale verstand sich von
selbst in einem zerstörten, ausgebluteten Land, in dem viele
sich nach Jahren des Hungers endlich wieder satt essen konnten. Da mußte Ausgleich geschaffen werden zwischen Hei-
matvertriebenen und Heimatverbliebenen, zwischen Aus-

gebombten und vom Bombenkrieg Verschonten, zwischen Gesunden und Verkrüppelten. Auch für das Verfassungsgericht, das aus dem Artikel 20 das Sozialstaatsprinzip folgerte, gab es keinen Zweifel an der sozialen Verantwortung des neuen Staates. Schließlich gehört der Artikel 20 zu denen, deren Gehalt auch eine Zweidrittelmehrheit nicht ändern darf.

Inzwischen hat sich der Wind gedreht. Nicht mehr nur das Wie des Sozialstaats steht zur Diskussion, sondern das Ob. Wolfgang Kersting, Professor der Philosophie in Kiel, befindet, daß »selbst die maßvollste sozialstaatliche Umverteilung eine Einschränkung der bürgerrechtlichen Verfügungsfreiheit über den Ertrag der eigenen Leistung« bedeute (*Theorie der sozialen Gerechtigkeit*, Stuttgart 2000, S. 1). Hier soll nicht darüber räsoniert werden, wie der Professor argumentieren würde, wenn eine Kieler Landesregierung fände, in einem Minimalstaat könne man den einen oder anderen Philosophielehrstuhl entbehren und den Wissenschaftler in jene unfreiwillige Arbeitslosigkeit entließe, in der Millionen erfahren, daß niemand ihre Leistung haben will, die also ohne die »maßvollste sozialstaatliche Umverteilung« verhungern müßten. Und dies nicht, weil sie nichts leisten wollten, sondern weil sie nichts leisten dürfen.

Was Kersting formuliert, ist allerdings keine Einzelmeinung. Es ist üblich geworden, soziale Sicherung entweder für Privatsache oder, wenn der Staat sich darum kümmert, für eine Bedrohung der Freiheit zu erklären. Inzwischen hat sich dieses Denken bis in die Politik verbreitet, weit über die kleine Partei hinaus, die schon 1996 in ihrem »Karlsruher Entwurf für eine liberale Bürgergesellschaft« den Abschied vom Sozialstaat vollzog.

IX. Zu alledem ist schon vor hundert Jahren gesagt worden, was zu sagen ist, und zwar von einem liberalen Politiker, dessen Namen eine FDP-nahe Stiftung trägt: Friedrich Naumann. Schon damals gab es Liberale, die von schrankenloser

Vertragsfreiheit das Heil erwarteten. Der Arbeiter kann per Vertrag seine Arbeit verkaufen, eine Wohnung mieten, eine Versicherung abschließen. Was will er mehr? Naumann, einer verständlichen, unprätentiösen Sprache mächtig, gab ihnen zu bedenken: »Es erklärte der alte Liberalismus: Ihr seid alle frei, denn ihr habt Freihandel mit allem, was euch gehört, auch mit eurer Arbeitskraft! Infolgedessen kann nun der Arbeiter seine Arbeitskraft so gut verkaufen, wie er will, und wenn ihm der Preis nicht paßt, dann verkauft er sie eben nicht. Wenn er in Arbeitsstätten arbeiten soll, die ihm zu dunstig und zu eng sind, so wird er das eben nicht tun, denn er ist ein freier Mann! Ja! Wir wissen aber inzwischen – damals sah man es noch nicht ganz –, daß nur der frei sein kann, der weiß, wovon er die nächsten vier Wochen lebt. Wer das nicht weiß, dem nützt die schönste Theorie darüber, daß man sich frei verkaufen könne, zunächst nichts« (*Die politischen Parteien*, Berlin 1910, S. 92f.).

Schrankenlose Vertragsfreiheit, das wußte schon vor Naumann der Rechtsgelehrte Otto von Gierke, liefert die Schwachen den Starken aus. Für Naumann oder Gierke wäre vieles von dem, was heute als neoliberal daherkommt, Uraltliberalismus. Und Naumann wußte, daß soziale Sicherung nicht die Freiheit mindert oder gefährdet, sondern für die Mehrheit der Menschen gelebte Freiheit erst möglich macht. Er hätte den Uraltliberalen vorgehalten: Was nützt es mir, wenn ich Anspruch erhebe oder gar habe auf den ungeschmälerten Ertrag meiner Leistung, wenn niemand meine Leistung will? Wenn ich entlassen werde, nicht weil mein Betrieb unrentabel wäre, sondern weil die Kapitalrendite weiter gesteigert werden soll?

Auch Heribert Prantl in der *Süddeutschen Zeitung* vom 27./28. 3. 2004 fühlt sich ins 19. Jahrhundert zurückversetzt: »Wenn Ungleichheit ein bestimmtes Maß übersteigt, geht sie über in Unfreiheit. Diese Gefahr ist größer als vor 150 Jahren – und den Eintritt dieser Gefahr hat der Staat zu verhindern.

Das Recht auf soziale Gerechtigkeit ist insofern ein Recht der Bürgerinnen und Bürger auf ein staatliches Agieren, das ein Übermaß an Ungleichheit mit geeigneten Mitteln abwehrt.«

Soziale Gerechtigkeit läßt sich nicht, wie etwa das Recht auf freie Meinungsäußerung, vor Gericht einklagen. Sie ist, wie Juristen sagen, kein subjektives Recht, sondern ein objektives Prinzip, allerdings eines, zu dem sich die Bundesrepublik Deutschland in ihrer Verfassung verpflichtet hat. Niemals wird und kann es einen Zustand geben, den alle als sozial gerecht empfinden. Aber für das, was eindeutig ungerecht ist, haben die meisten Menschen ein sicheres Gefühl. Der Ausdruck »schreiende Ungerechtigkeit« erinnert daran, daß ein Übermaß an Ungleichheit die Menschen zum Schreien bringt. Und manchmal nicht nur zum Schreien. Noch einmal Prantl: »Ungleichheit darf ein gewisses Maß nicht überschreiten. Recht auf soziale Gerechtigkeit bedeutet, dieses Maß festzustellen, diese Linie zu ziehen und dem Staat aufzugeben, Maßnahmen zu treffen, daß sie eingehalten wird.«

Anders als die Zeitgenossen Friedrich Naumanns wissen wir heute, was geschehen kann, wo der Staat diese Linie nicht zieht, sei es, daß er dies nicht will, sei es, daß er zu schwach dazu ist. Er verliert die Loyalität einer Mehrheit seiner Bürgerinnen und Bürger. Wo er ohnehin gebrechlich ist, verfällt er.

X. Noch eine Aufgabe des Staates kennen wir, von der die Generation von Friedrich Naumann und Max Weber noch nichts ahnen konnte: die der ökologischen Rahmensetzung.

Als die UN-Kommission unter Vorsitz der Norwegerin Gro Harlem Brundtland im Jahr 1987 in ihrem Bericht »sustainable development« verlangte, war mit dieser Forderung eine ebenso simple wie umstürzende Feststellung verbunden: Was wir bis dahin als »Entwicklung« erlebt hatten, die rasante Industrialisierung im Norden des Globus, die Nachahmungsversuche im Süden, das alles war »not sustainable«, nicht einfach fortsetzbar, nicht durchhaltbar oder, wie deutsche Bürokraten übersetzen, nicht »nachhaltig«. Dieses Wort, das 1713 zum erstenmal in einer Schrift über die Forstwirtschaft auftauchte, wollte eine Waldbewirtschaftung beschreiben, bei der nicht mehr Holz eingeschlagen wurde, als nachwachsen konnte. Wir waren also dabei, von der – ökologischen – Substanz zu leben, und das konnte nicht beliebig lange so weitergehen. Aber das Urteil »not sustainable« bedeutete noch mehr: Die Fortsetzung einer »Entwicklung«, die Jahr für Jahr mehr Treibhausgase in die Atmosphäre entließ, mehr Landschaft versiegelte, die Böden weiter vergiftete, war nicht möglich. Sie mußte sich im eigenen Kot festfressen.

Damit aber eine Entwicklung, die nicht durchhaltbar und also nicht zukunftsfähig ist, dies schließlich doch noch werden kann, bedarf es staatlichen Handelns. Märkte, und das ist ihre Stärke und ihre Schwäche, richten sich nach kurzfristigen Gewinnchancen. Wenn mit riesigen Benzinfressern mehr Geld zu verdienen ist als mit dem 4-Liter-Auto, dann wird die Autoindustrie bauen, was sie am profitabelsten verkaufen kann. Das spritsparende Auto wird gekauft, wenn der Treibstoff sehr viel teurer wird und die Kraftfahrzeugsteuer für den umweltschonenden Wagen sehr viel geringer. Noch besser, wenn die Kfz-Steuer auf das Benzin umgelegt wird – was in Deutschland seit 30 Jahren daran scheitert, daß die Mineralölsteuer dem Bund, die Kfz-Steuer den Ländern zusteht. Jedenfalls: Der Staat, seine Gesetze und Verordnungen sind gefordert, wenn zukunftstauglich werden soll, was nicht zukunftstauglich ist. Der Staat muß Kraft-Wärme-Kopplung fördern, weil sie die Energiequellen am besten nutzt, er muß erneuerbare Energien so fördern, daß es sich lohnt, Photovoltaik auf Dächern anzubringen. Er muß in der Agrarpolitik eine Bewirtschaftung fördern, die Bodenfruchtbarkeit erhält, das Grundwasser vor Nitraten schützt. Und so fort.

Entscheidend für unser Thema ist, daß der Markt vor der

Aufgabe der »sustainability« versagen muß, wenn der Staat ihm nicht einen Rahmen verpaßt, der bewirkt, daß das, was zukunftsfähig ist, auch rentabel wird. Sicher, auch die Zivilgesellschaft ist gefordert, und sie ist ja auch tätig in unzähligen Vereinen und Genossenschaften. Aber sie ist darauf angewiesen, daß staatliche Gesetze – wie etwa das über erneuerbare Energien – ihr die Chance erfolgreichen Wirkens geben.

XI. Vielleicht nennen es unsere Nachfahren einmal einen makabren Treppenwitz der Geschichte, daß ausgerechnet in dem Augenblick, als die gänzlich neue, unabweisbare Aufgabe des Staates, aus einer nicht zukunftstauglichen Entwicklung eine zukunftstaugliche zu machen, für die Wissenschaft feststand, eine Ideologie ihren Siegeszug antrat, die all das, was nun erkennbar nötig wurde, als Sünde wider den Markt denunzierte.

Daher die hysterischen Feldzüge gegen die Ökosteuer – an die heute niemand mehr gern erinnert wird. Daher die stupide Weigerung der US-Regierung, das Kyoto-Protokoll zu unterzeichnen. Daher das unablässige Nörgeln derer, die den ökologischen Rahmen, soweit er gegen alle Widerstände geschaffen wurde, im Zuge einer radikalen Deregulierung loswerden wollen.

Inzwischen haben Wissenschaft und Politik begriffen, daß es uns nicht nur an ökologischer Nachhaltigkeit fehlt. Wir bemerken, daß weder unsere Sozialsysteme noch unsere Staatsfinanzen noch unsere Entwicklungspolitik zukunftstauglich sind, von der Bundeswehr, wie sie der Kalte Krieg hinterließ, ganz zu schweigen. Inzwischen haben wir eine Diskussion darüber, ob unsere Demokratie »sustainable« ist, ob sie vereinbar ist mit einem globalisierten, neoliberal interpretierten, radikalisierten Kapitalismus, und manche machen sich daher Sorgen um die Zukunftstauglichkeit des demokratischen Staates. Sie ist das Thema dieses Buches.

Hier ist nicht der Ort, Rezepte zu verkünden. Aber ehe

solche erarbeitet, diskutiert, beschlossen und durchgesetzt werden können, muß klar sein: Wo etwas zukunftsfähig werden soll, was, wenn wir einfach den Markt wirken lassen, in kleinere, mittlere oder größere Katastrophen läuft, ist Politik gefordert, und zwar eine Politik, die zwar aus der Zivilgesellschaft ihre Kraft schöpft, die sich aber der Mittel eines handlungsfähigen Staates bedienen muß. Kurz: Wenn es stimmt, daß »sustainability« sich noch nie in der Geschichte so wenig von selbst verstand, dann hängt die Zukunft unserer Kinder und Enkel mehr als jemals zuvor von einem funktionierenden Staat ab.

Zugespitzt: Hätte es bis zum Ende des 20. Jahrhunderts noch keinen Staat gegeben, so hätte man ihn dann erfinden müssen, genau in dem Augenblick, als eine Ideologie von vorgestern anfing, den – glücklicherweise bereits bestehenden – und, wie alles Menschenwerk, höchst unvollkommenen Staat klein- und vor allem schlechtzureden. Und, was schlimmer ist, ihn auszuhungern.

Kapitel 10
Der Staat und die Werte

I. Zu Beginn des 18. Jahrhunderts, in der Regierungszeit Friedrich Wilhelms I., lebten in Preußen Deutsche, Polen, Masuren, Kaschuben, in der Hauptstadt Berlin Franzosen und in Potsdam Niederländer recht harmonisch zusammen. Die einen waren Lutheraner, die anderen Katholiken, wieder andere Reformierte. Sie waren keineswegs das, was einige Jahrzehnte später Johann Gottfried Herder ein »Volk« nannte, aber sie begannen sich als Preußen zu fühlen. Was sie verband, war kein Volkstum, keine Religion, sie fühlten sich auch noch nicht, wie die Franzosen 1789, als eine Nation, also eine Willensgemeinschaft von Menschen, die für Werte wie Freiheit, Gleichheit und Brüderlichkeit standen. Sie waren Untertanen des Königs von Preußen, der sich von rechts wegen nur »König *in* Preußen« hätte nennen dürfen. Von der Mitte des 18. Jahrhunderts an waren sie Preußen, weil sie sich dem Staat verpflichtet fühlten, zu dessen erstem Diener sich der genial-rücksichtslose Friedrich II. ernannt hatte. Es war der Staat selbst, der sie zusammenführte, dem sie ihre politische Identität entnahmen. Dies galt keineswegs nur für die herrschende Klasse der Junker.

Dieser Staat, in dem ein Voltaire Zuflucht suchte, war ein Wert für sich, viele waren stolz, zu diesem Staat zu gehören, ihm zu dienen, seine Wohlfahrt zu fördern – wie der alte Fritz. Preuße sein hieß korrekt, unbestechlich, pflichtbewußt, gemeinwohlorientiert zu denken und zu handeln, Recht und Ordnung hochzuhalten und Unterschiede in Sprache oder Religion zu dulden. Werte prägten den Staat, der Staat prägte die Werte. Ein preußischer Patriot war, wer sich um den preußischen Staat verdient machte. Und es war in

Berlin, wo der Professor Hegel aus Schwaben den Staat als »Wirklichkeit der sittlichen Idee« deutete.

Die zahlreichen Polen, die vor allem ab 1772 durch die polnischen Teilungen zu Preußen kamen, fühlten sich dort nicht unwohl – bis 1871 Preußen zur Führungsmacht eines Deutschen Reiches wurde. Jetzt, im Zeichen des Nationalismus, gehörten sie nicht mehr dazu. Als gute Preußen konnten sie sich fühlen, als Deutsche nicht.

Was die Deutschen vom Bodensee bis zur Ostsee zusammenhielt, war nicht der gemeinsame Staat, sondern ein Kaiser und vor allem ein Nationalgefühl, das bald in Nationalismus ausartete. Staaten mit eigenen Monarchen, eigener Justiz, eigener Verwaltung, eigener Hymne waren Bayern, Preußen, Württemberg. Noch im Ersten Weltkrieg gab es keine deutschen Regimenter, sondern nur sehr viele preußische, daneben badische oder sächsische. Nur die Marine war Reichssache.

Der deutsche Nationalstaat, rechtlich ein Zusammenschluß von Staaten, ein Bündnis von Fürsten, bekam den Namen »Deutsches Reich«. Dies knüpfte an das »Heilige Römische Reich Deutscher Nation« an, das zwei Generationen zuvor untergegangen war. Dieses Heilige Römische Reich, das sich als Erbe des Imperium Romanum verstand, war kein Staat, sondern eine Klammer um viele Staaten. Aber es wurde empfunden als etwas Geweihtes, Heiliges, gewissermaßen als weltlicher Arm der Christenheit. Daher konnten in diesem Imperium burgundische Franzosen sich ebenso wohl fühlen wie böhmische Tschechen. Mit dem Begriff »Deutsches Reich« verbanden daher die Deutschen ab 1871 weniger einen bestimmten Staat als eine Idee, etwas Geweihtes und – traut man manchen Predigten aus dem Ersten Weltkrieg – auch etwas Heiliges. Vom Heiligen Römischen Reich zum »heilig Vaterland in Gefahren, Deine Söhne sich um Dich scharen« war der Weg nicht so weit, wie die vier Generationen dazwischen vermuten lassen. Jetzt war es nicht mehr, wie in Preußen, der Staat, der verband und motivierte, sondern der Nationalismus, verbunden mit der Reichsidee. Man konnte sehr wohl bayerischer Patriot sein, die Preußen verachten und sich doch für den treuesten Träger der Reichsidee halten.

Nachträglich, im Abstand von 130 Jahren, erscheint es als konsequent, wenn Otto von Bismarck seine innenpolitischen Gegner, die katholische Zentrumspartei, die linken Liberalen und immer mehr auch die frühen Sozialdemokraten nicht als Staatsfeinde, sondern als Reichsfeinde abstempelte. Sie hielten sich ja alle an die Gesetze des Staates, an die Landesgesetze und die Reichsgesetze. Sie alle orientierten sich am Gemeinwohl, wie sie es verstanden. Aber man durfte sehr wohl zweifeln, ob sie die nationalistische Umdeutung und Umwidmung der Reichsidee billigten.

II. Der deutsche Nationalismus war weniger an den Staat gebunden als etwa der französische. Der französische Nationalist war stolz auf den Staat mit seiner Hauptstadt Paris, den die Nation durch Revolutionen erzwungen und geschaffen hatte. Der deutsche Nationalist dagegen konnte ein loyaler Diener des württembergischen Königs sein und voller Argwohn nach Berlin blicken. Oder ein schlesischer Unternehmer, der im Chef des Hauses Hohenzollern zuerst den König von Preußen und dann erst den Deutschen Kaiser verehrte.

Das Gegenstück zum »Reichsfeind« war daher nicht der Patriot, sondern der »Nationalgesinnte«. Patriot nennt sich – oder wird von anderen so genannt –, wer seiner Patria selbstlos zu dienen bereit ist. Diese Patria konnte im Mittelalter sehr wohl eine Freie Reichsstadt sein oder ein kleines Fürstentum. Der »nationalgesinnte« Gutsherr konnte Schutzzölle auf Getreide verlangen, die ihm nützten, der Gesamtheit aber schadeten, solange er die richtige nationale Gesinnung demonstrierte, etwa seine Saisonarbeiter »Polacken« nannte. Später, in den Dreißigerjahren des 20. Jahrhunderts, konnte man sogar nationale Gesinnung zeigen, indem man die Gesetze des Staates mißachtete.

Im Rückblick hat sich die deutsche Katastrophe bereits im August 1932 abgezeichnet, als Hitler, immerhin bereits der Führer der stärksten Partei im Reichstag, sich mit den fünf SA-Männern solidarisierte, die in der Nacht vom 9. zum 10. August im oberschlesischen Potempa einen Kommunisten vor den Augen seiner Mutter zu Tode getrampelt hatten und nun im Gefängnis auf ihren Prozeß warteten. Nicht daß der »Führer« sich zu Mördern bekannte, überraschte, sondern die zwiespältige oder auch ausbleibende Reaktion der Öffentlichkeit darauf. Wo waren die Kirchen, die Rechtsgelehrten, die öffentlich kundtaten: »Wer Recht und Pflicht des Staates, Mörder zu bestrafen, aushebeln will, darf niemals ein staatliches Amt bekleiden!« Statt dessen dauerte es kein Jahr, bis der Reichskanzler Hitler die Mörder aus dem Gefängnis holte.

Auch in Frankreich hat es nationalistische Exzesse gegeben, etwa die Dreyfus-Affäre. Auch da wurde das Recht gebeugt, und es hat allzu lange gedauert, bis der – offenkundig unschuldige – Offizier rehabilitiert war. Aber in all den Turbulenzen dieses peinlichen Streits war beiden Parteien immer klar: Wenn Dreyfus des Landesverrats schuldig ist, muß er bestraft werden, wenn der jüdische Hauptmann unschuldig ist, muß er freigesprochen und rehabilitiert werden. Daß die Gesetze der Republik zu gelten hatten, wagte niemand zu bestreiten. Aber genau dies hat Hitler 1932 getan. Und nur ein kleiner Teil der deutschen Öffentlichkeit hat bemerkt, was dies bedeutet. Es ist eben ein Unterschied, ob in einem Nationalismus neben vielem anderen auch der Stolz auf den eigenen Rechtsstaat mitschwingt oder ob er im Rechtsstaat nur ein Hindernis sieht, dessen Beseitigung im nationalen Interesse liegt.

Letzter Ausläufer jener Spaltung der Nation durch den Reichsgründer, jener Exklusion der »Reichsfeinde« durch die

»Nationalgesinnten« sind die immer wieder aufflackernden Diskussionen über Patriotismus. Manche Politiker glauben wirklich, man sei ein Patriot, wenn man den Satz über die Lippen bringt: »Ich liebe mein Land«, und man sei ein »vaterlandsloser Gesell«, wenn einem dies schwerfalle. Manche meinen gar, wie einst die Nationalgesinnten, ein guter Patriot sei, wer möglichst viele Landsleute für schlechte Patrioten halte. Patriotismus als Keule führt sich rasch ad absurdum.

III. Diese Mechanismen kannte auch Jürgen Habermas, als er den Begriff des Verfassungspatriotismus aufnahm, den Dolf Sternberger schon in den Fünfzigerjahren in die Diskussion gebracht hatte. Was aber ist ein Verfassungspatriot?

Muß er die Verfassung auswendig hersagen können? Soll er, statt über die Tageslosung der Herrnhuter Brüder-Unität, jeden Morgen über einen Artikel der Verfassung meditieren? Ist ein Verfassungspatriot, wer für jeden seiner Wünsche oder Forderungen einen Verfassungsartikel zu zitieren weiß? Oder jemand, der überall Verfassungsbrüche wittert? Oder doch jemand, der eine schöne Rede zum Verfassungstag hält? Jemand, der die Verfassung für so perfekt hält, daß er sich jeder Änderung verweigert? Oder gar jemand, der die eigene Verfassung für besser hält als die anderer Länder? Solche Fragen darf man gerne für abwegig halten. Natürlich verfehlen sie die Intention von Jürgen Habermas. Aber in einem Land, in dem ernsthafte Frauen und Männer, auch solche in der Politik, glauben können, man werde zum Patrioten, indem man anderen jeden Patriotismus abspricht, muß man mit grotesken Mißverständnissen rechnen.

Erst wenn man über solche Fragen gelacht hat, wird ganz klar: Es geht um die Verfassung eines Staates, in diesem Fall der Bundesrepublik Deutschland. Die Verfassung ist für den Staat da. Sie ist das Grund-Gesetz, das bestimmt, wie der Staat aussehen, wie er funktionieren soll, auch – und das ist wichtig – wie er gemeint ist, wozu er gut sein soll. Daher macht, wer die Verfassung preist, unweigerlich den Staat zum Thema.

IV. Eine Verfassung ist zuerst einmal eine Geschäftsordnung für die Staatsorgane, die damit zu Verfassungsorganen werden: das Parlament, in Deutschland auch der Bundesrat, die Bundesregierung, das Bundesverfassungsgericht. Ihre Kompetenzen müssen präzisiert, von einander abgegrenzt werden. Solche Abgrenzungen können sich bewähren oder auch nicht. Daß nach dem Grundgesetz (Artikel 67) ein Bundeskanzler nur dadurch abgewählt werden kann, daß man einen neuen wählt (konstruktives Mißtrauensvotum), hat sich bewährt, die Abgrenzungen zwischen Bundestag und Bundesrat weniger. Darum gab es eine Föderalismuskommission. Die Einrichtung eines Verfassungsgerichts (Artikel 94) hat sich als richtig erwiesen, auch wenn dieses Gericht, wie alle Verfassungsorgane, dazu neigt, seine eigene Macht auf Kosten anderer, der Bundesregierung und des Bundestags, über Gebühr auszudehnen, etwa in ihren Entscheidungen zum Steuerrecht. Kein Grund, an seiner Notwendigkeit zu zweifeln, aber auch keiner, bei jedem Urteil in Jubel auszubrechen.

Die Verfassung ist also, wie der Staat, den diese Verfassung will, das Werk fehlbarer Menschen, vor allem von Menschen, die nicht wissen können, was in drei oder fünf Jahrzehnten nötig und richtig sein wird. Daher muß die Verfassung immer wieder neuen Notwendigkeiten angepaßt werden.

Nun kann man eine solche Geschäftsordnung für gut, für geglückt, insgesamt für optimal halten und dafür eintreten, daß sie sich weiter bewähren kann. Aber reicht dies als Basis für einen Patriotismus? Dazu eignet sich doch wohl eher die andere, wertbezogene Seite der Verfassung.

Ein Dokument, das dem Staat in seinem ersten Artikel zur Pflicht macht, die Menschenwürde zu achten und zu schützen, ist mehr als die Geschäftsordnung eines wertfreien Apparats. Von einem Wertbewußtsein zeugen auch die ersten 19 Artikel, die Grundrechte enthalten. Hier handelt es sich nicht um politische Lyrik. Dieser Teil der Verfassung ist in seinem Kern unveränderbar, die Grundrechte sind einklagbar. Sie »binden Gesetzgebung, vollziehende Gewalt und Rechtsprechung als unmittelbar geltendes Recht« (Art. 1 Abs. 2a). Hier geht es nicht darum, die Grundrechte einzeln zu interpretieren, von der Glaubens- und Gewissensfreiheit (Art. 4) bis zur Freiheit der Berufswahl (Art. 12). Es geht um ihre Verbindung mit einem Wertbewußtsein und einer Wertordnung, die dem neuen Staat zugrunde gelegt wurde.

V. Grundrechte sind keine Grundwerte. Aber sie sind auf Grundwerte bezogen. Sie kommen nur in eine Verfassung, wenn es für deren Väter und Mütter Grundwerte gibt, die sie in der Realität beachtet sehen wollen. Die vielen Freiheitsrechte stehen in der Verfassung, weil für alle, die sie ausgearbeitet haben, Freiheit ein Grundwert war. Die Gleichheit vor dem Gesetz (Art. 3) und das Diskriminierungsverbot (Art. 3, Abs. 2a) erhält Verfassungsrang, weil das zweite Prinzip der französischen Revolution, die »égalité«, auch in Deutschland gelten soll. Wenn in Artikel 14 das Eigentum »gewährleistet« wird, und zwar mit dem Zusatz (14a): »Eigentum verpflichtet. Sein Gebrauch soll dem Wohle der Allgemeinheit dienen«, so ist damit noch lange nicht gesagt, wozu das Eigentum verpflichtet. Aber es ist denen widersprochen, die gerne behaupten, es verpflichte zu gar nichts, außer möglicherweise zu seiner immerwährenden Vermehrung. Das Prinzip der sozialen Gerechtigkeit ist damit weder statuiert noch erläutert, es ist vorausgesetzt.

Wer einmal nach den Werten hinter der Verfassung fragt, findet sie auch da, wo das Grundgesetz keine Grundrechte festschreibt, sondern nur Verfahrensfragen und Kompetenzen regelt. Die Teilung der Gewalten zwischen Exekutive, Legislative und Justiz soll die Freiheit schützen. Die Unabhängigkeit der Rechtsprechung soll Gerechtigkeit sichern. Der Finanzausgleich zwischen den Bundesländern (Artikel 107) ist Ausdruck der Überzeugung, daß auch unter Bundesländern Solidarität angebracht ist. Reiche Länder sollen armen Ländern helfen. Davon, daß ein Finanzausgleich den Wettbewerb zwischen den Ländern verzerre, ist in der Verfassung nicht die Rede.

Der Wertbezug des Grundgesetzes spiegelt die Tatsache, daß kein Staat ohne diesen Bezug auf Werte auskommt. Ein Staat muß Recht setzen. Zwar darf nicht alles, was moralisch geboten erscheint, gesetztes Recht werden. Aber wo es keine moralischen Maßstäbe gibt, hängt das Recht in der Luft. Wenn der Staat in Extremfällen unterlassene Hilfeleistung unter Strafe stellt, dann kann er dies nur tun, weil bei seinen Bürgerinnen und Bürgern die Überzeugung vorherrscht, daß Menschen, wo sie es können und wo es nötig wird, einander helfen sollen. Vielleicht ist dieser Paragraph im Strafgesetzbuch ein ferner Nachklang des neutestamentlichen »Einer trage des andern Last«. Aber es wäre ganz und gar unerträglich, wollten staatliche Gesetze vorschreiben, wer wem bei welchen Gelegenheiten zur Hand zu gehen habe.

Daß Mord und Totschlag hart bestraft werden, hat mit dem Wert menschlichen Lebens zu tun, auf den auch das fünfte Gebot verweist: »Du sollst nicht töten.« Aber nicht alles, was moralisch als Tötung verstanden werden kann, muß der Staat durch Gesetz unter Strafe stellen. In der Abtreibungsdebatte gab es nicht wenige Abgeordnete, die für sich selbst die katholische Position teilten, daß Abtreibungen zu verhindern seien, notfalls unter Opfern. Sie zögerten aber, ihre moralische Überzeugung in eine staatliche Strafandrohung umzumünzen. So kam es zu einem Gesetz, das von Rechtswidrigkeit spricht, aber von Strafen absieht. Hier wird ein Staat sichtbar, der seine moralische Verpflichtung genau so sieht und anerkennt wie die Grenzen seiner eigenen Wirkungsmöglichkeiten. Und das ist gut so. Ein Staat muß wissen, was ihm obliegt und was ihn überfordert, was seine Aufgabe ist und wo seine Grenzen sind.

Jede Rechtsordnung ruht auf einem Wertbewußtsein. Ändert sich dieses Wertbewußtsein, muß die Rechtsordnung reformiert werden. Wenn heute in unserer Verfassung (Artikel 6, Abs. 5) zu lesen ist: »Den unehelichen Kindern sind durch die Gesetzgebung die gleichen Bedingungen für ihre leibliche und seelische Entwicklung und ihre Stellung in der Gesellschaft zu schaffen wie den ehelichen Kindern«, so ist diese Bestimmung sehr viel jünger als das Grundgesetz. Es war der Justizminister der Großen Koalition, Gustav Heinemann, der in der Reform des Unehelichenrechts durchsetzen mußte, was sich heute von selbst versteht. Vorher glaubten viele, daß der Schutz von Ehe und Familie, wie Artikel 6 ihn vorsieht, auch verlange, daß ein uneheliches Kind mit seinem natürlichen Vater rechtlich als »nicht verwandt« gelten müsse.

VI. Der Staat, den es ohne ein Wertebewußtsein gar nicht geben könnte, ist in Fragen der Religion, der Weltbilder und Überzeugungen zur Neutralität verpflichtet. Er ist für Wahrheit nicht zuständig. Er hat die Freiheit der Religionen nicht nur zuzulassen, sondern zu schützen. Läßt sich beides vereinbaren?

Tatsächlich sind die Kirchen in der Bundesrepublik Deutschland freier, als sie es im Kaiserreich waren. Die Verbindung von Thron und Altar brachte den Kirchen und vor allem dem Klerus Prestige, aber auch Feindschaft ein. Die Entfremdung der Arbeiterschaft ergab sich fast zwangsläufig aus dem Bündnis vor allem der evangelischen Kirchen mit den Herrschenden. Im übrigen begnügten sich manche Monarchen nicht damit, nominell Oberhaupt einer Landeskirche zu sein, sie mischten auch mit, vor allem wenn es um die Besetzung von Ämtern ging. Das alles ist im säkularen Rechtsstaat nicht mehr möglich, es sei denn, es ist in Konkordaten geregelt.

Die freie Kirche im freien Staat ist inzwischen ein Modell, das beide Seiten zufriedenstellt. Der Staat freut sich über die kirchliche Sozialarbeit, die ihn entlastet, und die Kirchen suchen Kontakt mit Parlamenten und Regierungen. Die Kirchen sagen ihre Meinung zu politischen Fragen, die sie berühren, aber sie versuchen nicht, die Politik zu gängeln. Und die politischen Parteien suchen das Gespräch mit den Kirchen, ohne ihnen nach dem Mund zu reden.

Vielleicht ist dies nur möglich, weil die Werte, die in unsere Verfassung, unsere Rechtsordnung eingegangen sind, überwiegend christlichen Ursprungs sind. Die Kirchen des 19. Jahrhunderts haben dies nur nicht gemerkt. »Freiheit, Gleichheit, Brüderlichkeit« waren für sie revolutionäre, antichristliche Parolen. Die Bischöfe aller Konfessionen vergaßen, daß es Jesus von Nazareth war, der darauf bestand, daß vor Gott alle Menschen, ob Sklaven oder Herren, gleich waren, daß es nicht für die Armen, sondern für die Reichen schwierig sei, ins Himmelreich zu kommen, daß alle im Nächsten den Bruder und die Schwester sehen sollten. Auf ihre eigene Autorität bedacht, wollten die Kirchenfürsten nicht wahrhaben, daß der Gründer ihrer Religion neue Räume der Freiheit öffnete, wenn er seinen Anhängern sagte, der Sabbat sei für die Menschen, nicht die Menschen für den Sabbat da.

Inzwischen wissen die Kirchen sehr wohl, mit wie wenig Gespür sie säkularisiertes Christentum befehdet haben. Sie wissen, daß die Trias der französischen Revolution christliche Wurzeln hat, auch und besonders in der heute üblichen Form: Freiheit, Gerechtigkeit, Solidarität. Auf diesen drei Grundwerten gründet sich die Demokratie in Europa, der demokratische Rechts- und Sozialstaat. Auf dieser Trias baut das auf, was Jacques Delors das »europäische Modell« nennt. Wo alle drei Werte der Trias gelten, wo sich Freiheit, Gerechtigkeit und Solidarität gegenseitig stützen und erläutern, wird auch in Zukunft Europa sein.

Niemand muß diese Trias christlich begründen oder interpretieren. Ein Jude, ein Humanist, ein Atheist kann es tun, ohne sich zu verrenken. Wahrscheinlich kann es auch ein Moslem tun. Ob die Muslime es wollen, ob sie es können, entscheidet darüber, ob ihre Integration in die europäischen Gesellschaften gelingen kann. Wir, die Nicht-Muslime, müssen sie darum bitten.

VII. Verfassungspatriotismus ist also das nie endende Bemühen, aus dem Staat das zu machen, was die Verfassung vorgesehen hat, ihn dahin zu bringen, wo die Verfassung ihn haben will, den Werten Geltung zu verschaffen, auf denen die Verfassung aufbaut. Es bedeutet nicht nur, die Grundrechte, etwa das der freien Meinungsäußerung, zu nutzen, sondern vor allem dafür zu sorgen, daß andere sie nutzen können. Verfassungspatriotismus ist höchst sensibel, wo es um Menschenwürde geht, die eigene, aber vor allem die der anderen. Verfassungspatriotismus ist empfindlich, wo Macht mißbraucht wird, aber er nimmt es den Verfassungsorganen nicht übel, wenn sie die Macht nutzen, die ihnen auf Zeit übertragen ist.

Dies heißt aber auch, daß Verfassungspatrioten sich um den Staat kümmern, dessen Grundregeln die Verfassung festlegt. Daß sie sich verantwortlich fühlen für das, was in und mit ihrem Staat geschieht. Bezogen auf die europäischen, in der EU aufgehobenen Nationalstaaten könnte dies heißen: Diese Staaten sind der erste, nicht der einzige, aber der primäre Ort ihrer Verantwortung. Eine deutsche Verfassungspatriotin ist dann eine Frau, die einen beträchtlichen Teil ihrer Kraft darauf verwendet, daß die zweite deutsche Demokratie ein Erfolg wird, die dafür sorgt, daß die Väter und Mütter der Verfassung nicht vergebens gearbeitet haben. Zugespitzt: Gegenstand und Ziel verfassungspatriotischen Tuns ist nicht die Verfassung, die es längst gibt, sondern der Staat, den diese Verfassung will.

Aber eben nicht im Sinne einer spießbürgerlichen Staatsgläubigkeit: Der Staat wird's schon richten, die da oben werden schon etwas tun, sondern mit dem selbstbewußten Anspruch: Der Staat sind wir, die Staatsbürgerinnen und Staatsbürger. Wir sorgen dafür, daß die Staatsorgane leisten, was sie leisten sollen und die Finger lassen von dem, was sie nichts angeht. Wir können sehr wohl auch ohne Staat tätig werden. Das nennen wir dann Zivilgesellschaft. Aber das heißt niemals, daß wir den Staat den Beamten oder Politikern überlassen. Wir sind für beides zuständig, für Zivilgesellschaft und Staat. Und wir wissen sehr wohl, was wir ohne Staat anpacken können und wo der Staat, unser Staat, in der Pflicht ist.

Damit sind wir nahe bei dem, was unsere französischen Nachbarn »citoyenneté« nennen. Im Lexikon steht dafür meist nur knapp und dürr: »Staatsbürgerschaft«. Aber »citoyenneté« meint auch eine Haltung, nämlich die der Citoyenne und des Citoyen, die ihre Rechte nutzen, um ihre Verantwortung für Staat und Gesellschaft wahrzunehmen. Als das Wort »Citoyen« im 12. Jahrhundert aufkam, meinte es den freien Bürger oder Bauern im Gegensatz zum »serf«, dem Unfreien, Leibeigenen, Hörigen. Die Revolution hat diesen Ehrentitel dann aufgenommen und ihn abgegrenzt vom »Bourgeois«.

Citoyenneté meint also auch eine Gesellschaft freier Menschen, die das Gemeinwohl fördern, die sich verantwortlich fühlen für das, was in ihrer Stadt und ihrem Land geschieht, die kritisch vermerken, was Freiheit beschränkt, Gleichheit verhöhnt und Solidarität vermissen läßt, die es jedoch nicht bei der Kritik bewenden lassen, sondern mit entscheiden, mit gestalten wollen.

Verfassungspatriotismus, wenn er nicht nur eine Gesinnung, sondern auch ein Bemühen, ein Handeln meint, ist also der »citoyenneté« sehr nahe. Und das ist gut so. Denn in dem Maße, in dem staatliche Funktionen auf die Europäische

Union übergehen, muß sich die Aufmerksamkeit des Citoyen oder der Verfassungspatriotin auf Europa richten. Wahrscheinlich wird sich die »citoyenneté« leichter europäisieren lassen als der Verfassungspatriotismus. Spanier, Tschechen oder Ungarn könnten damit wohl mehr anfangen als mit einem Begriff, der seine Entstehung doch auch spezifisch deutschen Schwierigkeiten mit einer belasteten Geschichte verdankt. Europa braucht wache Citoyens, die bewußt Franzosen, Deutsche oder Polen bleiben, denen aber die Zukunft des gemeinsamen Europa nicht weniger am Herzen liegt als die ihres Heimatlandes, politische Menschen, die, auch wenn sie nichts gegen Patriotismus haben, auf den Titel des Patrioten meist keinen Anspruch erheben.

VIII. Daß ein Staat mit Werten zu tun hat, daß er Werte zwar nicht erschaffen, wohl aber fördern und schützen kann, zeigen demokratische Verfassungen, vor allem deren Grundrechtskataloge. Aber damit ein Staat funktionieren, Jahrzehnte überleben und gedeihen kann, bedarf es nicht nur der Rechte und des Rechts, sondern auch ganz bestimmter Eigenschaften, die in Europa seit zweieinhalb Jahrtausenden Tugenden genannt werden. Meist lassen sie sich ableiten von den vier Kardinaltugenden des Ambrosius: Tapferkeit, Besonnenheit, Gerechtigkeit und Klugheit.

Wenn die Beobachtung stimmt, daß der Staatsverfall meist mit allgemeiner Korruption beginnt, dann ist der Staat auf die Tugend der Unbestechlichkeit angewiesen. Sie hat mit Gerechtigkeit zu tun. Wenn es stimmt, daß die Befolgung von Gesetzen sich allein durch Strafandrohung nicht erzwingen läßt, dann braucht der demokratische Staat die Gesetzestreue seiner Bürger, auch solcher Bürger, die gleichzeitig ihre demokratischen Möglichkeiten nutzen, ein umstrittenes Gesetz zu ändern oder abzuschaffen. Wenn das Gewaltmonopol der Kern von Staatlichkeit ist, dann muß auch der aktive, kritische Citoyen dieses Monopol strikt beachten und sich notfalls, wenn die Polizei eine Sitzdemonstration auflösen muß, ohne Widerstand wegtragen lassen. Dazu bedarf es der Tugend der Besonnenheit. Sie ist auch im Alltag gefragt. Jochen Vogel, dem man gelegentlich seine unbeirrbare Korrektheit zum Vorwurf gemacht hat, drückt dies in seinen Gesprächen mit Heribert Prantl so aus: »Man darf nicht völlig erstarren, nicht emotionslos werden. Aber man muss sich beherrschen. Das hat etwas mit der Tugend der Mäßigung und der Besonnenheit zu tun« (*Politik und Anstand*, H. J. Vogel im Gespräch mit H. Prantl, Feiburg 2005, S. 92).

Wenn es wahr ist und bleibt, daß die meisten Menschen dem Staat in Gestalt seiner Beamten begegnen, dann muß der Staat von diesen Beamten erwarten, daß sie korrekt und freundlich mit den Bürgerinnen und Bürgern umgehen. Wenn die Bürger eine Behörde auch danach beurteilen, wie lange sie braucht, um eine Baugenehmigung auszustellen, dann ist die Tugend des Fleißes eben doch nicht zu verachten.

Der Einwand, Sekundärtugenden wie Fleiß, Zuverlässigkeit, Korrektheit ließen sich auch mißbrauchen, sogar für das Betreiben eines Konzentrationslagers, ist richtig und führt doch in die Irre. Wozu gibt es demokratische Verfassungen, wozu gibt es demokratische Politik, wenn nicht dazu, daß eben dies nicht geschieht? Ob Sekundärtugenden mißbraucht werden können, entscheidet sich in der Politik. Und wo die Politik wirklich so total versagt, gibt der Artikel 20, Abs. 4 auch Beamten ein Widerstandsrecht: »Gegen jeden, der es unternimmt, diese Ordnung zu beseitigen, haben alle Deutschen das Recht zum Widerstand.« Innerhalb der Verfassungsordnung des demokratischen und sozialen Bundesstaates gibt es kein KZ. Und außerhalb dieser Ordnung gibt es keinen Gehorsam, keine Gesetzestreue, nicht einmal ein Gewaltmonopol.

IX. Der demokratische Rechtsstaat lebt vor allem von Tugenden, die in einer Diktatur sicher nicht gefragt sind. Dazu gehört die Zivilcourage, eine Form der Tapferkeit. Wer im demokratischen Europa zwei Jahrzehnte früher als die meisten Medien auf ökologische Gefahren aufmerksam macht, muß zwar nicht befürchten, daß morgens um fünf die Gestapo klingelt, aber es gibt ausreichend Methoden, um ihm das Leben zu verleiden. Daher gehört zum politischen Engagement, wenn es nicht allein der Karriere dienen soll, immer noch eine Portion Mut. Wo Zivilcourage rar wird oder gar fehlt, wird demokratische Politik steril, fade, abstoßend. Wo aber Loyalität gegenüber der eigenen Partei und fundierte Überzeugung in der Sache miteinander in Konflikt geraten und Zivilcourage diesen Konflikt sichtbar macht, bekommt Politik ein menschliches Gesicht. Kein Wunder, daß im Jahr 2004 die Mehrheit der Deutschen den CSU-Politiker Horst Seehofer in dem Maße sympathischer fand, wie die Unionsparteien ihn ins Abseits stellten.

Verwandt mit der Zivilcourage, und auch dies hat Seehofer gezeigt, ist die Treue zu eigenen Überzeugungen. Wer sich in komplizierten Fragen eine belastbare Meinung bilden will, muß sich gründlich einarbeiten. Dies ist nur in wenigen Spezialgebieten möglich. Wo ein Politiker dem Spezialisten nicht mit guten Gründen widersprechen kann, muß er sich ihm anschließen. Daß dies in den Fraktionen des Bundestags jeden Tag geschieht, ist nicht Folge von Charakterschwäche, sondern der Grenzen menschlicher Aufnahmefähigkeit. Wo aber ein Politiker sich auf seinem Sachgebiet in Jahrzehnten Grundsätze erarbeitet hat, dient er dem Gemeinwohl, wenn er sie auch verficht und verteidigt, notfalls auf Kosten der Karriere. Denn damit erleichtert er andern die Orientierung. Wo Parteien streiten, ist notwendig politische Taktik im Spiel. Wo eine Politikerin oder ein Politiker, denen man Profilierungssucht nicht unterstellen kann, zu ihrer Meinung stehen, sie plausibel begründen, wird klarer, worum es in der Sache geht. Das war auch so, als ein anderer CSU-Mann, Peter Gauweiler, eher am rechten Flügel seiner Partei zu Hause, gegen die Billigung des Irakkriegs ins Feld führte, er sei eben ein Mann von »law and order«, dies schließe das Völkerrecht ein, und das werde hier verletzt. Das leuchtete ein. Jeder, der den eigenwilligen Politiker beobachtete, verstand: Da war keine Taktik im Spiel, auch keine Eitelkeit, sondern Konsequenz. So etwas mag eine Partei verärgern, dem demokratischen Staat tut es gut.

Zivilcourage und Überzeugungstreue sind oft so verkoppelt, daß sie sich kaum unterscheiden lassen. Wenn Seehofer der Gesundheitsprämie hartnäckig widerspricht, nennen dies viele Zivilcourage. Er selbst empfindet dies wohl nicht so. Er kann nicht anders, als immer wieder zu warnen. Er kann seine Überzeugung nicht aufgeben, ohne sich selbst aufzugeben. Beides zusammen, Überzeugungstreue und Zivilcourage, können immer wieder deutlich machen, daß es in einem demokratischen Staat um das Gemeinwohl geht, nicht nur um Karrieren.

Daher hat auch das überraschende, ohne alle Schwankungen durchgehaltene Nein der Regierung Schröder-Fischer zum Irakkrieg der Bundesrepublik Deutschland genutzt. Nach außen, weil plötzlich in aller Welt diese Republik als eigenständiger Akteur – zum Glück auch noch gemeinsam mit Frankreich – wahrgenommen wurde; nach innen, wo die Citoyens und Citoyennes erleben konnten, wie eine beispiellose Medienkampagne gegen die Regierung zusammenbrach und das verzweifelte »I am not convinced« des Außenministers auf der Münchner Wehrkundetagung als glaubwürdig, die Gründe für den längst beschlossenen Krieg als vorgeschoben oder gar erlogen erwiesen. Von solchen Erfahrungen lebt eine Demokratie.

X. Citoyenneté oder Verfassungspatriotismus bedeuten nicht, daß es verboten wäre, ein Land zu lieben. Wer hat nicht schon, ganz ohne Heuchelei, gesagt: »Ich liebe diese Stadt«, wobei dies noch keineswegs heißen muß, daß er nicht auch noch eine andere, vielleicht weit entfernte Stadt ebenso liebt. Warum soll man eine Landschaft nicht lieben dürfen, zumal wenn man darin aufgewachsen ist? Darüber hinaus gibt es ein Gefühl, irgendwo zu Hause zu sein. Nur intellektuelle Arroganz kann über Menschen spötteln, die erklären: Hier gehöre ich hin, hier bin ich aufgewachsen, hier kennen mich die Menschen, ich kenne sie, hier versteht man meinen Dialekt, hier muß ich mich nicht verstellen.

Dieses Gefühl ist wohl um so intensiver, je kleiner der Raum ist, auf den es sich bezieht. Wenn jemand eine Stadt liebt, dann sind es meist doch nur Teile dieser Stadt, wenn jemand den Schwarzwald liebt, dann ist es meist entweder der lichte Südschwarzwald oder die ausgedehnten dunklen Fichtenwälder des Nordschwarzwalds.

Kann jemand ein Land lieben, von dem er nur den geringsten Teil kennt? Wahrscheinlich, denn wer München liebt, hat auch nicht alle Vorstädte durchwandert.

Vor allem kann und darf jeder und jede von sich sagen: Auch wenn ich ganz frei wählen könnte, auch wenn mich nicht unzählige Bindungen hier hielten, die in Jahrzehnten gewachsen sind, möchte ich hier, in diesem Land leben. Dies ist, mit all seinen Vorzügen und Fehlern, mein Land. Da gehöre ich hin, da fühle ich mich wohl, jedenfalls wohler als anderswo. Niemand muß Menschen verachten, die, aus welchen Gründen auch immer, dies nirgendwo sagen können. Aber auch niemand muß die Nase rümpfen, wenn jemand dies sagen kann. Denn wer so empfindet, hat auch Respekt vor anderen Menschen in anderen Ländern, denen es ebenso geht. Wenn dann noch die Einsicht hinzukommt: Hier zuerst fühle ich mich verantwortlich für das, was geschieht und geschehen soll, dann ist die Brücke geschlagen zwischen dem Konzept der »citoyenneté« auf der einen und sehr menschlichen und durchaus ehrenwerten Heimatgefühlen auf der anderen Seite. Der Mensch, der nur als Intellekt besteht, ist glücklicherweise noch nicht erfunden. Aber Liebe ist kein Verdienst, sondern ein Geschenk.

Kapitel 11
Der Staat und die Parteien

1. Demokratische Verfassungen schreiben vor, daß die Mehrheit, in freien Wahlen ermittelt, regieren, die Minderheit mit klar festgelegten Rechten opponieren soll. Damit die Mehrheit ausdrücken kann, was sie will, gibt es Parteien. Sie bieten Programme und Personal an, für oder gegen die sich die Bürgerinnen und Bürger entscheiden können. Da es immer sehr viel weniger Parteien geben muß als Meinungen, wird der Citoyen nur selten eine Partei finden, mit der er ganz übereinstimmt. Also wird er selbst schon bei der Wahl einige der Kompromisse schließen müssen, ohne die ein Land nicht regiert werden kann. Parteien haben also die Aufgabe, den Citoyens und den Citoyennes ausreichend Orientierung zu bieten, damit sich in den Parlamenten ihr Wille widerspiegelt und damit erkennbar wird, was die Mehrheit will.

Könnte man von heute auf morgen alle Parteien abschaffen, wollte aber die freien Wahlen und das Mehrheitsprinzip beibehalten, so müßten sich sofort Vereinigungen bilden, die sich zwar nicht mehr Parteien nennen, aber doch deren Funktionen übernehmen würden. Denn wer auch immer den Bürgern vor der Wahl erklärt: So werden wir regieren, wenn Ihr uns die Mehrheit gebt, ist eine Partei.

Eine Partei ist ein Teil (lat. »pars«) der Gesellschaft. Daher ist eine Partei, die alle anderen ausgeschaltet oder verboten hat, eigentlich keine mehr. Eine Partei, die einen Teil der Gesellschaft vertritt, hat aber auch teil am Staat, an seiner Gesetzgebung und – jedenfalls potentiell – an seiner Regierung. Parteien sind Transmissionsriemen zwischen den Kräften der Gesellschaft und dem Handeln des Staates. Daher interessiert ihr Verhältnis zum Staat. Daß darüber in Parteien oft wenig nachgedacht wird, mag überraschen. Weniger überraschend ist, daß Parteien, je nach ihrer Geschichte und Programmatik, sich zum Staat sehr verschieden verhalten.

II. In der Bundesrepublik Deutschland haben alle Parteien ihre Schwierigkeiten mit dem Staat, je kleiner sie sind, desto mehr. Die kleinste, die »Partei des demokratischen Sozialismus, (PDS)« ist Rechtsnachfolgerin der Staatspartei in der DDR. Sie hat also grundsätzlich wenig Mühe, die Notwendigkeiten eines Staates zu verstehen. Dafür fällt es ihr um so schwerer, sich an den neuen, ganz anderen Staat zu gewöhnen, ihn als den ihren anzunehmen. Am ehesten gelingt ihr dies in den Kommunen und in den Bundesländern. Dort ist sie durchaus in der Lage, staatliche Verantwortung zu übernehmen, allerdings nicht ohne den Versuch, solche Verantwortung mit bundespolitischer Fundamentalopposition zu verbinden.

Liberale Parteien sind seit mehr als hundert Jahren in Deutschland nicht mehr mehrheitsfähig. Die Freien Demokraten (FDP) haben sich daran gewöhnt, daß ihnen Regierungsmacht in Bund und Ländern nur als kleinerer Partner einer der Volksparteien zufällt. Dabei sind die großen Parteien immer weniger bereit, ihnen innenpolitische Schlüsselressorts zu überlassen. Die letzten Bundesfinanzminister der FDP haben, beide nur für kurze Zeit, in der Mitte der Sechzigerjahre amtiert. So konnte diese Partei schon in der Kohl-Regierung laufend Steuersenkungen verlangen, ohne sie durchsetzen zu müssen, und sie konnte sich in der Opposition vollends als die Partei darstellen, die für ihre – meist gut verdienenden – Wähler da war, nicht für den gierigen Staat, der nach deren Geld trachtete. Die FDP war dann auch die einzige Partei, die einigermaßen geschlossen neoliberale Thesen übernahm. Wenn sie inzwischen bei manchen Wahlen schwächer abschneidet als die Grünen, so wohl vor allem, weil nicht ganz klar wird, wie sie einen Staat gleichzeitig regieren und abwickeln will. Jedenfalls sprechen die Freien Demokraten vor allem solche Wähler an, die im Staat bestenfalls ein – in engen Grenzen – notwendiges Übel sehen.

Bei vielen Grünen stand am Anfang der Haß der Studentenbewegung auf die Staatsorgane, ihre Knüppel und Wasserwerfer, dazu das Mißtrauen der Ökobewegung in Behörden, die so taten, als hätten wir noch einen Globus in Reserve, schließlich die Distanz der Friedensbewegung zur bewaffneten Staatsmacht. Daher wollten viele auch den Unterschied zwischen einer Bewegung und einer Partei nicht wahrhaben. Wenn Petra Kelly die Anti-Parteien-Partei propagierte, dann meinte sie etwas, was nicht, wie die »etablierten« Parteien, als Transmissionsriemen mit dem Staat verbunden war. »Staatstragend« war nicht nur bei Grünen ein ironisches Etikett für Leute, denen außer der Verwaltung des Bestehenden nichts einfiel. Die Mehrheit der Grünen war lange nicht nur nicht regierungsfähig, sie war auch nicht regierungswillig. Das hat sich gründlich geändert.

In den Parlamenten von Bund und Ländern lernten die Grünen, welche Chancen der demokratische Rechtsstaat bot. Wie die frühen Sozialdemokraten wollten sie die Parlamente zuerst nur als Tribüne für ihre Botschaft nutzen, aber dann merkten sie, daß ihre Wähler mehr von ihnen erwarteten. Schließlich erfuhren sie Tag für Tag, daß ein ökologischer Umbau von Wirtschaft und Gesellschaft nur aus der Position der Regierung denkbar war. Wer der Wirtschaft einen ökologischen Rahmen zimmern wollte, mußte regieren, möglichst zusammen mit einer großen Partei, die zumindest verstand, was die Grünen wollten.

Es mag sein, daß in dem allzu langsamen Reagieren des Außenministers auf Mißstände in der Vergabe von Visa noch ein letzter Hauch von grüner Staatsferne sichtbar wird. Insgesamt haben die Grünen den Staat als Gestaltungschance entdeckt, und zwar keineswegs nur auf dem Gebiet der Ökologie. Auch das staatliche Gewaltmonopol ist für sie längst nicht mehr suspekt. Wenn sie noch lernen müssen, was dieses Monopol wert ist und daß es sich nicht von selbst versteht, haben sie dies mit allen anderen Parteien gemein. Gegen neoliberale Staatsverachtung schützt die Grünen die neoliberale Ökologiefeindlichkeit.

III. Die Sozialdemokraten leben mehr als andere von einer langen Geschichte, von der sie meinen, daß sie sich sehen lassen kann. Zu dieser Tradition gehören zwei Perioden – übrigens beide von je zwölf Jahren – der Verfolgung durch Staatsorgane. Waren es von 1878 bis 1890 preußische Polizisten, die Versammlungen der Arbeiterpartei auflösten oder Vorstandsmitglieder verhafteten, so waren es 1933 SA-Leute, die führende Sozialdemokraten mit Schildern um den Hals auf Lastwagen durch die Städte karrten und dann in Konzentrationslagern ablieferten. In beiden Fällen gab es keine Richter, die sie schützten, in beiden Fällen verkörperten die Häscher, zu Recht oder zu Unrecht, die Staatsgewalt. Im ersten Fall wurde sie tätig aufgrund eines fragwürdigen Gesetzes, im zweiten als Diener eines Willens, der bereits über dem Gesetz stand.

Diese Erfahrungen haben sich tief ins Bewußtsein dieser Partei eingeprägt. Ferdinand Lasalle hatte ihr die Hoffnung gemacht, eben diesen Staat mit Hilfe des allgemeinen Wahlrechts zu erobern. Aber dieser Staat, der helfen sollte, aus deklassierten Arbeitern gleichberechtigte und sozial gesicherte Citoyens zu machen, wollte ihre Partei auslöschen. Das hatte Folgen.

Als der Zusammenbruch des Kaiserreichs 1918 den Sozialdemokraten staatliche Macht zuspielte, wußten viele, zumal in den Ländern, nicht so recht, was sie damit anfangen sollten. Als es dann einen sozialdemokratischen Reichspräsidenten und für kurze Zeit auch sozialdemokratische Reichskanzler gab, blieb bei vielen die Skepsis gegenüber einem Staat, der noch dieselben Beamten und Offiziere beschäftigte wie das

Kaiserreich. Sie kämpften gegen die Feinde der Republik, aber dieser Staat war doch nicht der ihre. Bis dann die nächste, ungleich grausamere Verfolgung begann.

Man kann Konrad Adenauer manche Verdienste zuschreiben, sicher nicht, daß er es den Sozialdemokraten der Vierziger- und Fünfzigerjahre leicht gemacht hätte, sich mit der neuen Bundesrepublik zu identifizieren. Ans Leiden gewöhnt und manchmal ins Leiden verliebt, wiederholten empörte Sozialdemokraten in ihren Versammlungen unzählige Male Adenauers Schmähwort, ein Wahlsieg ihrer Partei bedeute den »Untergang Deutschlands«. Wenn der Kanzler und Staatsgründer so redete, dann war eben auch dieser Staat gegen sie. Es bedurfte einiger selbstbewußter Demokraten wie Fritz Erler, Max Brauer, Ernst Reuter, Carlo Schmid und dann vor allem Willy Brandt, um den von immer neuen Niederlagen Gebeutelten klarzumachen: »Dies ist Euer Staat, den Ihr mit tragen und eines Tages auch regieren müßt!«

Erst als es soweit war, als es erst einen sozialdemokratischen Außenminister und dann sozialdemokratische Kanzler gab, wurde den meisten Mitgliedern dieser ältesten deutschen Partei klar, daß sie, allem Wahlkampfgetöse zum Trotz, nicht mehr die Ausgestoßenen, Verfemten waren, sondern Träger eines respektablen Rechts- und Sozialstaats, den zu schützen und zu verteidigen sie allen Anlaß hatten.

Was blieb, war bei manchen die unterbewußte Furcht, es könne alles wieder so werden, wie es schon zweimal war. Sie verblaßt, aber noch gegen Ende der Achtzigerjahre scheiterte ein Versuch, in das Berliner Grundsatzprogramm den schlichten Satz einzufügen: »Die Bundesrepublik Deutschland ist unser Staat.« So bleibt ein Rest von Ambivalenz: Wo das wache Bewußtsein entscheidet, stehen die Sozialdemokraten ohne Wenn und Aber zu dem Staat, den sie mitgegründet haben. Aber im Unterbewußtsein vor allem der Älteren nistet noch die Furcht.

Gegen den neoliberalen Zeitgeist waren die meisten Sozialdemokraten immun. Hatte nicht schon August Bebel sich mit ähnlichen Parolen herumgeschlagen? Abstriche am Sozialstaat nehmen sie nur hin, wenn sie einsehen, daß sie nötig sind, um die soziale Sicherung zukunftstauglich zu machen. Wo Regierungsmitglieder den Eindruck erwecken, daß sie die Zwänge globalisierter Märkte zum eigenen Programm machen wollen, sind sie mißtrauisch.

Höchst empfindlich reagieren traditionsbewußte Sozialdemokraten, wenn eine andere Partei sich so benimmt, als sei sie die wirkliche und vor allem die einzige Staatspartei, als sei die Welt und das Land nur in Ordnung, wenn regiere, wer dazu bestimmt und ausersehen sei.

Diesen Eindruck erzeugen manche Christdemokraten, und das nicht von ungefähr. Die katholische Zentrumspartei, die bei der Gründung der CDU dominierte, war die eigentliche Staatspartei der Weimarer Republik. Ohne sie konnte niemand regieren. Was die CDU an protestantischen Gruppen aufsaugte, auch aus der Deutschnationalen Volkspartei, litt auch nicht unter politischen Minderwertigkeitsgefühlen.

War die starke, überkonfessionelle Partei nicht das einzig Neue, in die Zukunft Weisende am Parteiensystem der Bundesrepublik? War es nicht die Union, die Ludwig Erhards soziale Marktwirtschaft gegen sozialdemokratischen Widerstand einführte? War es nicht Konrad Adenauer, der sich durch nichts, auch nicht durch Träume von der deutschen Einheit, von der Eingliederung der Bundesrepublik in die NATO abbringen ließ, der mit Schuman und de Gasperi zusammen die Europäische Gemeinschaft vorbereitete und auf den Weg brachte? So jedenfalls stellt sich die Nachkriegsgeschichte für die Union dar. Vieles davon ist kaum zu bestreiten. Es ist Ergebnis der Tatsache, daß die Union während der ersten 17 Jahre den Wählerauftrag hatte, die Republik zu führen. Was eine andere Regierung getan, wie sich ihre Entscheidungen ausgewirkt hätten, ist bestenfalls Gegenstand historischer Spekulation. Die Fakten sprechen für die Union, zumal, vier Jahrzehnte nach Gründung der Republik, sich die deutsche Einheit ohne einen Tropfen Blut aus dem Zusammenbruch des Kommunismus wie von selbst ergab. Daß dies mit Willy Brandts Entspannungspolitik zu tun hat, ändert an diesem Geschichtsbild wenig.

Mitgliedern von CDU und CSU fällt es also nicht schwer zu sagen, was allen demokratischen Parteien gut anstünde: Dieser Staat ist unser Staat. Aber dabei schleicht sich ein gefährlicher Unterton ein: Wir haben diese Republik aufgebaut, wir haben immer recht gehabt, deshalb kann es nicht gutgehen, wenn andere regieren. Die Union identifiziert sich mit dem Staat. Und das ist gut so. Aber sie tut es oft mit dem unausgesprochenen Zusatz: »Daher ist, was gut für die Union ist, auch gut für diesen Staat.« Helmut Kohls unbeirrbar gutes Gewissen in der Affäre um gesetzwidrige Parteienfinanzierung, seine Attitüde moralischer Überlegenheit im Untersuchungsausschuß, läßt sich nur so erklären. Seine Pflicht war es, dafür zu sorgen, daß die Richtigen, nicht die Falschen regierten, und da kam es auf die Mittel nicht an. Sein Handeln nützte der Union, also kann es, allem Gerede rechtskundiger Kleinkrämer zum Trotz, kein Unrecht gewesen sein. Daher unterstellte Kohl im Untersuchungsausschuß seinen Gegnern nachträglich mit abenteuerlichen Argumenten »Verfassungsbruch«, um klarzumachen, daß sein Rechtsbruch nötig und gerechtfertigt war, um Verfassungsfeinden den Weg zur Macht zu versperren. Willy Brandt hätte niemals so argumentieren können. Der frühere Bundesinnenminister Manfred Kanther verhielt sich vor Gericht genauso wie Kohl vor dem Ausschuß: Was für die Partei gut war, kann kein Unrecht gewesen sein.

Als die Bundestagswahl 2002 doch nicht, wie Stoiber voreilig verkündet hatte, mit seinem Sieg endete, trat die Union eine Kampagne los, wie sie die Bundesrepublik noch nie erlebt hatte. Zum erstenmal bezweifelte eine Opposition zwar nicht die Legalität der neuen Regierung, wohl aber ihre Legitimität. Es war der reine »Wahlbetrug«, der verhindert hatte, daß die Richtigen regieren. Die Kampagne, die manchmal an die üblichen Wahlanfechtungen in Asien oder Afrika erinnerte, brach in einem – eigens dazu gebildeten – Untersuchungsausschuß so kläglich zusammen, daß von da an von Wahlbetrug nicht mehr die Rede war, zumal auch klar wurde, daß der Kanzler sein verbindliches Wahlversprechen, keine Soldaten in den Irak zu schicken, wider Erwarten einhalten konnte.

Den Thesen dessen, was sich heute Neoliberalismus nennt, haben schon die päpstlichen Enzykliken von 1891 und 1931 so eindeutig widersprochen, daß christliche Parteien, die sich programmatisch auf die katholische Soziallehre berufen, dagegen eigentlich gefeit sein müßten. Daß dies nicht mehr der Fall ist, hängt mit dem schwindenden Einfluß der Kirchen auf das politische Leben zusammen, noch mehr allerdings mit dem kläglichen Ende des Kommunismus. Angela Merkel hat in ihrer Jugend tausendmal hören müssen, daß der Kommunismus siegt und deshalb seine Gesetze gelten. Ob sie es je geglaubt hat, ist unerheblich. Entscheidend ist, daß nicht der Kommunismus, sondern der Kapitalismus gesiegt hat. Also müssen jetzt seine Gesetze gelten. Und die formulieren die Neoliberalen.

Ob sie sich selbst, wie manche ihrer Freunde, als die deutsche Margaret Thatcher betrachtet, mag offenbleiben. Aber sie dürfte doch den Politikern nahestehen, die in Osteuropa die verhaßte Zwangswirtschaft durch einen Kapitalismus abgelöst haben, der in Westeuropa als überwunden galt. Sie ist nicht belastet mit den Grundsatzdiskussionen, die seit dem Zweiten Weltkrieg in den großen Volksparteien geführt wurden. Sie orientiert sich an den Vorstellungen der Führungsmacht, außenpolitisch und innenpolitisch. Und die heißt jetzt USA. Staaten, das hat sie auch gelernt, können plötzlich vom Erdboden verschwinden. Entscheidend ist, ob man im Sozialismus oder im Kapitalismus Politik machen muß.

IV. Noch wichtiger als das Verhältnis der Parteien zum Staat ist ihr Verhältnis zueinander. Oder genauer: Ihr Verhältnis zueinander läßt Rückschlüsse zu auf ihr Verhältnis zum demokratischen Staat.

Wer ein übertriebenes Harmoniebedürfnis hat, wird sich mit der Demokratie immer schwertun. Sie ist darauf angelegt, daß Konflikte und Gegensätze öffentlich ausgetragen werden, allerdings nach bestimmten Regeln. Ehe Arbeitgeber und Gewerkschaften ihr Verhandlungsergebnis in hohen Tönen loben und manchmal sogar versteckte Komplimente für den Gegenspieler austauschen, erfahren Zeitungsleser und Fernsehzuschauer, wie die Wirtschaft unweigerlich zusammenbreche, wenn man den Gewerkschaften nicht Einhalt gebiete oder wie der Mangel an Kaufkraft die Arbeitslosigkeit in ungeahnte Höhen treibe, wenn man die Unternehmer gewähren lasse.

Der Nachrichtenkonsument in der Demokratie und noch mehr der engagierte Citoyen müssen mit Streit leben und dabei lernen, was ganz, was halb, was gar nicht ernst zu nehmen ist. Dies gilt auch für das, was Parteisprecher zum eigenen Ruhme und zur Abwertung des Gegners vorzubringen haben. Fast immer ist ein Glas Wasser, das für den einen gut halb voll ist, für den anderen mindestens halb leer. Wer das Spiel kennt, kann sich manchmal sogar amüsieren. Aber es gibt auch Methoden des politischen Kampfes, die letztlich keiner Partei nutzen, sondern allen und vor allem der Demokratie, dem demokratischen Staat schaden.

Eine dieser Methoden ist die der pauschalen Abwertung. Es ist ein Unterschied, ob die Opposition bei steigenden Arbeitslosenzahlen moniert, die Rezepte der Regierung schlügen offenkundig nicht an, daher müsse man andere anwenden, oder ob es einfach heißt: »Die Regierung hat versagt.« Dies um so mehr, wenn die Fachleute der Opposition sehr wohl wissen, daß auch eine andere Regierung den Anstieg nicht hätte verhindern können. Daher kann sich dasselbe

Spiel nach wenigen Jahren mit umgekehrten Rollen wiederholen. Was übrigbleibt, ist die Überzeugung vieler Bürger, die großen Parteien seien eben allzumal Versager.

Pauschale Aberkennung jeder Kompetenz hat auch den Nachteil, daß eine vertiefte Diskussion von Sachthemen erschwert oder unmöglich gemacht wird. Es ist eben nicht so, daß die stetig wachsende Arbeitslosigkeit nur die Strafe für unfähige Politiker wäre, ob sie nun Kohl, Waigel, Schröder oder Clement heißen. Warum wird nicht darüber diskutiert, ob in einer ausgereiften und ausdifferenzierten Wirtschaft wie der deutschen noch Wachstumsraten möglich sind, die im Durchschnitt eines Konjunkturzyklus den Zuwachs der Produktivität so deutlich überschreiten, daß die Arbeitslosigkeit sinken kann? Und was zu tun ist, wenn diese Frage im Blick auf die Erfahrungen der letzten 30 Jahre mit Nein beantwortet werden muß. Warum hat der Chef der Deutschen Bank mit seinen Entlassungsplänen trotz hoher Gewinne nur Empörung, aber keine Diskussion darüber ausgelöst, wie lange eine Wirtschaft und eine Gesellschaft mit der Devise leben kann: »Weil die Gewinne von heute nie ausreichen, sind die Entlassungen von morgen die höheren Gewinne von übermorgen?« Warum bleibt die Frage tabu, wo denn die zusätzlichen Arbeitsplätze entstehen sollen?

Noch grotesker wird Pauschalkritik, wenn es um Staatshaushalte geht. In Deutschland machten Bund, Länder und Kommunen zuviel Schulden, und zwar unabhängig davon, welche Partei dort regiert. Die Einnahmen reichen nicht aus, das zu tun, was die Bürgerinnen und Bürger zu Recht von ihnen erwarten. So entsteht dann das Gesamtdefizit, das die Maastricht-Kriterien verletzt. Wenn die jeweilige Opposition dies, ob ohne oder wider besseres Wissen, der jeweiligen Regierung ankreidet, wird die Diskussion darüber verschleppt oder verhindert, was denn zu tun sei, damit die Gemeinden ihre maroden Wasserrohre erneuern, die Länder ausreichend Sprachunterricht für Türkenkinder finanzieren und der Bund seine Autobahntunnels selber bauen kann. Daß die Frage, wie der internationale und innereuropäische Wettbewerb um die niedrigsten Unternehmenssteuern beendet werden kann, noch gar nicht bis in die politischen Teile seriöser Tageszeitungen vorgedrungen ist, hat mit jener allzu billigen Pauschalkritik zu tun, die notwendig auf die Kritiker zurückschlägt, sobald sie selbst regieren müssen.

V. Noch schlimmer als die Pauschalisierung ist die Moralisierung. Sie hat in Deutschland nach der Bundestagswahl 2002 ihren vorläufigen Höhepunkt erreicht. Man muß kein Historiker sein, um zu wissen, daß nicht nur in Deutschland Politikern seit langem vorgeworfen wird, die Lüge gehöre zu ihrem täglichen Handwerkszeug. Hier ist nicht der Ort, darzulegen, daß nicht die Lüge, sondern die Eitelkeit das besondere Laster der Politik ist (s. Eppler, *Die Privatisierung der politischen Moral*, Frankfurt/Main 2000). Wichtiger ist, daß jede Partei, die eine andere der Lüge zeiht, sich selbst trifft. Wer auch immer dem andern vorwirft, er lüge, wird Zustimmung ernten, allerdings mit dem Zusatz: »Und Du bist auch nicht besser.« Wer die andere Partei des Betrugs bezichtigt, provoziert allgemeines Kopfnicken, aber keineswegs die Überzeugung, er selbst betrüge nie. Wer den andern einen Heuchler nennt, wird keinen Widerspruch finden, wohl aber Leuten begegnen, die ihm augenzwinkernd bestätigen: »Recht hast Du, Du weißt ja auch, wie man das macht.«

Kurz: Wer in der Politik dem Gegner die Moral abspricht – und dies geschieht jeden Tag –, beschädigt sich selbst, weil er ein Vorurteil bestätigt, das die Politik im allgemeinen für ein schmutziges Geschäft hält. Aber hier handelt es sich nicht nur um ein parteipolitisches Nullsummenspiel, sondern um eine Unart, der die Parteien auf Kosten des demokratischen Staates frönen. Wenn ein demokratischer Rechtsstaat von der Loyalität und dem Engagement seiner Citoyennes und Citoyens lebt, dann muß die Grundlage dieses Staates erodieren, wo der Eindruck entsteht, Lug und Trug, Täuschung und Korruption seien auch bei demokratischen Politikern die Regel.

Wer die Umfragen darüber studiert, was die Wähler Regierung und Opposition zutrauen, wird zugeben müssen, daß diese Erosion schon weit gediehen ist. Wer nur parteipolitisch denkt, wird darauf starren, welche Partei gerade für das kleinere, welche für das größere Übel gehalten wird. Wem der demokratische Rechtsstaat etwas wert ist, wird sich mit Schaudern vorstellen, was wohl geschieht, wenn es den beiden großen Parteien vollends gelungen ist, sich gegenseitig moralisch zu diskreditieren.

Besserung ist vorläufig deshalb nicht in Sicht, weil Moralin in der politischen Auseinandersetzung gewöhnlich um so massiver verspritzt wird, je geringer die sachlichen Differenzen sind. Diese sachlichen Unterschiede schwinden mit dem Handlungsraum der Politik. Wo die Globalisierung der Märkte und die Richtlinien der EU-Kommission den Handlungsraum für nationale Politik immer spürbarer beschränken, wird der Streit über realisierbare Alternativen seltener und schwieriger, die Versuchung, in Pauschalisierung und Moralisierung auszuweichen, immer verlockender.

VI. Der demokratische Rechtsstaat bedingt und erfordert eine politische Kultur, in der es politische Gegner, politische Konkurrenten, aber, soweit es sich um Demokraten handelt, keine Feinde geben kann. Vielleicht verlangt diese Kultur die Reflexion auf den Staat, den demokratischen Verfassungsstaat als übergeordneten Wert. Nur innerhalb dieses Staates haben die Parteien eine Funktion. Ruinieren sie ihn, gehen die Parteien selbst unter. Dieser Staat ist ihr Staat, aber eben nicht ihr Eigentum, sondern ihre Aufgabe. Dieser Staat kommt auch ohne die eine oder andere Partei aus, aber keine demokratische Partei kann diesen Staat überleben. Was für eine Partei gut ist – oder ihr doch als gut erscheint –, muß noch lange nicht gut sein für den Staat. Aber was den demokratischen Staat stärkt, kann sehr wohl auch den Parteien zugute kommen.

Der demokratische Rechts- und Sozialstaat ist nicht beliebig strapazierbar. Er ist widerstandsfähig, aber verletzbar. Er ist widerstandsfähiger als manche Diktatur, weil die Citoyens eine Regierung loswerden können, ohne den Staat zu beschädigen. Er ist höchst verletzbar, wenn die Bürger finden, es sei nicht mehr der Mühe wert, eine neue Regierung zu wählen, sie werde doch nur dieselben Zwänge exekutieren, nach denselben Pfeifen tanzen wie die abgelöste.

Daher ist der demokratische Staat auf lebendige Parteien angewiesen, die einen starken eigenen Willen, ein eigenes Gesicht haben, Parteien, von denen die Wähler einigermaßen wissen, was sie als Regierung tun und was sie sicher nicht tun werden. Sie dürfen und sollen einen Willen zur Macht haben, aber eben: nicht nur einen Willen zu den Insignien der Macht. Sie dürfen sich nicht für das Maß der politischen Dinge halten, für einen Selbstzweck. Gesetze des Staates stehen über den Parteien. Wo der Staat leidet, leiden die Parteien mit. Verengt sich der Handlungsraum des Staates, trifft dies zuerst die Parteien.

Der in der Europäischen Union aufgehobene Nationalstaat ist gegenüber einer globalisierten Ökonomie ohnehin in einer schwachen Position. Sie muß immer schwächer werden, je mehr das Ansehen der Politik schwindet. Noch wichtiger als die Frage, welche Partei regiert, ist, was es in einem solchen Nationalstaat noch zu regieren gibt, ob er noch in der Lage ist, im Interesse des Gemeinwohls und der gemeinsamen Zukunftstauglichkeit seiner Ökonomie einen sozialen und einen ökologischen Rahmen zu setzen – oder doch die Setzung solcher Rahmen in der europäischen Union voranzutreiben. Einen Staat zu regieren, in dem es kaum mehr etwas zu regieren gibt, kann nur sehr eitle, übermäßig geltungssüchtige und letztlich unpolitische Menschen befriedigen.

Die Sachzwänge globalisierter Märkte in staatliche Gesetze zu fassen kann nur Politiker reizen, deren Bewußtsein bereits ökonomisiert ist.

Seriöse Parteipolitik ist Politik für einen Staat aus der Sicht einer Partei. Also haben alle Parteien ein Interesse daran, daß solche Politik möglich bleibt. Dieses gemeinsame Interesse erübrigt nicht den Streit der Parteien, aber es ist ihm übergeordnet und muß den Stil des Streits bestimmen, es muß in diesem Stil erkennbar werden.

Demokratische Parteien haben bei aller harten Konkurrenz gemeinsame Interessen. Wer die andere Partei für grundsätzlich inkompetent oder gar unmoralisch erklärt, handelt nicht nur verantwortungslos, sondern auch dumm. Wo der Begriff des Politischen so abgemagert ist, daß Ämter erstrebenswert erscheinen, in denen nichts mehr zu entscheiden und zu gestalten ist, muß außer Ehrgeiz auch eine Begrenzung des Blickfelds im Spiel sein, die an Dummheit grenzt.

VII. Allgemeine Parteienschelte findet immer Zustimmung. Hier ist sie nicht beabsichtigt. Was Parteien sind und was sie leisten, erfährt man am besten an der Basis, in der Kommunalpolitik. Was wäre unsere Republik ohne die Tausende redlicher und tüchtiger Frauen und Männer, die in Stadt und Land die Wünsche und Sorgen der Bürger in kommunale Politik verwandeln? Sie sind, zumal in den Städten, meist Mitglieder von Parteien, aber sie lesen am Feierabend keine Parteiprogramme, sondern Haushaltspläne und Sitzungsunterlagen oder reden mit Bekannten, denen ein Bebauungsplan oder eine Parkgebühr nicht gefällt. Ihnen geht es um das Wohl ihrer Stadt. Daneben sind sie froh, daß sie einer Fraktion angehören, in der man sich vor der Sitzung austauschen kann.

Gerade in den Kommunen kann man auch lernen, daß die Parteien nicht zu stark, sondern zu schwach sind, vor allem, was die Zahl ihrer Mitglieder angeht. Was tut eine Kleinstadt in den neuen Bundesländern, wenn sich weniger Kandidaten melden, als für den Gemeinderat zu wählen sind? Warum ärgern sich die Wählerinnen und Wähler in Baden-Württemberg, wenn auf dem Wahlzettel nicht mehr Kandidaten verzeichnet sind, als zu wählen wären? Sie wollen von ihrem Recht Gebrauch machen, durch das Kumulieren von Stimmen jemanden vom letzten auf den ersten Platz zu transportieren, eine gute Bekannte von der Liste einer kleinen Partei auf eine andere zu panaschieren und damit in den Rat zu bringen. Dazu bedarf es der Frauen und Männer, die bereit sind, viel Zeit und Kraft für ihre Gemeinde zu opfern. Es sind überwiegend die Parteien, die sie anbieten.

Zu stark wird eine Partei allenfalls, wenn sie in einer Stadt, einem Bundesland oder gar im Bund zu lange regieren kann, vor allem, wenn kaum Aussicht besteht, sie abzulösen. Dann können Verflechtungen und Verfilzungen entstehen, die nicht nur die Partei, sondern die Demokratie in Mißkredit bringen.

Wirklich stark wäre eine Partei, die in der Lage wäre, ihre Botschaften ohne die Medien oder durch eigene Medien jederzeit an eine Mehrheit der Wahlberechtigten heranzubringen. Dazu müßten die Parteien entweder ein Vielfaches an Mitgliedern oder eigene Fernsehsender und Zeitungen haben. Weil an all das nicht zu denken ist, sind Parteien von den Medien ungleich abhängiger als umgekehrt. Wenn zwei oder drei Medienkonzerne sich zusammentun, können sie einen Politiker oder eine ganze Partei zur Strecke bringen, zumal wenn der Rest der Medien, einem Herdentrieb folgend, sich an der Hatz beteiligt. Parteien sind dagegen völlig hilflos.

Wenn es eine Gefahr gibt, dann die, daß die Mitgliederzahlen weiter sinken, bis die Parteien gar keine Transmissionsriemen von der Gesellschaft in die Staatsorgane mehr sein können, weil sie nur noch kleine Zirkel erreichen. Dann werden Parteien, was sie in den USA längst sind, Wahlmaschinen, die man einschaltet, wenn man sie braucht, und abschaltet, wenn sie nur stören könnten. Dies ist mehr als nichts, aber deutlich weniger, als die europäische Tradition aus guten Gründen verlangt.

Ein zukunftstauglicher demokratischer Rechts- und Sozialstaat braucht lebendige Parteien, die den Wählern Alternativen bieten und das Personal aussuchen und ausbilden, das Verantwortung für alle Ebenen des Staates übernehmen kann. Es überzeugt wenig, wenn dieselben Publizisten, die vor den übermächtigen Parteien warnen, anschließend, ganz zu Recht, deren allzu dünne Personaldecke beklagen. Eine demokratische Republik kann nicht bestehen, wenn genau die jungen Menschen sich angewidert von der Politik abwenden, die dort dringend gebraucht würden.

Wo dies geschieht, haben die Parteien reichlich Anlaß, über ihr Verhältnis zum Staat und über ihren politischen Stil nachzudenken. Den Medien wäre zu wünschen, daß sie sich diesen Stil häufiger kritisch vornehmen, aber gleichzeitig auch gelten lassen und anerkennen, was in Parteien geleistet wird. Wenn auch den Medien die Maßstäbe verlorengehen, wenn auch sie nur schätzen, was kurzfristigen Erfolg verspricht, wenn auch sie sich auf Pauschalierung und Moralisierung verlegen, sei es aus Bequemlichkeit, sei es, weil sie selbst Politik machen wollen, steht es nicht gut um den demokratischen Staat.

Kapitel 12
Die Zukunft des Staates

I. Die Zukunft des Staates hängt, zumindest in Europa, an der Einsicht, daß der Staat des 20. Jahrhunderts, der nach innen und außen souveräne Nationalstaat, keine Zukunft mehr hat.

Damit ist zweierlei gesagt. Zum ersten: Der Staat ist kein Auslaufmodell. Ohne sein Gewaltmonopol ist die technische Zivilisation des 21. Jahrhunderts nicht lebensfähig. Er ist unentbehrlicher denn je. In Europa werden die Franzosen, die Polen, die Deutschen, die Ungarn immer noch ihren Staat haben, wenn die Schulkinder von heute Großeltern sind. Diese Staaten werden genau dieselben Grenzen haben wie heute. Insofern werden sie stabiler sein als im 20. Jahrhundert. Innerhalb Deutschlands wird es Baden-Württemberg oder Sachsen geben, und die Bundesländer werden ungefähr dieselben Aufgaben haben wie heute.

Den Traum von einem Europa, in dem die Nationalstaaten aufgehen wie der Zucker im Kaffee, haben ohnehin fast nur Deutsche geträumt. Für Briten, Franzosen, Italiener oder Spanier kam dies nie in Frage. Die Nationalstaaten werden nicht aufgelöst, sondern aufgehoben, also auch aufbewahrt.

Die Europäische Union wird, auch wenn ihre Verfassung in Kraft treten sollte, noch für lange Zeit kein Staat sein, sondern ein Zusammenschluß von Staaten. Trotzdem wird sie immer mehr staatliche Funktionen übernehmen. Sie wird eine wichtige, in vielen Fragen die entscheidende Schicht (»layer«) europäischer Staatlichkeit. Darüber, wie man einen solchen Nicht-Staat mit übergeordneten staatlichen Funktionen nennen soll, werden die Staatsrechtler streiten. Wer sich mit juristischen Definitionen schwertut, mag die EU als einen

Stall für Pferde ansehen, die allzulange wild durch die Prärie streiften oder Maisfelder zertrampelten, die nun gezähmt wurden zu Arbeitspferden, die den europäischen Karren ziehen, auch aus dem Dreck ziehen sollen. Sie sind ein bißchen müde und daher froh, einen schützenden Stall gefunden zu haben, aber sie sind gesund und arbeitsfähig.

Zum andern ist aber auch gesagt, daß die Zukunft des Staates gerade nicht darin liegt, an den Kompetenzen und Souveränitätsrechten des klassischen Nationalstaats festzuhalten, sich daran zu klammern oder sie gar zurückzufordern. Diese Zukunft kann nur darin liegen, daß das, was der Nationalstaat verliert und verlieren muß, anderswo angesiedelt wird, und zwar da, wo es wirksamer ist, mehr Erfolg verspricht als in den Nationalstaaten. Der Staat hat eine Zukunft, wenn der Nationalstaat aufgehoben wird in größeren, politikfähigeren Zusammenschlüssen. Man kann es auch so ausdrücken: Der Staat kann nur wieder stärker werden, wenn er erst einmal schwächer wird. Denn die Zusammenschlüsse, um die es hier geht – der wichtigste davon ist die Europäische Union –, nehmen dem Staat Rechte, die ihn einst konstituierten, etwa das Recht, Krieg zu führen oder Zölle zu erheben. Aber sie können ihm auch Wirkungsmöglichkeiten zurückgeben, die er gegenüber einer globalisierten Ökonomie bereits verloren hat: eine Steuerpolitik, die den eigenen Vorstellungen von Gerechtigkeit und den Aufgaben eines Staates entspricht. Ein Beispiel: Nur wenn die Europäische Union den Wettlauf der Staaten um die niedrigsten Unternehmenssteuern – und der geht munter weiter – durch ein Mindestmaß an gemeinsamer Steuerpolitik stoppen kann, wird es schwieriger, die Staaten so auszuhungern, daß sie an Kulturförderung oder gar Sozialpolitik gar nicht mehr zu denken wagen.

Der Staat muß Kompetenzen abgeben, um handlungsfähiger, stärker zu werden. Gegen transnationale Terrornetze, gegen eine organisierte Kriminalität, die keine Staatsgrenzen kennt, gegen die Privatisierung der Gewalt hat der Staat nur eine Chance, wenn er sich mit anderen zusammentut. Eine gänzlich unkoordinierte Einwanderungspolitik der 25 EU-Staaten bliebe wirkungslos. Ein Staat, der sich alleine gegen den Klimawandel schützen wollte, müßte sich lächerlich machen. Daß der italienische Staat den offenen Streit zwischen Regierung und Justiz ohne größere Zerfallserscheinungen überstehen konnte, hängt mit seiner Einbindung in die europäische Gemeinschaft zusammen. Bürger von EU-Staaten können sich darauf verlassen, daß in der Europäischen Union bestimmte Regeln gelten, die auch durch Turbulenzen in ihrem Land nicht außer Kraft zu setzen sind.

Daher bedeutet weniger Souveränität oft mehr Stabilität und Handlungsfähigkeit. Allerdings nur, wenn in der Europäischen Union die »positive Integration« (Scharpf) nicht der »negativen Integration« weiter so deutlich hinterherhinkt wie bisher. Wenn die EU-Kommission, um den Wettbewerb in der Union zu perfektionieren, zwar dem deutschen System der Kreissparkassen zuleibe rücken darf, wenn die Kommission in den öffentlich-rechtlichen Rundfunkanstalten eine wettbewerbswidrige Subventionierung sehen darf, gleichzeitig aber nicht zuständig ist dafür, daß auch Großunternehmen zur Finanzierung des Staates angemessen beitragen, dann nimmt sie den Staaten mehr, als sie ihnen gibt. Aber dies liegt nicht daran, daß Staaten sich in einer Union zusammengeschlossen haben, sondern an der Kompetenzverteilung innerhalb der Union und an der Politik derer, die in diesem Zusammenschluß das Sagen haben. Neoliberale Politik zielt immer und überall auf den – wahrscheinlich imaginären, nicht lebensfähigen – Minimalstaat, ob in Rom, Bratislava oder Brüssel. Umgekehrt: Eine Politik, die den Rechtsstaat, den Kulturstaat, den Sozialstaat für unentbehrlich hält, muß zwar an allen staatlichen Ebenen ansetzen, ob sie Erfolg hat, entscheidet sich aber in Brüssel.

Nicht daß die Bundesrepublik Deutschland immer mehr Kompetenzen an die EU abtreten muß, ist ärgerlich. Nicht daß Bundespolitik und Bundesverwaltung immer mehr damit beschäftigt sind, EU-Richtlinien in nationale Gesetzgebung umzusetzen, ist eine Gefahr für den deutschen Staat. Was aber dem Bund, den Ländern und den Kommunen schaden muß, ist das Bemühen, nationalstaatliche Rahmensetzung für Markt und Wirtschaft zu demontieren, ohne einen entsprechenden europäischen Rahmen zu zimmern. Wenn dies durch die Kompetenzverteilung zwischen Kommission und Rat begünstigt wird, muß die Politik auf eine Änderung dringen.

II. Was sich hier als Fazit aus dem Nachdenken über den Nationalstaat ergibt, trifft sich mit dem, was Ulrich Beck und Edgar Grande im letzten Kapitel ihres 2004 erschienenen Werkes über *Das kosmopolitische Europa* formulieren: »Um ihre Macht zu bewahren und zu vermehren, müssen die Staaten (a) kooperieren, (b) internationale Regeln aushandeln und (c) entsprechende internationale Institutionen gründen. Mit anderen Worten: Weil Staaten überleben wollen, müssen sie zusammenarbeiten. Dauerhafte Kooperation jedoch verändert die Selbstdefinition von Staaten in ihrem Kern. Ihr Egoismus des Überlebens und der Machterweiterung zwingt sie zum Zusammenschluß und zur Selbsttransformation. Nicht Rivalität, sondern Kooperation maximiert nationale Interessen« (Ulrich Beck und Edgar Grande, *Das kosmopolitische Europa*, Frankfurt/Main 2004, S. 379).

Zu dieser veränderten Selbstdefinition des Staates gehört dann auch die Unterscheidung zwischen »legaler Souveränität« und »materieller Souveränität«. Zur legalen Souveränität würde das Recht zählen, jederzeit über »Einmischung in die inneren Angelegenheiten« zu klagen, was meist auf Schwäche und Unsicherheit schließen läßt. Materielle Souveränität stellt sich dar in der Fähigkeit, zur Zufriedenheit der Bürger zu tun, was ein Staat zu tun hat, für Sicherheit zu sorgen, Freiheitsrechte zu schützen, Zukunftstauglichkeit zu fördern. Beck/Grande: »Der Staat verzichtet auf einen Teil seiner legalen Souveränität, um dadurch seine materielle Souveränität zurückzuerlangen. Noch kürzer, und ins Paradoxe gewendet: Souveränitätsverzicht führt zu Souveränitätsgewinn« (ebd., S. 124).

Was Beck und Grande hier als Paradox formulieren, ist keine intellektuelle Gedankenspielerei. So kann es wirklich kommen, allerdings nur unter der Bedingung, daß die politisch Verantwortlichen der EU es wollen. Daran sind bisher Zweifel erlaubt. Beck und Grande warnen: »Ein neoliberales Minimaleuropa ist ökonomisch nicht sinnvoll und politisch nicht realistisch. Die ökonomischen Defizite einer ausschließlich ›negativen Integration‹ Europas sind hinlänglich bekannt... Märkte werden nicht nur politisch konstituiert, sie bedürfen auch der dauerhaften politischen Korrektur, um effektiv funktionieren zu können. Wenn solche marktkorrigierenden Politiken auf europäischer Ebene nicht möglich sind oder nicht gewollt werden, dann leidet darunter langfristig nicht nur die europäische Wirtschaft, sondern das Projekt Europa als Ganzes« (ebd., S. 43).

Rechtspopulismus, so die beiden Wissenschaftler, könne die Schwächen eines Minimaleuropas nutzen. Daß die Linke sich in einem solchen Europa nicht wohlfühlen, daß sie auch nicht auf Dauer stillhalten würde, ist abzusehen.

Die Verfechter eines Europas ohne »marktkorrigierende Politiken« sehen nicht ein, warum Europa können soll, was die Nationalstaaten auch nicht vermögen. Sie lassen durchblicken, daß es sich in Staaten, deren Rahmen für die Märkte zerfalle, durchaus leben lasse. Wo die Devise »so wenig Staat wie möglich« gilt, schadet es nichts, wenn auf dem Weg vom Nationalstaat nach Europa sich einiges an Staatlichkeit verflüchtigt. Beck und Grande nennen dies den »Zynismus der Neoliberalen« (ebd., S. 124).

Wo der Minimalstaat das politische Ziel ist, kann der notwendige und oft auch stärkende Souveränitätsverzicht des

Nationalstaats zum Instrument der Staatsdemontage werden. Daß es in Europa solche Tendenzen gibt, ist unverkennbar. Ob sie sich durchsetzen, hängt davon ab, ob sich genügend politische Kräfte finden – und die müssen keineswegs nur von der demokratischen Linken kommen –, die dem Staat mehr zutrauen und zumuten wollen, als neoliberale Ökonomen dies tun, und die zum andern begriffen haben, daß in der europäischen Politik entschieden wird, was nationale Politik noch entscheiden darf. Gäbe es eine europäische Öffentlichkeit, die, was in Brüssel oder Straßburg geschieht, mit derselben kritischen Aufmerksamkeit verfolgte wie das, was sich in Paris oder Berlin abspielt, dann könnte die Formel »Souveränitätsverlust führt zu Souveränitätsgewinn« einen realen Vorgang bezeichnen. Käme dazu die von Michael Sommer gewünschte Diskussion darüber, wozu es einen Staat gibt und was er leisten soll, dann könnte dies der »materiellen Souveränität« zugute kommen. Sie kann tatsächlich durch ein Gebilde wiederhergestellt werden, das, wie die Europäische Union, einen Kontinent umspannt, auch wenn es selbst kein Staat ist und also auf »legale Souveränität« keinen Anspruch erheben kann. Was dieses Gebilde an positiver Integration leisten müßte, wird offenbar in Fachkommissionen unterhalb der EU-Kommission bereits diskutiert.

III. Natürlich muß die Handlungsfähigkeit des Staates auch von innen her gestärkt werden. Dies geschieht nicht dadurch, daß der Staat mehr Beamte einstellt, wohl aber überall da, wo die Citoyenne und der Citoyen spüren und erfahren: Dies ist unser Staat. Dazu müssen sie die Chance haben, zu verstehen, wer wofür verantwortlich ist, wer also auch wofür verantwortlich gemacht werden kann. Dies ist in einem föderalen Staat besonders schwierig. Warum geht der Bau einer Umgehungsstraße nicht voran? Weil der für Bundesstraßen zuständige Bund anderes für wichtiger hält oder weil die Planungsbehörden im Land nicht vorankommen? Warum kommt ein

Gesetz, auf das man wartet, nicht zustande? Wer hat recht, wo Bundestag und Bundesrat sich gegenseitig beschuldigen?

Bei einer Bundestagswahl müssen die Bürger bewerten können, was die Regierungsmehrheit erreicht oder versäumt hat. Wenn die Opposition auf dem Weg über den Bundesrat mitregiert oder das Regierungshandeln blockiert hat, was soll der Wähler wem zuschreiben? Daher ist das, was in Deutschland als Föderalismusreform läuft, längst fällig. Es geht nicht nur darum, die Gesetzgebung zu beschleunigen, sondern auch, dem Souverän, dem Bürger, den Überblick und den Durchblick zu erleichtern.

Damit dieser Souverän öfter zu spüren bekommt, daß der demokratische Staat sein Staat ist, brauchen wir das Plebiszit. Jeder kennt die Argumente, die dagegen vorgebracht werden, die längst widerlegten und die unwiderlegbaren. Natürlich kann auch durch Plebiszit eine Entscheidung herbeigeführt werden, die sich als nachteilig, als falsch erweist. Aber dazu bedarf es nicht des Plebiszits. Natürlich bekommt, wie bei Wahlen auch, die Demagogie der einschlägigen Medienkonzerne eine Chance.

Dafür hat eine Entscheidung durch den Souverän mehr Gewicht. Keine Lobby bei Ministerien oder Parlament kann sie verändern oder verhindern, kein Verband kann hoffen, daß demnächst eine andere Regierung das Gegenteil beschließt. Wilde Polemik gegen eine parlamentarische Mehrheitsentscheidung ist einfacher und weniger gefährlich als verbales Anrennen gegen einen Volksentscheid. Es ist leichter, eine Regierung madig zu machen als eine Mehrheit der Wahlberechtigten.

Dazu kommt: Wie soll man im Citoyen das Bewußtsein fördern, daß der demokratische Rechtsstaat sein Staat ist, nicht der Staat einer »politischen Klasse«, wenn die Leute, die man mit diesem eher polemischen Begriff meint, dem Souverän nicht zutrauen, daß er selbst vernünftig entscheiden kann? Der demokratische Staat bezieht seine Legitimität vom mündigen Bürger. Er wird diese Legitimierung künftig noch dringender brauchen als bisher, wenn er sich gegen globalisierte Wirtschaftsmacht behaupten soll. Wer der Citoyenne und dem Citoyen, nur wenig verschleiert, das Zeugnis der Unmündigkeit ausstellt, schwächt ohne Not einen ohnehin geschwächten Staat.

Im Deutschen Bundestag liegt ein ausgefeilter Gesetzentwurf, dessen Urheber sich bemüht haben, jedem Mißbrauch von Volksbegehren und Volksentscheid vorzubeugen. Da Abgeordnete am Werk waren, haben sie darauf geachtet, daß mit dem Plebiszit die parlamentarische Demokratie nur ergänzt, erweitert, bereichert, nicht ersetzt wird. Warum schweigen die Publizisten, die den unfähigen, miserablen Parteien mit dem Plebiszit zu drohen pflegen, wenn diese Parteien selbst das Plebiszit wagen wollen?

IV. Daß auch der beste Nationalstaat, auf sich allein gestellt in der »Weltrisikogesellschaft« (Beck), reichlich hilflos ist, gilt nicht nur für die alten kleinen und mittleren Staaten Europas, sondern auch für die ganz Großen, für China, Indien und auch für die Hegemonialmacht USA. Der unilateral erklärte und geführte »Krieg gegen den Terrorismus« mußte den Terror stärken. Nur wenn Polizei und Geheimdienste aller wichtigen Länder zusammenwirken, läßt sich der Terror mit Erfolg bekämpfen. Die Fähigkeit, in einem wirklichen Krieg jeden Feind ganz allein militärisch zu besiegen, verliert an Wert, wenn auch ein gewonnener Krieg politisch und finanziell mehr kostet, als er einbringt. Auch die mächtigste Volkswirtschaft kann ohne internationale Kooperation nicht bestehen, zumal dann, wenn ausländische Anleger Tag für Tag gewaltige Defizite in Haushalt und Zahlungsbilanz ausgleichen müssen.

In einer Welt gegenseitiger Abhängigkeiten kommt es auch den weitaus Stärksten teuer zu stehen, wenn er sich gemeinsamen Anstrengungen der Völkergemeinschaft entzieht, sie möglicherweise sabotiert. Daß die Vereinigten Staaten mit dem Kyoto-Protokoll und vor allem dem internationalen Strafgerichtshof nichts zu tun haben wollen, bringt rund um den Globus so viele Menschen gegen die Supermacht auf, daß dies dem Außenministerium nicht ganz gleichgültig sein kann.

Römische Kaiser haben nicht selten nach dem Motto gehandelt: »oderint dum metuant« (mögen sie mich hassen, so lange sie mich nur fürchten). Das war zu einer Zeit, als Despoten sich nur vor Dolch oder Schwert, allenfalls vor Gift hüten mußten. Dazu hatten sie ihre Leibwächter und Vorkoster. Im 21. Jahrhundert, das mit Selbstmordattentätern leben muß, die sich und andere in die Luft jagen, die Passagierflugzeuge in Bomben verwandeln, kann sich niemand mehr, auch keine Nation, eine solche zynische Devise erlauben. Wer auch immer im Vertrauen auf seine Übermacht Furcht oder gar Haß erweckt, muß dafür bezahlen. Präsidenten kann man schützen, indem man ihnen das Bad in der Menge verwehrt und für einen Besuch ganze Großstädte lahm legt, Millionen von Touristen nicht.

Als die Türme des Welthandelszentrums in sich zusammenfielen, wurden die Amerikaner aus dem Traum der Unverwundbarkeit geweckt. George W. Bush ist überzeugt, daß Amerika ein Recht auf diesen Traum hat, und seine Landsleute haben es ihm gedankt. Daß Verwundbarkeit zur Conditio humana gehört, daß Menschen sich nicht unverwundbar machen können, wußten schon die Schöpfer der Nibelungensage, die das Lindenblatt auf Siegfrieds Rücken fallen ließen, damit das »Fenster der Verwundbarkeit« offenblieb. Niemals aber war der Traum von der Unverwundbarkeit so naiv, so teuer, so gefährlich und als politische Maxime so kontraproduktiv wie im 21. Jahrhundert. Wer im 21. Jahrhundert Tausende von Fanatikern geradezu anstachelt, einem Land seine Verwundbarkeit zu beweisen, verschwendet die Milliarden, die ein Raketenabwehrsystem kostet.

V. Die Interdependenzen, die gegenseitigen Abhängigkeiten begründen im 21. Jahrhundert auch das Interesse an der Staatlichkeit des anderen. Nach dem 11. 9. 2001 haben viele Amerikaner bedauert, daß die USA Afghanistan, als es dort keine Kommunisten mehr zu bekämpfen gab, einfach sich selbst, seinen Warlords, seinen muslimischen Fanatikern und seinen Drogendealern überlassen hat. Dort konnte Bin Laden ungestört seine Terroristen ausbilden. Inzwischen wissen alle: Wo Staaten zerfallen, wo die Polizei, so es sie noch gibt, mehr an Wegegeldern als an Verbrechensbekämpfung interessiert ist, wo die Weisungen eines Innenministers – so es noch einen gibt – nicht über die Grenzen der Hauptstadt hinausdringen, brauen sich Gefahren zusammen, die auch Nachbarländer und schließlich weit entfernte Staaten bedrohen.

Die Feststellung: »Weil Staaten überleben wollen, müssen sie zusammenarbeiten« (Beck/Grande) schließt eine andere ein: »Wenn Staaten überleben wollen, brauchen sie dazu andere Staaten« oder eben: »Staaten, die überleben wollen, haben ein Interesse an der Staatlichkeit aller anderen«. Sie haben dieses vitale Interesse, weil das Zerbrechen von Staatlichkeit alle gefährdet.

Daß Staatlichkeit von sehr unterschiedlicher Qualität sein kann, daß Diktatoren ihren Staat wie Privatbesitz verwerten, daß andere sich wie Warlords gebärden können, daß Teile der Staatätigkeit zusammenbrechen können, andere nicht, wirft die Frage auf, was mehr Erfolg verspricht, eine Strategie der langsamen Veränderung, der Demokratisierung und Legitimierung oder eine Strategie der Tabula rasa, der Zerstörung mit totalem Neuanfang. Daß beides mühsam und langwierig ist, entbindet nicht von einer Antwort. Diese Antwort sind vor allem die reichen Länder des Nordens schuldig, die in den Vereinten Nationen den Ton angeben. Sie dürfte lauten: Wo die Tabula rasa sich vermeiden läßt, muß sie vermieden werden.

Geht es in der nördlichen Halbkugel vor allem darum, Staatsdemontage zu verhindern und den demokratischen Rechts- und Sozialstaat in eine Form und einen Kontext zu bringen, die ihn das 21. Jahrhundert überstehen lassen, so stehen Afrika, Lateinamerika und Teile Asiens vor der Aufgabe, den akuten Staatsverfall und Staatszerfall zu bremsen, fragile Staaten zu stützen, zerfallene neu aufzubauen.

Daß die Politik dieses Thema noch immer mit spitzen Fingern angreift, hat mehrere Gründe. Einmal erweist sich fast alles als unwirksam, fragwürdig, falsch, kontraproduktiv, was bisher unternommen wurde. Zum andern sind die Gebiete, in denen der Staat zerfällt, meist ökonomisch nicht interessant. So wie für den neoliberalen Kapitalismus auch in den Industriestaaten Millionen von Menschen nicht mehr gebraucht werden, können ganze Länder, ja Kontinente überflüssig werden. Wo das global agierende Kapital – aus guten Gründen – ohnehin nicht mehr investiert, ist es auch am Staat nicht interessiert.

So ist es vor allem die Wissenschaft und unter ihrem Einfluß die Entwicklungspolitik, die hier auf Strategien dringt, manchmal sind es auch die Innenminister, die sich um die Sicherheit im eigenen Land sorgen und erschrecken, wenn es in einem Land keine Telefonnummer mehr gibt, an die sie sich wenden können.

VI. Den seriösesten Versuch, für dieses unübersichtliche Feld Leitlinien zu entwerfen, haben vier Wissenschaftler der Stiftung »Entwicklung und Frieden« in ihrem *Policy Paper* Nr. 23 von Januar 2005 gemacht. Tobias Debiel, Stephan Klingebiel, Andreas Mehler und Ulrich Schneckener wissen, daß es kein Rezept geben kann, das sich überall anwenden läßt. Daher sichten sie erst einmal das Gelände, bemühen sich um Abgrenzung und Einteilung: »Auf der einen Seite stehen Länder wie Mexiko, Brasilien, Thailand oder Südafrika, die sich dem westlichen Modell demokratischer Marktwirtschaften annähern, zugleich aber den Bürgern häufig nicht den notwendigen Schutz vor existenziellen Lebensrisiken bieten können (Versagen der Sicherheitsorgane angesichts hoher Alltagskriminalität, fehlende soziale Grundsicherung bei ökonomischen Schocks etc.). Auf der anderen Seite des Spektrums befinden sich kollabierte Staaten – ein Extrem, das bislang nur in wenigen Fällen (z. B. Somalia, Afghanistan, Liberia, Sierra Leone) zu beobachten war. Die Mehrzahl der Länder bewegt sich zwischen den beiden Polen: Es handelt sich um unzureichend konsolidierte (›schwache‹) Staaten, bei denen Rechtssicherheit, Schutz vor Gewalt und eine soziale Infrastruktur nur partiell existieren, oder gar um »failing states«, die sich auf dem Weg des Verfalls befinden und bei denen letztlich sogar ein Kollaps möglich ist« (ebd., S. 4).

Für die vier Autoren der Stiftung beginnt der Staatsverfall also schon da, wo am Rande von Megastädten wie Rio oder Sao Paulo sich die Anzahl der Opfer von Bandenkriminalität und Bandenkämpfen jedes Jahr der Zahl annähert, die im 20. Jahrhundert die Mannschaftsstärke einer kriegsstarken Division beschrieb. Für die Autoren sind also die Zitadellen, in denen sich die Begüterten verschanzen, wenn die Polizei in den »barriadas« oder »favelas« nichts mehr zu sagen hat, schon Zeichen des Staatsverfalls. Aber es gibt dort noch einen Staat, gewählte Präsidenten, Gesetze, die im größeren Teil des Landes gelten. Davon ist nichts mehr übrig am anderen Ende der Skala, in den »entités chaotiques«, die nicht nur »ingouvernables«, sondern auch »ingouvernées« sind.

Die Mehrzahl der Staaten bewegt sich, so die Autoren, irgendwo dazwischen, und je näher sie dem Kollaps sind, desto nötiger – und schwieriger – wird das Eingreifen von außen.

Die Autoren warnen auch vor der Illusion, hier sei rasch Abhilfe zu schaffen: »Insgesamt sollte fragile Staatlichkeit nicht als ›Abweichung‹ von der Norm des OECD-Staates, sondern als ›Normalfall‹ in weiten Teilen der Welt verstanden werden« (ebd., S. 4).

Damit niemand meint, sie wollten sich in postmoderne Beliebigkeit flüchten und andeuten, es gehe auch ohne funktionierenden Staat, fahren sie fort: »Dies steht nicht in Widerspruch zur langfristigen Bedeutung des OECD-Modells als normativ-historischem Leitbild. Wohl aber trägt eine solche Perspektive dem Umstand Rechnung, daß in den nächsten Jahrzehnten die weltweite Durchsetzung freiheitlicher Demokratien und stabiler staatlicher Strukturen keine realistische Perspektive ist. Die Vielschichtigkeit fragiler Staatlichkeit schließt insofern ›one size fits all‹-Lösungen aus« (ebd., S. 4).

Wer den Staatsverfall bremsen, Staaten stärken und legitimieren will, muß in Jahrzehnten denken. Wer aus einer »entité chaotique« einen Staat formen will, in Generationen. Die Wahrscheinlichkeit, dabei Fehler zu machen, das Gegenteil des Gewünschten zu befördern, ist dabei größer als die Chance des raschen Erfolgs. Über das, was bisher getan wurde, kommen die Autoren zu einem vernichtenden Urteil: »Nach einer Phase des umfassenden Aktionismus wird nicht selten eine komplette Kehrtwendung vollzogen, die dann wieder in eine Position der bewussten Passivität mündet. Ein extremes Beispiel war Somalia, aber auch in Fällen wie Haiti, Burundi oder DR Kongo lässt sich dieser Zick-Zack-Kurs feststellen. Die erratische Abfolge von Ignorieren, Taktieren, Intervenieren und dann wieder Ignorieren dürfte am allerwenigsten hilfreich sein, wenn es darum geht, Strukturen in fragilen Staaten nachhaltig zu stärken« (ebd., S. 3).

Dieser Zick-Zack-Kurs rührt auch daher, daß die Grundsatzreferate der Außenministerien das Thema Staatsverfall lange nicht ernstgenommen und daher auch keine Strategien dagegen erarbeitet haben. Außenpolitik findet eben zwischen Staaten statt. Wo es keine gibt, findet keine statt. Jetzt, so das *Policy Paper*, gebe es eine »Renaissance des Staates in Forschung und Praxis«. Die reicht aber nicht. Daher die Empfehlung: »Die Bundesregierung braucht ressortübergreifende, integrierte Handlungsstrukturen der Außen-, Sicherheits- und Entwicklungspolitik, um auf das Problem fragiler Staatlichkeit angemessen reagieren zu können« (ebd., S. 11).

Dies gilt natürlich nicht nur für die Bundesregierung, sondern auch für die Europäische Union und ihre wichtigsten Mitglieder. Bisher ist es wohl so, daß die verschiedenen Ressorts sich ihre je eigenen Gedanken gemacht haben, vor allem die für Verteidigung und für wirtschaftliche Zusammenarbeit. Aber es gibt Fälle, in denen die Entwicklungspolitik passen muß, weil kein Minister bereit ist, Helfer in ein Inferno der Gewalt zu entsenden oder Kredite zu vergeben, wo niemand mehr garantieren kann, daß sie richtig verwendet werden. Umgekehrt hat das Militär gelernt, daß es zwar das Schießen und Morden beenden, aber weder Frieden noch Entwicklung schaffen kann. Daher ist es an der Zeit, daß die beiden Ressorts – zusammen mit dem Auswärtigen Amt – sich auf Strategien verständigen.

VII. Die größte Schwierigkeit dabei ist, daß ein Staat nur von innen, durch seine eigenen Bürger, gestärkt oder gar neu aufgebaut werden kann, daß also die Hilfe von außen sehr dezent geleistet werden muß. Wer die richtigen »Eliten« sind, die leisten können, was geleistet werden muß, läßt sich oft schwer entscheiden. Wem geht es um den Staat, wem nur um seinen Vorteil? Soll man sich auf die – formell – Regierenden verlassen oder auf andere, die sich »Opposition« nennen? Ein reichlich komplizierter Satz der Empfehlungen spiegelt die Verlegenheit, in die notwendig kommt, wer hier Leitlinien formulieren will: »Entlegitimierte staatliche Fassadenstrukturen haben kein Anrecht auf bessere Förderung als leistungsfähige Äquivalente, die über ein Mindestmaß an Legitimität verfügen.«

Was sich als legal ausgibt, braucht noch lange nicht legitim zu sein. Und wer sich gegen eine korrupte Regierung auflehnt, bietet noch keine Gewähr, daß er gegen Korruption gefeit ist.

Obwohl ohne ein Mindestmaß an Sicherheit kein Staat zu machen ist, reicht es nicht aus, sich um Polizei und Justiz zu kümmern. Solange Richter und Polizisten ihre Familien nur ernähren können, wenn zum Gehalt Bestechungsgelder hinzukommen, muß auch die Sanierung der Staatsfinanzen Gegenstand einer solchen Strategie sein. Wie es keine Wirtschaft geben kann ohne Staat, so eben auch keinen Staat ohne wirtschaftliche Grundlage.

Wer sich in die Schwierigkeiten und manchmal auch Aporien dessen vertieft, was Fukuyama allzu optimistisch »Staaten bauen« nennt, wird Fehlschläge auf diesem Gebiet mit Fassung tragen, Erfolge dankbar feiern. Sicher ist allerdings, daß alle solchen Bemühungen nur eine Chance haben, wenn sie nicht in den Geruch des Kolonialismus geraten. Dies schließt unilaterales Handeln aus. Wo es kein legitimes Gewaltmonopol mehr gibt, kann nur legitimierte Gewalt kurzfristig Ersatz schaffen, langfristig ein solches Gewaltmonopol wieder aufbauen. Wo, wie im Irak, eine Weltmacht gegen den Willen des UN-Sicherheitsrats eine Gewaltherrschaft gebrochen hat, muß sie mit privatisierter Gegengewalt rechnen. Diese Gegengewalt wird sich immer auch gegen diejenigen richten, die unter dem Schutz der Supermacht neue Legitimität schaffen wollen.

Wer legitime nationale Gewaltmonopole und damit international eingebettete Nationalstaaten schaffen will, muß sich auf ein internationales Gewaltmonopol berufen können.

Der Gedanke des internationalen Gewaltmonopols ist nicht neu. Er beflügelte schon die Gründer der Vereinten Nationen. Die Entscheidung über den Einsatz von Gewalt sollte beim Sicherheitsrat der UN liegen. Dadurch sollten Kriege zwischen Staaten verhindert werden. Davon ist die Welt noch weit entfernt. Aber der Gedanke, daß ein Gewaltmonopol der UNO an die Stelle des jus ad bellum der Staaten treten muß, bleibt richtig.

Jetzt kommt ein anderes Argument dazu: Wo nationale

Gewaltmonopole zerbröseln, sind sie nur zu retten oder wiederherzustellen, wenn sie durch eine Gewalt gestützt und notfalls zeitweise ersetzt werden können, deren Legitimität sich nicht anzweifeln läßt. Jede unilaterale Intervention ist mit Interessen verbunden, zumindest wird ihr Interesse unterstellt von den Gewalthabern, die in das Vakuum eingedrungen sind, das der Staat hinterlassen hat. Eine Weltpolizei, von der Völkergemeinschaft legitimiert und entsandt, trifft ein solcher Verdacht nicht, auch wenn sie vorläufig aus Einheiten bestehen muß, die Nationalstaaten zur Verfügung gestellt haben.

Jede staatliche Ordnung beginnt mit der Unterscheidung zwischen legitimer und illegitimer Gewalt. Wer beträchtliche Teile des Globus nicht Warlords oder gar Killerbanden überlassen will, muß auf dieser Unterscheidung bestehen. Dies bedeutet auch, daß Legitimität rechenschaftspflichtig ist. Wo unterschiedliche Waffenträger mit durchsichtigen Begründungen Legitimität in Anspruch nehmen, entsteht jenes Chaos, in dem aus Menschen, aus Kindern und Frauen, Freiwild für eine verrohte Soldateska wird. Erst wo ein bestimmtes Abzeichen – es muß nicht der Blauhelm sein – signalisiert, daß hier die Weltgemeinschaft eingreift, wird aus privatisierter und kommerzialisierter Gewalt illegitime, und wenn sie sich nicht beugt, kriminelle Gewalt.

Natürlich entscheidet der Sicherheitsrat der UNO – erweitert oder auch nicht – keineswegs in einem interessenfreien Raum. Großmachtinteressen können eine Intervention anregen oder – noch häufiger – verhindern. Daher wäre zu überlegen, ob nicht ein – rein beratendes – Gremium aus »elder statesmen« und erfahrenen Juristen Empfehlungen ausarbeiten und publizieren sollte. Solche Empfehlungen könnten sich darauf beziehen, wann generell eine Intervention nötig und legitim ist, aber auch auf bestimmte Krisenherde wie etwa den Westsudan. Wenn die Frage nach dem gerechten Krieg immer mehr verdrängt wird durch die nach der legitimen Gewalt, muß die Autorität des Sicherheitsrats unterfüttert, begründet, aber auch kritisch reflektiert werden von Personen, die Vertrauen erworben haben und keiner Interessen verdächtig sind.

Solche Anregungen mögen wenig realistisch anmuten. Natürlich wird es ein solches Gremium nicht geben, wenn die Vereinigten Staaten es nicht wollen. Wenn allerdings einmal ins Bewußtsein der Regierungen gedrungen ist, daß »das Versagen und Scheitern von Staatlichkeit zum zentralen friedens- und entwicklungspolitischen Thema des beginnenden 21. Jahrhunderts geworden« ist (*Policy Paper* Nr. 23) – und wahrscheinlich nicht nur des beginnenden –, wird man sich so oder so einiges Neue einfallen lassen müssen.

VIII. Die Gefährdungen der Staatlichkeit im reichen Norden sind anders und weniger dramatisch als die im mehr oder minder armen Süden. Daher wurden sie in diesem Kapitel getrennt behandelt. Aber sie sind nicht ohne Bezug zueinander. Wer weiß, was in Afrika oder Zentralasien geschieht, liest auch die Berichte über das eigene Land anders. Wenn deutsche Polizisten wegen schlechter Bezahlung, mangelhafter Ausrüstung oder auch langsamer Beförderung mit »Dienst nach Vorschrift« drohen, so klingt das zuerst einmal harmlos. Das ist die Rhetorik von Tarifverhandlungen. Dann fällt ihm ein, daß in Afrika der akute Staatsverfall beginnt, wenn die Polizei, miserabel entlohnt, keine Lust mehr hat, Märkte zu schützen oder Verbrecher zu stellen. Dann werben die Händler ihre eigene, private Truppe an, die ihre eigene Gewaltjustiz ausübt, Exekutionen öffentlich zelebriert, um die Kriminellen abzuschrecken. Sicher, da klafft ein weiter Abstand zwischen Westafrika und Zentraleuropa. Aber könnte der sich nicht auch verringern?

Wenn ein deutscher Manager, dessen Konzern von einem andern geschluckt wird, eine Abfindung bekommt, von deren Zinsen der Ex-Manager ein halbes Dutzend Bundeskanzler besolden könnte, dann verschlägt es den meisten Normalverdienern die Sprache, weil sie sich solche Summen gar nicht vorstellen können. Wer Kritik wagt, gerät rasch in den Ruf, ein Neidhammel zu sein. In unserem Zusammenhang wäre allerdings zu fragen: Tut es einer Gesellschaft auf Dauer gut, wenn Führungspositionen in der Wirtschaft zehnmal, dreißigmal oder fünfzigmal großzügiger bezahlt werden als solche im Staat? Könnte dies nicht auch eine Quelle der Korruption und damit des Staatsverfalls werden – wie in Lateinamerika?

Bedeuten die »gated communities« in den USA für das Gewaltmonopol des Staates in Brasilien und Südafrika etwas anderes als in den USA? Oder sondern hier wie dort Bürger sich ab, die sich lieber nicht auf die Sicherheit verlassen, die ihnen der Staat bietet? Kann ein Staat, ohne Schaden zu nehmen, zusehen, wie Sicherheit zur Ware wird? Beschädigt die Privatisierung der Gewalt, in welcher Form auch immer, wo auch immer, den Staat nicht in seinem Kern?

Noch ein anderer Zusammenhang wäre zu bedenken: Viele Staaten des Südens brauchen, um zu überleben, die Aufmerksamkeit und Hilfe des Nordens. Die Gleichgültigkeit, mit der Europa und Nordamerika die Greuel im Kongo oder an seinem Ostrand, in Ruanda und Burundi, hingenommen oder gar ignoriert haben, war zwar leicht zu erklären, aber schwer zu entschuldigen: Wer aus einer so riesigen »entité chaotique« wieder ein funktionierendes Gemeinwesen machen will, muß selbst Opfer bringen, an Geld, viel Geld, aber auch an Menschen. Da reichen nicht ein paar tausend Soldaten, die in einer Stadt und ihrer Umgebung das Schlimmste verhindern. Da bedarf es, wir haben es gesehen, eines genau geplanten langfristigen Engagements, militärisch und zivil. Da müssen nicht nur die Warlords in ihre Schranken gewiesen, da muß nicht nur Tausenden von Kindersoldaten das Töten abgewöhnt und das Arbeiten gelehrt werden, da muß all das organisiert werden, was der Staat dem Warlord voraus hat: öffentliche

Güter wie Rechtssicherheit, Schulen, ein Wasserhahn, ein Stromanschluß, Nahrung für die Hilflosen, dazu eine Polizei, die weiß und ernst nimmt, wozu sie da ist.

IX. Dies alles schafft Europa, sogar wenn die USA mitspielen, nicht mit der linken Hand. Es ist auch fraglich, ob finanziell die 0,7% des Sozialprodukts dazu ausreichen, die den Ländern des Südens seit 35 Jahren versprochen und immer weniger eingehalten wurden. Wer begriffen hat, daß es auch um die eigene Sicherheit geht, die ohne die Sicherheit der anderen nicht denkbar ist, weiß, daß da etwas von Europa verlangt wird, das seine Völker zwar leisten können – was haben sie nicht alles im Krieg gegeneinander geleistet! –, aber eben nur, wenn ihre Staaten handlungsfähig bleiben.

Der ausgehungerte Staat, der noch nicht einmal imstande ist, den Wettlauf um die niedrigsten Unternehmenssteuern zu stoppen, wird dies ganz sicher nicht leisten können. Er wird ein bißchen Hilfe leisten. Wenn die Bilder zu schrecklich anzuschauen sind, werden die Menschen ein paar Millionen spenden, gelegentlich wird man ein paar Soldaten schicken und hoffen, daß sie am Jahresende wieder zu Hause sind. Aber der Staatsverfall wird weitergehen, bis die Folgen auch in Europa nicht mehr zu übersehen sind. Dann könnte es für viele Länder des Südens zu spät sein. Wo die Gewalt einmal total privatisiert ist, läßt sie sich nicht wieder verstaatlichen wie eine marode Eisenbahn.

Der Staat, nicht nur der in der europäischen Union aufgehobene Nationalstaat, hat eine Zukunft, wenn wir diese Zukunft wollen und planen. Wir wollen sie, wenn wir den demokratischen Rechts- und Sozialstaat nicht für etwas Selbstverständliches, beliebig Strapazierbares oder gar etwas Unbequemes, Einengendes halten. Er ist eine der größten Errungenschaften der Menschheitsgeschichte.

Wir wollen diese Zukunft, wenn wir uns an der Alternative nicht vorbeimogeln. Es wäre eine Zukunft ohne Sicherheit, ohne Recht, ohne Grundrechte, ohne praktizierbare Freiheit.

Wir, die Kinder einer technischen Zivilisation, in der alles rasch veraltet und dann schrottreif wird, können uns kaum vorstellen, daß es Bereiche gibt, die sich den Gesetzen der Wegwerfgesellschaft entziehen, weil das nächstbessere Modell nicht erkennbar und vielleicht gar nicht möglich ist. Den demokratischen Rechts- und Sozialstaat wird man immer neuen Gegebenheiten anpassen, also reformieren müssen. Durch etwas Besseres ersetzen läßt er sich nicht. Das nächstbessere Modell hat noch niemand entworfen.

edition suhrkamp
»Kultur und Konflikt«

Unter dem Titel »Kultur und Konflikt« ist 1994 eine Publikationsreihe des Forschungsschwerpunktes in der *edition suhrkamp* eröffnet worden, die von Wilhelm Heitmeyer, Günter Albrecht, Otto Backes und Rainer Dollase herausgegeben wird.

Das Gewalt-Dilemma. Gesellschaftliche Reaktionen auf fremdenfeindliche Gewalt und Rechtsextremismus. Herausgegeben von Wilhelm Heitmeyer. es 1905. 464 Seiten

Die bedrängte Toleranz. Ethnisch-kulturelle Konflikte, religiöse Differenzen und die Gefahren politisierter Gewalt. Herausgegeben von Wilhelm Heitmeyer und Rainer Dollase in Zusammenarbeit mit Johannes Vossen. es 1979. 507 Seiten

Bundesrepublik Deutschland: Auf dem Weg von der Konsens- zur Konfliktgesellschaft. Herausgegeben von Wilhelm Heitmeyer. Zwei Bände in Kassette. es 2004 und es 2034. 1138 Seiten

Verlockender Fundamentalismus. Türkische Jugendliche in Deutschland. Von Wilhelm Heitmeyer, Jochen Müller und Helmut Schröder. es 1767. 277 Seiten

Die Krise der Städte. Analysen zu den Folgen desintegrativer Stadtentwicklung für das ethnisch-kulturelle Zusammenleben. Herausgegeben von Wilhelm Heitmeyer, Rainer Dollase und Otto Backes. es 2036. 470 Seiten

NF 316/1/11.00

Die Bindung der Unverbindlichkeit. Mediatisierte Kommunikation in modernen Gesellschaften. Von Uwe Sander. es 2042. 297 Seiten

Politisierte Religion. Ursachen und Erscheinungsformen des modernen Fundamentalismus. Herausgegeben von Heiner Bielefeldt und Wilhelm Heitmeyer. es 2073. 494 Seiten

Schattenseiten der Globalisierung. Rechtsradikalismus, Rechtspopulismus und separatistischer Regionalismus in westlichen Demokratien. Herausgegeben von Dieter Loch und Wilhelm Heitmeyer. es 2093. 544 Seiten

NF 316/2/11.00

NF 348/1/3.04

Geschichte und Politik
in der edition suhrkamp
Eine Auswahl

Juan Goytisolo
- Ein algerisches Tagebuch. Übersetzt von Thomas Brovot.
  Mit Abbidungen. es 1941. 120 Seiten
- Landschaften eines Krieges: Tschetschenien. Übersetzt von
  Thomas Brovot. es 1768. 110 Seiten
- Notizen aus Sarajewo. Mit zahlreichen Abbildungen. Über-
  setzt von Maralde Meyer-Minnemann. es 1899. 140 Seiten
- Weder Krieg noch Frieden. Palästina und Israel heute.
  Übersetzt von Thomas Brovot. Mit Fotos.
  es 1966. 108 Seiten

Ludolf Herbst. Das nationalsozialistische Deutschland.
Herausgegeben von Hans-Ulrich Wehler. 1933-1945. Die
Entfesselung der Gewalt: Rassismus und Krieg. NHB.
es 1285. 495 Seiten

Alfred Herzka. Kuba. Abschied vom Kommandanten?
es 2061. 258 Seiten

Die Hexen der Neuzeit. Studien zur Sozialgeschichte eines
kulturellen Deutungsmusters. Herausgegeben von Claudia
Honegger. Mit 15 Abbildungen. es 743. 393 Seiten

Wolfgang Hoffmann-Riem
- Kriminalpolitik ist Gesellschaftspolitik, es 2154. 240 Seiten
- Modernisierung von Recht und Justiz. Eine Herausforde-
  rung des Gewährleistungsstaates. es 2188. 368 Seiten

Dick Howard. Die Grundlegung der amerikanischen Demokratie. Übersetzt von Ulrich Rödel. es 2148. 450 Seiten

Konrad H. Jarausch. Die unverhoffte Einheit. 1989-1990.
es 1877. 416 Seiten

Judentum im deutschen Sprachraum. Herausgegeben von Karl E. Grözinger. es 1613. 435 Seiten

Ketzer, Zauberer, Hexen. Die Anfänge der europäischen Hexenverfolgungen. Herausgegeben von Andreas Blauert. es 1577. 285 Seiten

Ekkehart Krippendorff. Kritik der Außenpolitik. es 2139. 240 Seiten

Kritisches Wörterbuch der Französischen Revolution. Herausgegeben von François Furet und Mona Ozouf. Zwei Bände. es 1522. 1712 Seiten

André Leroi-Gourhan. Die Religionen der Vorgeschichte. Paläolithikum. Übersetzt von Michael Bischoff. Mit Abbildungen. es 1073. 171 Seiten

Christian Meier. Die Ohnmacht des allmächtigen Diktators Caesar. Drei biographische Skizzen. es 1038. 287 Seiten

Oskar Negt/Alexander Kluge. Geschichte und Eigensinn. Drei Bände. Mit zahlreichen Abbildungen. es 1700. 1249 Seiten

»Niemand zeugt für den Zeugen«. Erinnerungskultur und historische Verantwortung nach der Shoa. Herausgegeben von Ulrich Baer. es 2141. 278 Seiten

Frank Niess. Die europäische Idee – aus dem Geist des Widerstands. es 2160. 260 Seiten

Ostdeutsche Biographien. Lebenswelt im Umbruch. Herausgegeben von Rainer Zoll unter Mitarbeit von Thomas Rausch. es 2078. 416 Seiten

NF 315/3/11.00

Politik ohne Projekt? Nachdenken über Deutschland. Herausgegeben von Siegfried Unseld. es 1812. 494 Seiten

Schattenseiten der Globalisierung. Rechtsradikalismus, Rechtspopulismus und separatistischer Regionalismus in westlichen Demokratien. Herausgegeben von Dietmar Loch und Wilhelm Heitmeyer. es 2093. 544 Seiten

Bernhard Schlink. Heimat als Utopie. es-Sonderdruck. 48 Seiten

Alessandro Silij. Verbrechen, Politik, Demokratie in Italien. Übersetzt von Ulrich Hausmann. es 1911. 389 Seiten

Der Spanische Bürgerkrieg. Eine Bestandsaufnahme von Manuel Tuñón de Lara, Julio Aróstegui, Angel Viñas, Gabriel Cardona, Joseph M. Bricall. es 1401. 708 Seiten

Standort Europa. Europäische Sozialpolitik. Herausgegeben von Stephan Leibfried und Paul Pierson. es 2021. 400 Seiten

Dietrich Staritz. Geschichte der DDR. 1949-1989. Aktualisierte Neuausgabe. NHB. es 1260. 350 Seiten

Hans-Peter Ullmann. Das Deutsche Kaiserreich 1871-1918. NHB. es 1546. 308 Seiten

Paul Veyne. Foucault: Die Revolutionierung der Geschichte. Übersetzt von Gustav Roßler. es 1702. 84 Seiten

Vom Ewigen Frieden und vom Wohlstand der Nationen. Dieter Senghaas zum 60. Geburtstag. Herausgegeben von Ulrich Menzel. es 2173. 640 Seiten

NF 315/4/11.00

NF 315/5/11.00

NF 344/1/2.04

- Die Frage der sozialen Ungleichheit. Übersetzt von Michael Adrian und Bettina Engels.
  200 Seiten. Kartoniert
- Jenseits von Links und Rechts. Die Zukunft radikaler Demokratie. Übersetzt von Joachim Schulte.
  340 Seiten. Broschur

André Gorz. Arbeit zwischen Misere und Utopie. Herausgegeben von Ulrich Beck. Übersetzt von Jadja Wolf.
208 Seiten. Broschur

Mary Kaldor. Neue und alte Kriege. Organisierte Gewalt im Zeitalter der Globalisierung. Übersetzt von Michael Adrian. 279 Seiten. Kartoniert

Bruno Latour. Das Parlament der Dinge. Für eine politische Ökologie. Übersetzt von Gustav Roßler.
365 Seiten. Broschur

Mario Vargas Llosa. Nationalismus als neue Bedrohung. Übersetzt von Bettina Engels. 150 Seiten. Kartoniert

NF 344/2/2.04